21世纪高职高专规划教材

电子商务系列

New Media Marketing Practices

新媒体营销实务

主编◎王丽丽　　副主编◎罗继磊

中国人民大学出版社

·北京·

前 言

互联网自诞生以来，一直处于高速发展之中，并对整个人类社会产生了颠覆性的影响。近十年来，随着上网设备从传统的计算机转向智能手机、平板电脑、智能电视与可穿戴智能产品等移动终端，基于移动互联网迅速发展起来的各种应用雨后春笋般出现在人们面前。它们功能丰富、使用便捷，更好地满足了人们在人际交往、信息获取、娱乐、购物、支付等各方面的需求，从而越来越受到欢迎，这也意味着互联网已经进入崭新的移动互联网阶段。

根据中国互联网络信息中心（CNNIC）在2020年4月发布的第45次《中国互联网络发展状况统计报告》，在中国9.04亿网民中，使用手机上网的比例达99.3%。以微信、QQ为代表的即时通信应用，以腾讯新闻、今日头条为代表的新闻应用，以抖音、快手、虎牙、淘宝直播为代表的短视频和直播应用，以小红书为代表的社交电商应用等新媒体应用，已经牢牢吸引了广大网民的眼球，而电视、报纸等传统媒体和传统网站黯然失色。市场营销环境已经随着移动互联网的发展发生了巨大变化，面向终端消费者的企业逐渐认识到，要想更好地抓住消费者，就一定要到这些新媒体平台上来。企业若没有开通官方微信公众号、官方微博，或者是官方头条号和抖音号，就意味着与消费者渐行渐远，意味着把市场拱手让给竞争对手。因此，对企业而言，充分利用各个新媒体平台开展营销已迫在眉睫。近年来，企业对崭新的新媒体营销领域寄予厚望，对新媒体营销人才也求贤若渴。

《新媒体营销实务》是面向国内高等职业院校电子商务类专业、市场营销类专业、工商管理类专业等开发的，主要特点有三个：

第一，重视能力培养，内容模块化易于学习。本书以培养学生项目实战能力为目标，依据新媒体营销内容模块化的编撰思路，分别从企业官方账号和自媒体两个维度进行深入分析，使学生更易于学习。

第二，对接行业应用，工作手册化易于操作。本书在编写中注重引入行业最新内容与操作技巧，尽量把书中的应用技能与行业实际要求的差距缩减到最小，有助于学生快速上手开展项目实践。

第三，教授工具软件，操作指南化易于自学。本书主要针对高职学生开发，深入浅出，通俗易懂，同样适用于中职学生和企业在职人员，也适用于想提升实战技能的本科层次学生。

本书由河南经贸职业学院王丽丽教授担任主编，负责制定编写思路和大纲，以及全书的统筹工作；罗继磊担任副主编，负责全书的校正和修订，以及项目一、项目二、项目八的编写；项目三、项目七由沈倩明编写；项目四由陈夏编写；项目五由尹璐编写；项目六、项目九由路正佳编写。

本书在编写过程中，充分借鉴和吸收了新媒体营销领域很多专家与研究机构的文献、成果和资料，也得到了企业一线专家的指导，在此表示感谢。由于编者水平有限，书中如有疏漏之处，恳请大家批评指正。

编者

2020年5月

目　录

项目一　新媒体营销概述　/ 001
任务一　认识新媒体及新媒体营销　/ 002
任务二　认识自媒体　/ 007
任务三　新媒体营销人员素养要求　/ 011

项目二　微信营销　/ 021
任务一　了解微信及微信营销　/ 022
任务二　微信公众号营销　/ 028
任务三　微信个人号营销　/ 041

项目三　短视频营销　/ 046
任务一　认识短视频及短视频营销　/ 047
任务二　企业官方短视频营销　/ 054
任务三　自媒体短视频营销　/ 063

项目四　直播营销　/ 073
任务一　认识直播及直播营销　/ 074
任务二　直播策划与准备　/ 084
任务三　直播营销实施　/ 096

项目五　微博营销　/ 106
任务一　认识微博及微博营销　/ 107
任务二　企业官方微博营销　/ 122
任务三　自媒体微博营销　/ 132

项目六　今日头条营销　/ 141
任务一　了解今日头条及头条号营销　/ 143
任务二　头条号创建　/ 150
任务三　头条号运营　/ 155

项目七　社群营销　/ 162
任务一　了解社群与社群营销　/ 163
任务二　企业社群的策划与运营　/ 168
任务三　自媒体社群的策划与运营　/ 175

项目八　新媒体广告策划　/ 185
任务一　了解新媒体广告　/ 186
任务二　新媒体广告策划与创意　/ 191
任务三　新媒体软广告策划　/ 200

项目九　新媒体营销常用工具　/ 205
任务一　思维导图　/ 207
任务二　图文信息编辑工具　/ 213
任务三　图片处理工具　/ 219
任务四　视频剪辑工具　/ 225
任务五　H5制作工具　/ 229

参考文献　/ 237

项目一 新媒体营销概述

学习目标

知识目标：了解新媒体的概念，熟悉新媒体营销常见形式，理解自媒体的概念，熟悉国内主要的自媒体平台，掌握新媒体营销矩阵的概念，掌握新媒体营销岗位的相关需求。

能力目标：能够描述新媒体的概念与特点，能够初步策划自媒体，能够描述主要的新媒体营销岗位及相关技能需求与素养需求。

素养目标：养成独立思考的习惯，能够与团队成员分工协作，遵守国家法律和职业道德，践行社会主义核心价值观。

思维导图

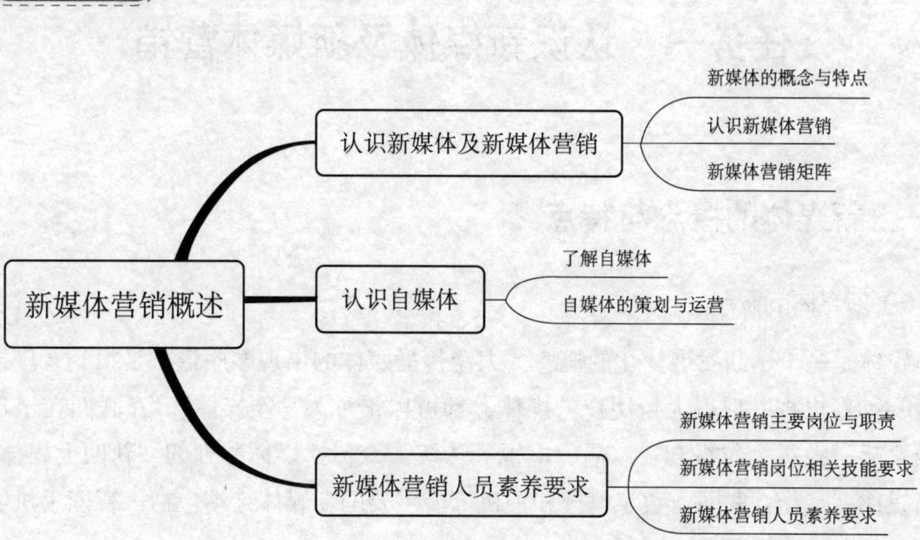

引导案例

独树一帜的海尔新媒体营销之路

海尔集团是享誉世界的中国家电企业，随着移动互联网和新媒体的崛起，海尔迅速调整其营销战略，从2014年开始停止在报纸、杂志上投放广告，而在微博、微信公众号、今日头条、抖音、小红书等平台开设了一系列官方账号，进行了多种多样的营销创新。

海尔官方微博是企业官微的运营典范，被称为“140万蓝V总教头”。从2016年开始，海尔官方微博从集团内部的职能部门变为独立的公司，并于2017年高调宣布承接KOL（关键意见领袖）订单，开启了与其他企业在新媒体营销领域的跨界合作，如在某明星公布恋情的微博下评论“你们需要冰箱洗衣机吗？什么时候结婚？”，与故宫淘宝微博联手打造“冷宫冰箱”，在抖音发起“920我要赢”挑战赛……成就了一系列经典案例。

在新媒体营销中，海尔用网络化的语言、亲民的态度和幽默的风格，让消费者觉得是在和一个有趣的“人”交流，让品牌成为消费者身边的闺蜜、兄弟，从而真正打动消费者。

从海尔集团进行的新媒体营销探索中，我们看到了传统企业在移动互联网时代迎接新挑战的魄力和智慧。传统企业逐渐认识到，新媒体营销不仅是大势所趋，更是企业取得创新突破的新途径，决定着企业的前途和命运。

资料来源：根据互联网公开信息改编。

任务一　认识新媒体及新媒体营销

一、新媒体的概念与特点

（一）新媒体的概念

新媒体是一个不断发展变化的概念。大众传播媒体的出现顺序依次是报刊、广播、电视，每一种新出现并取得大量用户的媒体，都可以被称为“新媒体”。互联网在出现并逐渐普及之后，被视为与报刊、广播、电视等传统大众传播媒体并列的“新四大媒体”，这里的新媒体就是指互联网、数字电视和手机等。主要的新媒体终端包括：智能手机、平板电脑、智能电视，如图1-1所示。

(a) 智能手机和平板电脑

(b) 智能电视

图 1–1　主要的新媒体终端

互联网的发展日新月异，人们在每个阶段对于新媒体的认识也不同：早期经常会用“互联网新媒体”一词，但随着对于互联网的熟悉，普通的新闻门户网站、电子邮件、搜索引擎已经不算新媒体了。目前，随着移动互联网的发展与普及，智能手机、平板电脑和智能电视，以及其上运行的各种主要的应用（App），被视为新媒体。

结合互联网新媒体发展的最新情况，本书对新媒体的概念定义如下：新媒体是指在以智能手机为代表的移动互联网终端上，拥有较多用户的各类 App。

（二）新媒体的特点

新媒体依托互联网终端，除了具备互联网的数字化、海量性、即时性、互动性、全球性、多媒体性等特点之外，还具备以下两个特点：

1. 便携性

因为以智能手机为代表的移动互联网终端体积小、重量轻，适合随身携带，所以新媒体 App 具备便携性的特点。该特点意味着用户可以随时随地使用新媒体，包括浏览信息和发布信息，这也是新媒体能够迅速取代传统媒体的主要原因之一。

2. 社交性

虽说传统互联网本身也具备许多互动功能，但进入移动互联网时代后，移动终端上更多的流行 App 都以社交互动作为核心的功能，如微信、微博、抖音、快手等。这些 App 除了依靠用户生产内容模式之外，还可以很方便地让网民进行评论、转发、点赞等社交互动行为。用户生产内容（User Generated Content，UGC）是指网站或 App 的全部或大部分内容由网民发布，而传统媒体和传统新闻资讯网站的内容是由专业的记者、编辑或网站工作人员发布的。

互联网轶事

诺基亚手机的衰败

目前人们使用的主流手机，基本上都是带有触摸屏、高清摄像头的大屏幕智能手机，主要的品牌有苹果、华为、三星等。但是在十几年之前，手机领域最知名的品牌是诺基亚，其手机外观的主要特点是带有物理按键和小屏幕。诺基亚在 1998 年成为全球最大手机厂商，并维持了长达十年的霸主地位，还研发并推出了智能手机操作系统“塞班”。然而，由于对移动互联网发展趋势的错误判断，因此，随着 2007 年苹果推出搭载 iOS 系统的 iPhone 手机，以及 2008 年谷歌推出安卓系统，诺基亚手机的市场份额迅速流失，短短几年后便彻底失败。如今的手机，早已不是当年那个以打电话、发短信为主要功能的移动电话，而是以访问互联网为主要功能的智能终端。诺基亚手机的衰亡史，使人们深刻感受到了互联网给传统行业带来的颠覆式变革。

资料来源：https://tech.sina.com.cn/t/2015-08-13/doc-ifxfxzzn7437556.shtml.

二、认识新媒体营销

（一）新媒体营销的概念

新媒体营销，就是指利用各种移动互联网新媒体 App 开展的营销行为。例如：一家餐饮店利用美团 App，开展团购或外卖活动；一家酒店利用携程或去哪儿等旅行预订 App，进行客房预售或预订等，都属于新媒体营销。

不过，本书所界定的新媒体营销概念更加狭义，主要是指基于 UGC 模式的线上社交 App 的新媒体营销活动，重点包括微信营销、短视频营销、直播营销、微博营销、今日头条营销、社群营销等。这种基于 UGC 模式的营销活动，极大地激发了广大网民的参与热情，也使形式多样的新媒体逐渐取代传统媒体和传统网站，成为网民获取信息的主要渠道。

（二）新媒体营销的主要功能

企业利用新媒体平台，可以实现新闻发布、促销宣传、售前咨询、在线销售、公关、客户关系管理、市场调研、售后服务等多种功能。

这些功能几乎是企业开展市场营销的全部工作，也是早期企业网站的目标任务。随着越来越多的网民选择使用智能移动终端上网，新媒体营销呈现取代传统企业网站的趋势，日益在企业的营销活动中占据重要地位。

（三）新媒体营销的主要特点

基于新媒体的便携性、社交性等诸多特性，企业开展新媒体营销通常具备个性化、互动性、趣味性、创新性等特点。

1. 个性化

现代企业的营销工作离不开品牌建设，打造一个充满个性的品牌形象，可以加深消费者对品牌的认知和记忆。开通线上社交新媒体账号，是打造品牌个性的新路径。企业在新媒体社交平台上注册账号之后，可以平等、自由地与消费者交流互动，其行为举止类似于一个自然人。企业的社交账号所发布的一句话、一张图、一个视频或一个表情，都会让消费者感到这是一个有情感、有态度的"人"，久而久之，企业的品牌形象就会拥有强烈的个性。

2. 互动性

相对于传统媒体，互联网本身就具备很强的互动性，而新媒体 App 把这种互动性推向了更高的水平。例如：企业的微博、抖音账号在发布内容的时候，可以参与一些话题讨论，可以 @ 一些明星或名人，普通网民也可以留言、点赞和转发，这些互动行为能够让企业的营销更加生动活泼，让目标人群产生很强的参与感。

3. 趣味性

现代社会节奏快、压力大，很多企业为了吸引注意力，并赢得消费者的好感，常常在社交账号中发布一些让人放松和快乐的内容，在帮助消费者释放压力的同时，拉近企业和消费者之间的距离。如果企业社交账号偶尔幽默一下，就更易引起网民的兴奋，激发起评论和转发，进而引发更多人关注，使企业获得更好的营销传播效果。

4. 创新性

在互联网时代，信息传播的速度非常快，信息生产量也非常大，陈旧的内容很容易被淹没在信息的海洋中而被人忽视。对于企业营销而言，因循守旧的营销手段已经无法引起目标人群的兴趣，只有下大功夫，才能在营销内容和形式上有所创新。新媒体平台丰富的多媒体发布功能、不断创新的互动方式，也为营销思路和手段的创新提供了条件。

教学互动

1. 互动内容：你手机上安装了哪些 App？对你而言，最重要的 App 是哪几个？为什么？

2. 互动要求：

（1）结合自己日常使用手机或平板电脑上网的体验，围绕上述问题展开深入思考，并与同学进行讨论。

（2）教师对学生的回答进行点评和总结。

三、新媒体营销矩阵

（一）新媒体营销矩阵的概念

企业的新媒体营销往往在多个平台同时开展，并且在每个平台通常会创建多个账号。这些账号围绕相同的营销目标，同步发布营销信息，彼此之间相互联系、相互支持，形成了一个强有力的新媒体营销矩阵。

首先，企业之所以要在多个平台创建账号开展营销传播，是因为不同的平台通常分别覆盖不同的人群，企业如果想实现对目标人群的更多覆盖，就需要在多个主要的平台开展营销。

其次，之所以要在每个平台开设多个账号，是因为企业通常会针对不同的产品线或职能，设置多个业务部门。除了负责整体营销传播的主账号之外，每个业务部门都需要一个独立的账号，以更加方便地服务工作。此外，很多企业高级管理人员也会在社交平台开设账号，在打造个人品牌的同时为企业的营销传播发挥重要作用。同样，同一个平台的不同账号会吸引特定的目标人群关注，且这些人群并不完全交叉。多账号策略一方面能够更好地服务用户，另一方面也可以实现企业对目标人群的更多覆盖。

（二）新媒体营销矩阵实施要点

1. 一致的视觉识别系统

现代企业一般都具有自己的视觉识别系统，用以塑造和传播企业的独特形象，其基本要素包括企业（品牌）名称、企业（品牌）标志、标准字、标准色、象征图案、广告口号等。在开展新媒体营销的时候，不同的营销平台和不同的账号都应当使用这些基本要素，在账号名称中包含企业（品牌）名称，账号头像使用统一的企业（品牌）标志，在发布的内容中也应包含企业（品牌）的名称、标志、标准字、标准色、象征图案等信息。企业无论通过哪个平台、哪个账号，都能传播其品牌形象，同时便于大众对企业官方账号身份的认知。

2. 多个账号，统一目标

企业在多个新媒体平台创建的多个账号，如代表企业官方的主账号和各个业务部门的账号，以及企业创始人及高级管理人员的个人账号等，会根据不同分工，分别发布各自的内容，但因为这些内容从根本上都属于企业对外营销传播的组成部分，所以需要统一服务于企业经营的总体目标。

3. 账号之间形成相互支持

在强调互动社交的新媒体平台上，企业的不同账号之间可以进行互动操作，账号之间互相宣传、互相配合，以实现更好的传播效果。这种情况在微博上体现得较为明显，企业在发布微博内容时经常会 @ 矩阵中的其他账号，实现了相关营销信息的扩大传播。

4. 一个内容，多维发布

企业在策划和实施新媒体营销活动时，会综合考虑利用各种新媒体平台，所撰写的活动方案、相关文案、图片、视频等内容，可以在多个平台同时发布。发布的账号越多，受众群体规模就越大，而相关活动文案、图片和视频等内容的制作成本却基本保持不变，这使新媒体内容的投入产出比更高。

教学互动

1. 互动内容：在各个新媒体平台搜索你熟悉的某个品牌，看其是否开通了官方账号，其创始人及高级管理人员是否也开通了个人认证账号？观察和思考一下，这些账号是如何为企业的营销服务的？

2. 互动要求：

（1）结合自己所熟悉的某个品牌，围绕上述问题展开深入思考，并与同学进行讨论。

（2）教师对学生的回答进行点评和总结。

任务二　认识自媒体

一、了解自媒体

（一）自媒体的概念

自媒体（We Media）又被称为“公民媒体”或“个人媒体”。与传统的报社、电视台等专业的大众传播媒体有所不同，自媒体通常由个人或企业创办，通过互联网向广大网民传播信息。自媒体产生的根源，在于互联网的普及带来了信息传播的颠覆性变革，让大众传播媒体之外的普通人和企业，拥有了更多的话语传播权，打破了传统社会专业传播媒体对信息传播权的垄断。

目前，在自媒体领域呈现百花齐放的景象，一方面自媒体平台众多，另一方面开设自媒体账号的主体也很多，其中包括自媒体达人、专业从事自媒体运营的企业或团队、各个行业的普通企业、各级政府机构和社会机构等。此外，传统大众媒体在发展融媒体的过程中也开通了网络社交平台账号，其地位等同于普通自媒体。

自媒体的核心是持续的内容输出和大量的用户关注，其诞生和后期运营离不开自媒体平台。国内自媒体平台主要包括：微信公众平台、微博、抖音、快手、今日头条、企鹅号、百家号、大鱼号、小红书等。

除上述平台之外，以知乎为代表的问答平台，以豆瓣为代表的讨论小组，以及历史悠久的论坛、贴吧等平台，也可为自媒体的产生和发展提供机会。

（二）自媒体的特点

1. 进入门槛低

创办一个传统媒体难度很高，需要相关部门审批，需要大量资金、场地、设备和人力的投入。与之形成鲜明对比的是，创办一个自媒体则非常简单，只要一个人、一台计算机、一部手机，就可以开始自媒体的运营，有时候甚至连计算机都不是必需的。目前，除了个人创办自媒体，一些机构或企业也开始创办和运营自媒体，这些机构或企业在资金、设备、人力、技术等方面比个人拥有更强的实力。政府对待自媒体这一新生事物，采取宽容支持态度，只有在行业发展或个别自媒体出现较为严重的问题、违反国家法律和规章，或者违背社会道德的时候，才会进行干预和处理。此外，在短视频和直播平台兴起之后，自媒体的创办者也不要求必须具备较好的教育背景，有些文化水平较低的网民，通过自己的努力，也可以创办优秀的自媒体。

不过，传统媒体在融媒体领域的迅速布局，尤其是其在新闻资讯和深度报道领域的专业优势，让传统媒体展现了普通自媒体很难达到的水平，这也为普通网民或机构创办自媒体带来了一定程度的挑战。

2. 内容多元化

自媒体的运营者可以自主选择特定的领域，针对特定的人群开展运营，所发布的内容可以是图文、短视频、直播等多种形式，具备多元化的特点。传统媒体受资源及人才限制，所创办的电视台、广播电台和报刊数量不能够无限扩大，这就导致其不可能进行无限细分。但是，新媒体的出现为这一限制带来了改变，网民数量非常庞大，每个人都可以根据自己的爱好与特长，创办特定领域和内容的自媒体，这就为媒体市场的无限细分提供了机会，最后产生的效果就是一大批各式各样的自媒体百花齐放，为网民提供了丰富多元的内容，更好地满足了大众的需求。

3. 质量差异大

自媒体由普通网民或非专业机构创建，其内容制作水平参差不齐。有些自媒体运营者自身拥有较好的教育背景，具备较强的写作、视频拍摄制作和内容策划能力，能够制作出高质量的原创内容。同时，也有不少的自媒体运营者自身创作能力有限，制作出的内容质量不高，图文内容粗糙，甚至有些人为了吸引眼球制作低俗内容。还有些自媒体运营者没有能力制作原创内容，大量模仿、抄袭、剽窃他人创作的优质作品。当然，自媒体出现较大的内容质量差异这种情况，长期来看会受到市场机制的影响而优胜劣汰，各个新媒体平台也会采取一定的措施，鼓励优质自媒体的发展。

二、自媒体的策划与运营

（一）自媒体的策划

策划一个自媒体，需要重点解决目标用户定位、内容定位、平台选择等问题。

1.目标用户定位

对于一个自媒体来说，其订阅用户越多，价值就越大。如果把自媒体的目标用户定位于所有网民，这个目标用户群体就非常庞大。由于全体网民的信息需求和关注重点千差万别，在内容制作和推广方面往往缺乏重点，不易打造成功的自媒体品牌，因此自媒体通常会选择一个相对狭窄与精准的目标人群作为主要的服务对象，后期的内容制作和推广都会围绕这个特定人群进行。

在进行目标用户定位的时候，需要把目标用户的属性与特征进行准确描述，具体包括：性别、年龄、地域、职业、学历、收入、婚否、子女情况、兴趣爱好、消费偏好、媒介接触习惯、上网行为特点、购物习惯等。

2.内容定位

根据自媒体的目标用户定位，分析该用户群体的主要需求，并找到其核心痛点，然后重点围绕其核心痛点，开展内容制作与传播，这样就比较易于抓住目标用户的眼球，取得自媒体运营上的成功。

把握用户需求的途径和方法，一方面可以通过调研手段获得，另一方面可以在自媒体运营中，对运营数据展开深入挖掘和分析，从用户对每一期推送内容的阅读量、评论量和转发量等反馈数据中，发现用户的偏好与需求。

3.平台选择

自媒体的平台比较多，自媒体平台选择的主要依据，是目标用户在哪个平台比较集中和活跃。例如：职场精英人群偏好较为正式的社交和新闻资讯，使用微信和今日头条等平台较多；抖音在一、二线城市的白领和大、中学生中使用较多，且以女性为主；快手的

三、四线城市和乡镇用户较多，文化水平相对较低。

为了实现自媒体内容的最大化传播，一般的自媒体都会选择在多个平台运营。例如：抖音和快手各自的顶部网红中，均有近一半的人在对方平台上开通了账号。

（二）自媒体的运营

整体而言，自媒体的运营主要是围绕自媒体的发展目标，通过不断输出优质内容，吸引尽可能多的关注用户，或覆盖更大的受众数量，并通过多种方式从中获取利益。自媒体的运营具体包括5个方面：稳定、持续内容输出，对目标用户需求的准确把握，对政策及平台规则的及时掌握，自媒体的推广，以及自媒体的盈利。

1. 稳定、持续的内容输出

自媒体对网民的核心价值就在于优质内容的输出，这种输出需要进行长期规划，而且需要具有持续性和稳定性，即有规律地发布契合自媒体定位的内容，不要随意中断，也不要轻易更改内容的定位，否则会降低目标用户心中的自媒体品牌形象。

2. 对目标用户需求的准确把握

在信息爆炸的互联网时代，要想抓住目标用户的眼球，就要对其信息需求和心理特点进行准确把握，紧紧围绕其痛点及突发热点，策划、制作内容。随着时间的推移，用户的需求是会发生变化的，因此，对用户需求的测定结果不能一成不变，而是需要动态地进行调整。

3. 对政策及平台规则的及时掌握

新媒体平台会不断调整运营规则，作为依附平台而生的自媒体，需要随时掌握平台规则的变化，并据此调整自身的发展策略。例如：当平台鼓励用户发布5分钟左右的视频时，如果自媒体仍然遵循老习惯，发布15秒或60秒左右的短视频，就很难获得平台的推荐而成为热门视频，也难获得更多的观看量。

4. 自媒体的推广

自媒体的推广，是指获得更多的关注用户和知名度的方式。自媒体推广的具体方式有多种：第一，很多新媒体平台会精选优质内容，推送给平台认为需要该内容的用户，即平台算法推荐。第二，自媒体制作推出的内容如果引起了用户的共鸣和转发，就能够得到用户的口碑推广。第三，自媒体还可以利用其他推广手段，如利用线上、线下广告实施推广，企业也可以利用广告或商品包装宣传自己的新媒体账号。

5. 自媒体的盈利

运营自媒体最终是要盈利的，即业内人士常说的“变现”，否则无法进行可持续发展。自媒体的盈利手段也较多，可以从平台获得分成，可以向企业或其他自媒体提供有偿营销推广服务，可以为其他企业销售商品提供引流服务，也可以自己销售商品获得收入。此外，自媒体还可以通过直播获得用户打赏收入。通常，自媒体会根据平台功能的不同和自身定位的不同，从上述盈利模式中选择一两种作为变现方式。

延伸学习

自媒体“视觉志”是怎么炼成的

2013 年，自媒体“视觉志”开始正式运营，经过短短 6 年的发展，目前订阅用户数量超过 3 000 万，并打造了她刊、ins 生活、窈窕妈妈等一系列自媒体矩阵，成为国内自媒体领域的佼佼者。其在 2017 年推送的《谢谢你爱我。》单篇文章就获得了 5 000 多万阅读量和超过 50 万的订阅用户增长量，一时震惊了国内自媒体界。“视觉志”成功的原因主要有四点：一是抓住了微信公众号发展初期的红利；二是专注于高质量内容的生产，不单纯为了阅读量而落入低俗轨道；三是在选题方面第一时间抓住了社会热点，或提前预判大众情绪走向，能够在合适的时机发布合适的内容；四是在文案中形成不少短小精悍、直戳人心的“金句”，从而引发读者共鸣和转发。

资料来源：根据互联网公开信息改编。

教学互动

1. 互动内容：你平时在使用新媒体 App 的时候，关注过哪些自媒体？思考一下，这些自媒体给你带来了什么。

2. 互动要求：

（1）结合自己日常所关注的自媒体或网红，围绕上述问题展开深入思考，并与同学进行讨论。

（2）教师对学生的回答进行点评和总结。

任务三　新媒体营销人员素养要求

一、新媒体营销主要岗位与职责

在实施新媒体营销时，企业通常会根据自身规模大小和决策层重视程度，设置一个规模不等的新媒体营销团队或者部门，一般包括新媒体运营经理（主管）、文案编辑、策划、视觉设计、视频编辑等岗位，如果企业需要利用短视频或直播开展有人员出镜的营销活动，则需要额外设置主播岗位。在小企业或企业高层领导重视不够的情况下，企业有可能只设置一个新媒体营销专员岗位，来负责所有的新媒体营销相关工作，这就要求这个岗位完成多项职能。

（一）新媒体运营经理（主管）岗位

新媒体运营经理（主管）主要负责制定企业的整体新媒体营销战略和策略，对企业的新媒体营销工作实施管理，对新媒体营销团队进行管理，向公司高级管理层汇报工作，与公司其他部门之间协调工作。

（1）配合企业整体市场营销计划，制定新媒体营销推广及内容运营战略与具体策略，并跟进执行落地。

（2）对目标受众的需求、痛点及行为进行分析，策划日常选题或专题活动，提升粉丝活跃度和忠诚度，带动粉丝数量增长，推广品牌及商品，促进销售达成。

（3）紧密关注并深入分析分析社会热点话题、突发事件及其发展趋势，负责策划和执行相关的新媒体内容发布。

（4）负责新媒体运营部门的人员配置、培训、考核等方面的管理。

（二）文案编辑岗位

（1）贯彻团队制定的新媒体营销战略与策略，按要求建立新媒体平台账号，并进行日常维护。

（2）根据目标受众的需求与痛点，紧密关注社会热点话题、突发事件及其发展趋势，及时撰写相关图文内容。

（3）对图文信息传播效果及受众反馈进行分析，持续提高文案撰写水平，并通过互动、分享、留言等多种方式提升阅读量和粉丝活跃度。

（4）与新媒体团队其他岗位人员保持良好沟通、紧密配合，完成领导交代的其他工作。

（三）策划岗位

（1）贯彻团队制定的新媒体营销战略与策略，根据目标受众的需求与痛点，紧密关注社会热点话题、突发事件及其发展趋势，策划有吸引力的选题，并协助文案编辑、视觉设计和视频编辑完成相关内容制作和推送。

（2）策划能够提升账号知名度和活跃度的线上、线下活动，并负责落地实施。

（3）对图文信息和活动的传播效果及受众反馈行为进行分析，持续提高选题和活动策划水平，通过互动、分享、留言等多种方式提升阅读量和粉丝活跃度。

（4）与新媒体团队其他岗位人员保持良好沟通、紧密配合，完成领导交代的其他工作。

（四）视觉设计岗位

（1）围绕策划的选题与内容，针对目标受众的特点和不同的应用场景，向文案编辑提供各新媒体平台内容发布所需的配图，向视频编辑提供视频制作及发布所需的配图。

（2）负责相关图片素材的拍摄与后期制作，负责网络热点图片素材的搜集与加工。

（3）负责网站、专题网页、H5 制作。

（4）与新媒体团队其他岗位人员保持良好沟通、紧密配合，完成领导交代的其他工作。

（五）视频编辑岗位

（1）贯彻团队制定的新媒体营销战略与策略，根据目标受众的需求与痛点，紧密关注社会热点话题、突发事件及其发展趋势，参与策划相关选题。

（2）根据选题内容搜集和拍摄视频素材，剪辑、制作有吸引力的短视频作品。

（3）熟知各视频发布平台的要求与规则，能够及时抓住短视频平台的热点，制作并推出能引起较大反响的优质短视频。

（4）与新媒体团队其他岗位人员保持良好沟通、紧密配合，完成领导交代的其他工作。

（六）主播岗位

（1）根据团队制定的直播营销战略与实施策略，配合团队负责人或策划人员对直播内容进行策划，并在抖音、快手、淘宝等平台上开展直播活动。

（2）对目标受众的需求、心理和行为进行深入分析，在直播间与目标受众进行互动，维护直播间的活跃气氛，不断提升直播间人气。

（3）对所营销的商品相关信息进行深入学习和掌握，并不断学习直播营销的术语，提高直播营销的技巧。

（4）与新媒体团队其他岗位人员保持良好沟通、紧密配合，完成领导交代的其他工作。

二、新媒体营销岗位相关技能要求

每一个新媒体营销岗位，都需要特定的专业技能。如果有些企业只设置新媒体营销专员岗位，那么该岗位人员需要具备多项复合技能。

（一）新媒体运营经理（主管）岗位技能要求

新媒体运营经理（主管）岗位技能要求如表 1–1 所示。

表1–1 新媒体运营经理（主管）岗位技能要求

岗位	技能要求
新媒体运营经理（主管）	1. 通常具有3年以上的新媒体工作经验，熟悉主流新媒体平台的运行机制和规范，有超过2个平台的推广运营经历。
	2. 思维活跃，具备敏锐的市场分析能力，精通粉丝营销，文案功底扎实。
	3. 网感好，对热点事件和新闻动态反应迅速，能够结合品牌或营销目标做出优质选题。
	4. 具有创新精神，思维严谨缜密，具备独立策划并落实营销项目的能力。
	5. 具备团队管理能力和沟通协调能力，能够推动跨团队项目合作。
	6. 具备数据分析能力，能够数据化评估工作效果并提出针对性的改进方案。
	7. 较强的抗压能力，能够在压力下顺利完成工作任务。

（二）文案编辑岗位技能要求

文案编辑岗位技能要求如表 1–2 所示。

表1–2 文案编辑岗位技能要求

岗位	技能要求
文案编辑	1. 具备较好的文字功底，了解主流新媒体平台的运行机制和规范，熟练掌握网络流行语，能够驾驭不同种类的写作风格。
	2. 掌握多种风格的网络图文排版技巧，具备一定的图片处理能力和视频剪辑能力。
	3. 对网络热点事件和新闻动态反应迅速，能够结合品牌或营销目标做出优质选题，并迅速撰写相关文案。
	4. 具备用户管理和用户反馈数据的分析能力，并据此做出工作上的相关改进。
	5. 良好的团队意识，良好的沟通表达能力，能够独立思考，善于创新。
	6. 具备良好的敬业意识和抗压能力，拥有吃苦耐劳的优秀品质。

（三）策划岗位技能要求

策划岗位技能要求如表 1–3 所示。

表1–3 策划岗位技能要求

岗位	技能要求
策划	1. 熟悉主流新媒体平台的运行机制和规范，熟悉各类线上、线下活动的策划与实施。
	2. 思维活跃，能够博采众长、独立思考，善于创新。具备敏锐的市场分析能力，精通粉丝营销。
	3. 网感好，对热点事件和新闻动态反应迅速，能够结合品牌或营销目标做出优质选题。
	4. 具备用户管理和用户反馈数据分析的能力，并能够据此做出工作上的相关改进。
	5. 良好的团队意识，良好的沟通表达能力。
	6. 具备良好的敬业意识和抗压能力，拥有吃苦耐劳的优秀品质。

（四）视觉设计岗位技能要求

视觉设计岗位技能要求如表 1–4 所示。

表1–4　视觉设计岗位技能要求

岗位	技能要求
视觉设计	1. 熟练使用Photoshop、AI、CDR等图片设计软件。
	2. 有美术功底，了解互联网流行视觉风格和元素，熟悉不同新媒体平台的常用图片尺寸及要求。
	3. 对网络热点事件和新闻动态反应迅速，善于搜集和整理网络素材，善于模仿和学习，并具有创新意识。
	4. 良好的团队意识，良好的沟通表达能力，能够独立思考。
	5. 具备良好的敬业意识和抗压能力，拥有吃苦耐劳的优秀品质。

（五）视频编辑岗位技能要求

视频编辑岗位技能要求如表 1–5 所示。

表1–5　视频编辑岗位技能要求

岗位	技能要求
视频编辑	1. 熟练使用PR、PS等视频剪辑与图片处理软件，能够熟练使用手机、单反相机和摄像机拍摄短视频，擅长各类视频的剪辑和制作，对色彩、构图和镜头语言有清晰的认识，能够产生独特、新颖的创意。
	2. 熟悉抖音、快手等新媒体平台短视频的流行拍摄和制作风格。
	3. 对网络热点事件和新闻动态反应迅速，善于搜集和整理网络素材，善于模仿和学习，并具有创新灵感。
	4. 良好的团队意识、良好的沟通表达能力，能够独立思考。
	5. 具备良好的敬业意识和抗压能力，拥有吃苦耐劳的优秀品质。

（六）主播岗位技能要求

主播岗位技能要求如表 1–6 所示。

表1–6　主播岗位技能要求

岗位	技能要求
主播	1. 形象气质好，开朗自信，优秀的镜头感，较强的表现欲望，能够在镜头前表现自然，善于通过网络直播与观众开展互动交流。
	2. 优秀的口才，遇到突发事件时能够随机应变。
	3. 较强的学习能力，能够迅速掌握商品卖点和直播营销技巧，能够根据商品和观众情况撰写直播方案。
	4. 具备用户管理和用户反馈数据分析的能力，并能够据此做出工作上的相关改进。
	5. 良好的团队意识，良好的沟通表达能力，能够独立思考，善于创新。
	6. 具备良好的敬业意识和抗压能力，拥有吃苦耐劳的优秀品质。

三、新媒体营销人员素养要求

如果想要胜任上述新媒体营销岗位，仅仅具备相应的岗位技能是不够的，还需要具备较高的职业素养，具体包括以下几方面：

（一）基本的职业道德

作为一个新兴职业，新媒体营销从业人员应当具备基本的职业道德，如爱岗敬业，工作尽心尽力，不断提高岗位技能，忠诚维护公司利益，保守商业秘密，不在工作时间做与工作无关的事情，具有为社会奉献的崇高品德等。此外，因为新媒体营销直接向广大网民传播信息，对社会影响深远，所以要求从业者具备较高的公民道德水平，多传播一些带动社会良好风气的正能量信息，而不能唯利是图，传播一些低俗、暴力、色情等不良内容。

（二）对互联网和新媒体行业的热爱

新媒体营销工作需要依托新媒体进行，并且已经在短短几年内，迅速成长为一个重要行业领域。从事一个职业，首先要认同这个行业，即认为这是一个有前途的行业，认为这个行业的工作很有意义，个人也能够得到成长和职业前途，对这个行业和所选择的具体岗位充满热爱，这是在职场取得成功的重要前提。反之，如果从业者对互联网和新媒体行业不感兴趣，那么在未来必然缺乏足够的动力去深入了解这个行业，也没有热情去承受工作中的巨大压力和完成持续学习的要求。

（三）对目标受众需求及心理的精准把握

新媒体营销的重点在于“营销”，所以作为从业人员，需要能够精准地把握住目标受众的需求和心理，在此基础上通过提供他们感兴趣的内容，实现吸引注意力的目的，进而根据目标受众的需求策划实施营销内容的传播，最终实现新媒体营销的目的。

（四）对社会热点及趋势的敏锐感知

互联网的普及带来了信息的爆炸，每个网民都被海量信息围绕，其注意力很容易被分散。要想抓住目标受众的眼球，就需要提供能够吸引其注意力的内容。最新的社会热点事件和话题，以及对未来可能出现的热点话题，是吸引受众的重要内容。因此，新媒体营销从业人员需要对社会热点内容保持敏锐感知，能够准确判断短期内可能出现的热点，并据此策划和推送有吸引力的内容。

（五）独立思考能力

工作中经常会出现复杂情况，新媒体营销从业人员需要针对各种各样、不同渠道来源的丰富信息，做出基于独立思考的综合判断和决策。在互联网和新媒体营销领域，没有绝对的权威专家，也没有一成不变的营销策略与方法，一切都需要遵循实事求是的精神。

（六）团队协作能力

在一些小的企业中开展新媒体营销，或者在较大企业中开展新媒体营销的早期阶段，有时候会由一个人负责实施所有的工作。但是，正常情况下，企业会组建一个团队，甚至成立一个部门，来负责新媒体营销工作。因此，新媒体营销从业人员需要具备团队合作意识，协调团队中各个不同角色，共同完成工作任务。

课堂思政

团队精神的打造

蚂蚁是一种具有团队精神的生物，当它们外出觅食遇到较大的食物时，就会邀请很多同伴过来，共同努力把食物搬回蚁穴。在工作中面对复杂艰巨的任务时，个人的力量总是有限的，这就需要借助团队的力量，用别人的长处弥补自己的短处。团队成员拥有共同的愿景、目标、管理规则、团队文化和价值观，团队负责人应充分发挥每个团队成员的特长与能力，通过有序协作，让整个团队爆发出巨大的力量，最终取得成功。在团队协作奋斗的过程中，实现每个成员的成长和收获，让团队成员竖立牢固的主人翁意识，是团队精神打造的秘籍。

（七）沟通表达能力

在团队协作的过程中，新媒体营销从业人员还需要具备良好的表达能力和沟通技巧。其中，表达能力是指在工作和日常交往中，在团队中或者在和上级领导沟通时，充分表达自己观点的勇气和能力。沟通技巧是指懂得在恰当的时间和地点，以恰当的方式与团队成员和上级领导交换想法，并试图说服对方接受自己的意见。

（八）承受压力的能力

新媒体营销工作需要深度思考和不断创新，具有一定的挑战性，而且通常需要投入较长的工作时间。一般在一个热点事件发生后，为了取得最佳的传播效果，需要在尽可能短的时间内，策划、制作并推出相关内容。这些情况会给从业人员带来较大压力，所以要想胜任新媒体营销岗位工作，就需要具备承受压力的能力，并且能够在压力下完成工作任务。

教学互动

1. 互动内容：你是否思考过自己未来的就业方向和岗位？如果要实现这个理想，你需要掌握哪些技术和能力？

2. 互动要求：

（1）结合自己的兴趣与特长，在智联招聘、前程无忧等招聘网站上搜索相关岗位招聘信息，并与同学进行讨论。

（2）教师对学生的回答进行点评和总结。

项目小结

互联网的发展日新月异，目前以智能手机为代表的移动互联网终端上的各类 App，成为新时期互联网新媒体的代表。本书所界定的新媒体营销概念，主要是指基于 UGC 模式的线上社交 App 的新媒体营销活动，重点包括微信营销、短视频营销、直播营销、微博营销、今日头条营销、社群营销等。企业利用新媒体平台，可以实现新闻发布、促销宣传、售前咨询、在线销售、公关、客户关系管理、市场调研、售后服务等多种功能。企业在开展新媒体营销时，为覆盖更大范围的目标用户，通常会在多个平台创建多个账号，彼此之间相互联系、相互支持，形成一个强有力的新媒体营销矩阵。

新媒体平台的成功带来了自媒体的繁荣，个人、企业、政府和社会机构纷纷以自媒体的形式参与内容的制作和传播，而一个成功的自媒体往往需要在从策划到运营的各方面都投入很多努力。

新媒体营销作为一个热门领域，其就业岗位也很多，不同的岗位对应不同的岗位技能要求和职业素养要求。

项目实践

一、实践内容

（一）寻找具有较大影响力的自媒体账号

学生在自己平时使用的微信、微博、抖音、快手、小红书等新媒体平台上寻找一个订阅用户数量在 50 万以上、作品日常浏览量在 1 万以上、具有较大影响力的自媒体账号，通过认真浏览其发布内容，分析该自媒体的核心特点和成功原因，并在表 1–7 中填写相关信息。

表1–7　　自媒体账号分析

平台	具体信息
自媒体名称	
自媒体简介	
核心特点	
成功原因	

（二）分小组交流分享

每6个学生一组，相互分享自己找到的自媒体账号的情况，小组成员认真听取其他同学的发言，针对有疑问的地方展开讨论。每小组最后推选一人，代表小组在课堂上发言。

二、实践目标

（1）初步感受新媒体营销和自媒体的魅力，培养学习新媒体营销的兴趣。

（2）培养独立思考的意识和能力。

（3）提高个人的沟通表达能力。

三、实践设施

智能手机。

四、实践成果

项目实践成果可通过课堂发言的形式进行检验。

五、注意事项

（1）发言前应做好充分准备，养成认真做好每件事的良好习惯。

（2）小组成员之间互相尊重和理解，对逻辑思维和语言表达能力不够好的同学应多包容和鼓励。

（3）每个小组在选择发言代表时应客观投票。

同步测试

1–1　新媒体
营销概述
同步测试习题

项目二 微信营销

学习目标

知识目标：了解微信的基本情况，理解微信的核心功能，掌握企业官方微信公众号营销的方法与技巧，掌握自媒体微信公众号策划和运营的方法与技巧，掌握开展个人微信营销的方法与技巧。

能力目标：具有企业官方微信公众号和自媒体微信公众号的策划、创建与运营能力，具有利用个人微信开展营销的能力。

素养目标：养成独立思考的习惯，具备良好的沟通和表达能力，能够与团队成员分工协作，遵守国家法律和职业道德，践行社会主义核心价值观。

思维导图

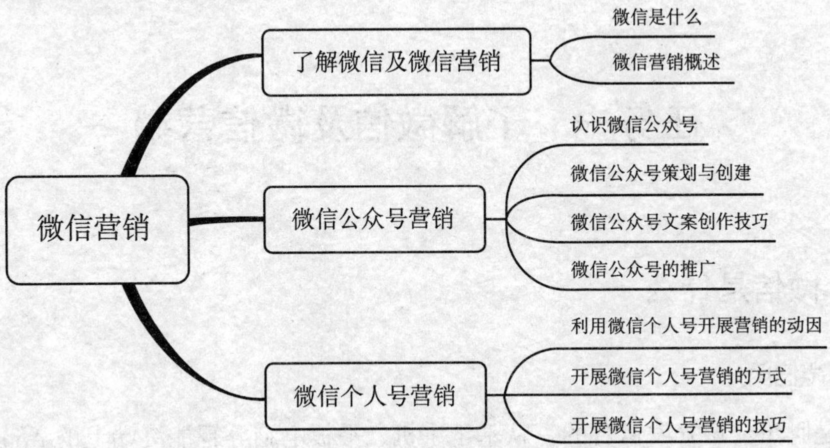

引导案例

原来《穿越故宫来看你》刷爆朋友圈的秘诀在这里

2017 年，在大中华区艾菲奖颁奖典礼上，H5 作品《穿越故宫来看你》当之无愧地获得了金奖。这个 H5 在很多人的微信朋友圈得到疯传，被称为“刷屏盛况”。

在这个 H5 作品中，明成祖朱棣从古画中“复活”，“跳出来”表演了一段说唱，以活泼可爱的形象向网民自我介绍，并展示了自己手机自拍、刷朋友圈、聊 QQ 等融入现代生活的场景内容。在 H5 的最后，网民点击“进宫报名”就可以进入“腾讯 NEXT IDEA × 故宫表情及游戏创意大赛”的活动页面。

为何这个 H5 会激发大家的转发欲呢？首先，其贱萌的画风、时尚的说唱，迎合了当下大众的口味，其中最让人着迷的是朱棣的说唱，用年轻人最喜欢的方式，实现了传统文化和现代流行元素的跨界融合。其次，策划团队看到了故宫本身蕴藏的中国历史文化精髓，其巨大的 IP 价值值得传播。最后，“H5+短视频”这种形式新颖独特，创意发挥空间大，而且用户体验顺畅，不需要跳转，界面也非常简洁，更重要的是，H5 可以基于微信平台快速高效地传播。

2-1　穿越故宫来看你

从这个案例中可以得到启示，在现在这样一个信息爆炸的时代，企业的营销要想取得好的效果，需要用尽心思挖掘卖点，同时与广大网民喜爱的互联网新媒体结合起来，让营销变得有趣，让目标消费者深度参与进来，并愿意主动承担营销信息的二次传播任务，这样的营销不仅效果好，还能节省营销活动的成本。

资料来源：根据互联网公开信息改编。

任务一　了解微信及微信营销

一、微信是什么

（一）微信简介

微信是腾讯公司开发运营的一款基于手机、平板电脑等智能终端上的 App，于 2011

年面世。

从本质上来说，微信是一款即时通信（Instant Message，IM）软件，该产品为用户之间通过互联网实时传递文字、图片、语言、视频、文件等信息提供服务。因为即时通信软件满足了人们对于社会交往中信息传递的多种需求，所以微信一出现就受到了欢迎。

根据腾讯公司所公布的业绩报告显示，截至 2019 年 12 月 31 日，微信（包含其英文版本 WeChat）月活跃用户数量达到了 11.648 亿人，同比增加 6.1%，是目前国内用户数量最多的 App。

互联网轶事

微信最初其实是一个邮件

在新浪微博迅速发展起来之后，腾讯公司感受到了危机。由于当时的 QQ 正在为解决从电脑端向手机端发展出现的各种问题而苦恼，因此腾讯决定要做一个手机端的新即时通信软件。张小龙负责的 QQ 邮箱团队在研发手机邮箱客户端的时候，开发出了微信这款产品。也就是说，微信最初就是一个邮箱，只是它的界面和速度更像即时通信。微信刚开始的时候很像一个简单化的 QQ，用户并不多，直到“语音对讲”功能的推出，即按了就可以讲话，且录音可立刻发出去，使得微信与其他手机即时通信软件明显区别开来，迅速受到欢迎。这个功能不仅吸引了那些追求时尚的年轻人，还吸引了不喜欢手机打字输入的中年人。随后，与手机通讯录的整合，以及 QQ 用户数据的导入等功能的推出，让微信迅速获得了巨大的用户规模，越来越成功。

资料来源：https://tech.qq.com/a/20161023/010508.htm.

（二）微信的核心功能

微信的功能比较多，其中较为核心的有以下四个：

1. 即时通信功能

作为一个即时通信 App，微信最核心的功能是用户与用户之间的信息交流，这种信息交流可以是一对一进行，也可以是多对多群聊。

这既是微信最为基础和重要的功能，也是微信具有如此强大的用户黏性、让用户对微信青睐有加的根本原因。

2. 朋友圈功能

微信好友之间通常是相互认识的“熟人”，熟人之间除了普通的社交沟通之外，还有了解对方最新动态的需要。通过朋友圈功能，借助智能手机上的照相机，微信用户可以用文字、图片、视频等多种形式，以及转发有分享价值的文章或链接，把自己的日常见闻、所思所想发布出去，供自己的微信好友浏览。好友看到他人朋友圈内容之后，可以进行点赞、评论等互动操作，增进相互之间的了解与感情。微信的朋友圈功能是对即时通信功能的有力补充，更好地满足了用户对于社交的需求。

微信朋友圈的分享是一种私密性质的分享，通常非好友关系仅可以看到他人朋友圈的有限内容，这一点与微博的公开性特点有所不同。

3. 公众号功能

微信公众号目前拥有四个类型，分别是：服务号、订阅号、小程序和企业微信。与普通微信账号之间的社交沟通不同，微信公众号能够承担“一对多”传播的媒体功能，其为新闻媒体、政府机构、企事业单位和个人对外界大众的信息传播提供了一个平台。

4. 支付功能

2014 年春节，微信抢红包功能爆红，微信支付也迅速得到了普及，与支付宝一起成为我国两大线下支付工具。目前，很多人外出购物习惯了基于智能手机的移动支付，大多时候不再携带现金和银行卡，我国也成为世界上移动支付最为发达的国家。

教学互动

1. 互动内容：假设其他公司也推出一款即时通信软件，是否有可能与微信一争高下？

2. 互动要求：

（1）结合自己使用微信的体验，围绕上述问题展开深入思考，并与同学进行讨论。

（2）教师对学生的回答进行点评和总结。

二、微信营销概述

微信营销，即利用微信 App 开展的各种营销行为。常见的微信营销手段包括企业官方微信公众号、微商城、自媒体公众号、微信广告、个人朋友圈、微信群等。

（一）企业官方微信公众号

我们以华为手机为例（如图 2–1 所示），了解企业官方微信公众号。

企业的官方微信公众号几乎可以实现官网的全部功能，如公司介绍、商品介绍、在线销售、售后服务、公司动态等。由于微信用户数量庞大，因此在移动互联网时代，企业必须建设一个功能完备的公众号，甚至要根据不同的功能定位建设多个微信公众号，以利用微信平台对消费者开展更好的营销传播。

（二）微商城

微信依靠社交和公众平台提供的内容，聚集了数量庞大的用户，微商城的出现则可以实现微信生态的闭环。微商城通常有小程序和第三方服务商商城这两种形式。华为公司推出的小程序微商城“华为商城+”如图 2–2 所示。

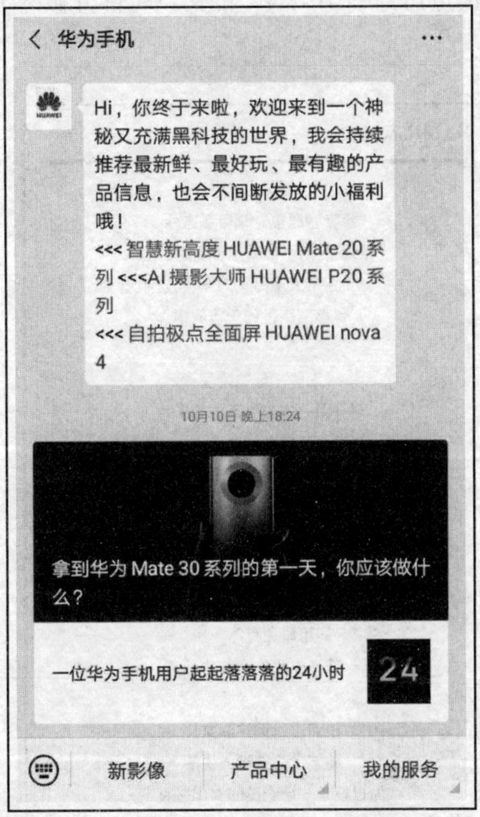

图 2–1 “华为手机”微信公众号界面

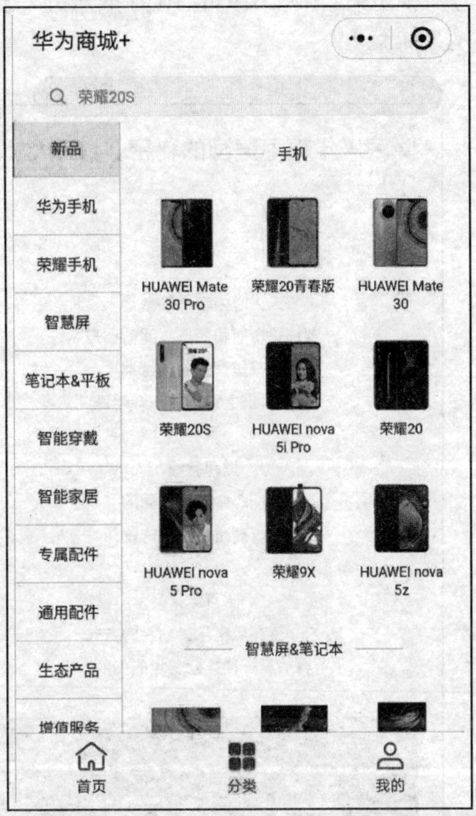

图 2–2 华为公司的微商城“华为商城 +”

在微商城中，微信用户可以直接进行商品浏览、下单、付款等一系列操作，所以基于微信的微商城，和企业在天猫、京东开设的官方旗舰店一样，是企业开展网络零售的另一个重要途径。

教学互动

1. 互动内容：你为什么会关注某个企业的公众号，或者为什么使用了微商城？

2. 互动要求：

（1）结合自己使用微信的体验，围绕上述问题展开深入思考，并与同学进行讨论。

（2）教师对学生的回答进行点评和总结。

（三）自媒体公众号

微信公众平台中活跃着一批自媒体公众号，它们依靠日复一日的辛勤耕耘，各自聚集了一大批网民成为其忠实订阅用户。用户对自媒体的长期关注，是因为喜爱其提供的优质内容，这种对用户眼球的牢牢吸引，对相关的企业而言具有很高的营销价值。自媒体公众号“视觉志”在 2019 年 10 月推送的一篇阅读量达到“10 万 +”的文章（部分截图）如图 2–3 所示。

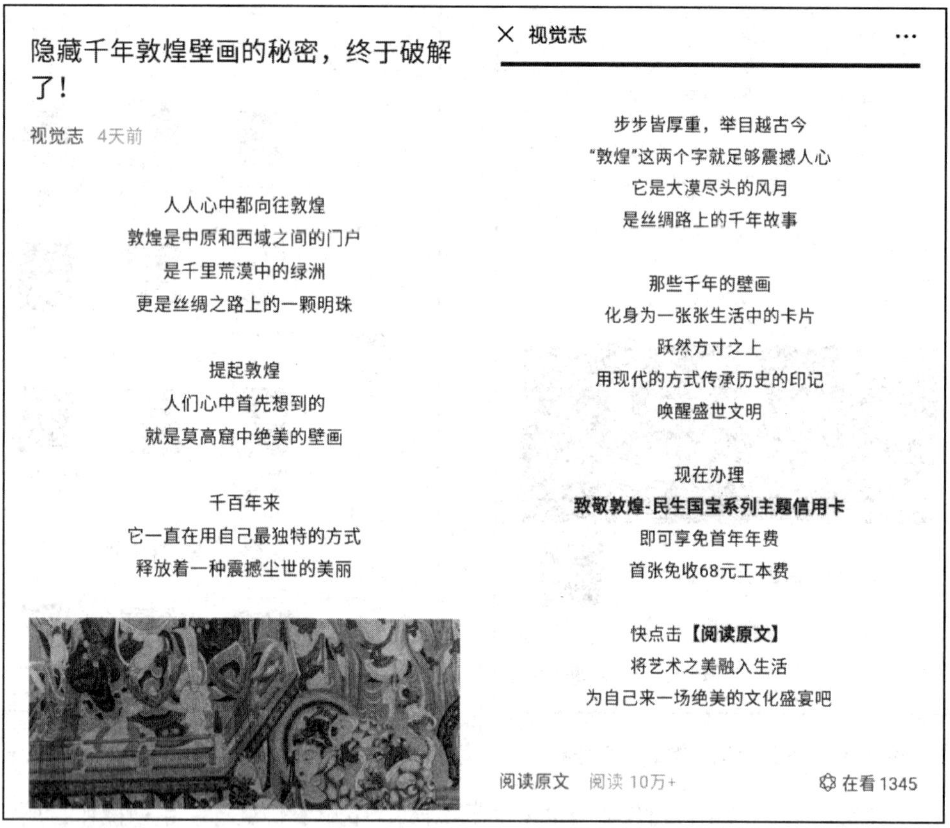

隐藏千年敦煌壁画的秘密，终于破解了！

视觉志 4天前

人人心中都向往敦煌
敦煌是中原和西域之间的门户
是千里荒漠中的绿洲
更是丝绸之路上的一颗明珠

提起敦煌
人们心中首先想到的
就是莫高窟中绝美的壁画

千百年来
它一直在用自己最独特的方式
释放着一种震撼尘世的美丽

× 视觉志 ···

步步皆厚重，举目越古今
“敦煌”这两个字就足够震撼人心
它是大漠尽头的风月
是丝绸路上的千年故事

那些千年的壁画
化身为一张张生活中的卡片
跃然方寸之上
用现代的方式传承历史的印记
唤醒盛世文明

现在办理
致敬敦煌-民生国宝系列主题信用卡
即可享免首年年费
首张免收68元工本费

快点击**【阅读原文】**
将艺术之美融入生活
为自己来一场绝美的文化盛宴吧

阅读原文 阅读 10万+ 在看 1345

图 2–3　公众号“视觉志”推送的一篇阅读量达到“10 万 +”的文章

这篇文章以敦煌为主题吸引人们阅读，在结尾处植入了民生银行信用卡的广告，是自媒体时代企业开展软文营销的一个代表性场景。

（四）微信广告

微信平台目前在三个地方设置了广告位，分别是朋友圈、公众号文章和小程序，企业可以根据需要选择投放。朋友圈广告位显示在微信用户朋友圈的好友信息列表之中，如图 2–4 所示。微信公众号广告位显示在推送图文的中间或末尾，如图 2–5 所示。

图 2–4　朋友圈广告位

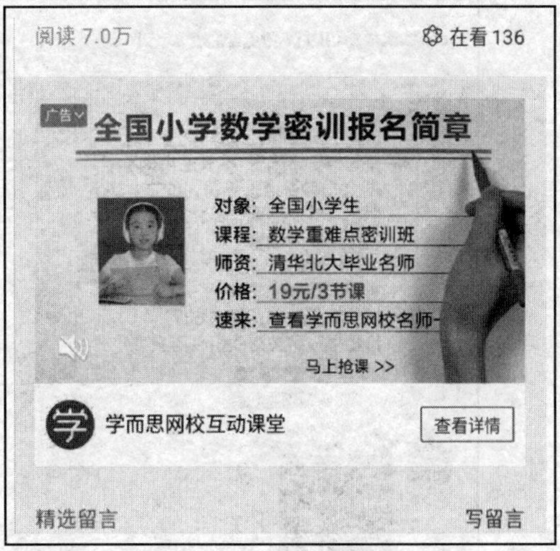

图 2–5　微信公众号广告位

（五）个人朋友圈

朋友圈是微信用户发布个人生活与工作中的照片、视频和感悟的地方，也可以用来发布一些营销信息，如图 2–6 所示。

图 2–6　个人朋友圈发布营销信息

（六）微信群

微信群是线上社群的一种形式，每个群都有不同的主题定位和功能，聚集了相关的微信用户。很多微信用户都会根据自身需求加入一些微信群，利用微信群可以精准地开展营销，如图 2–7 所示。

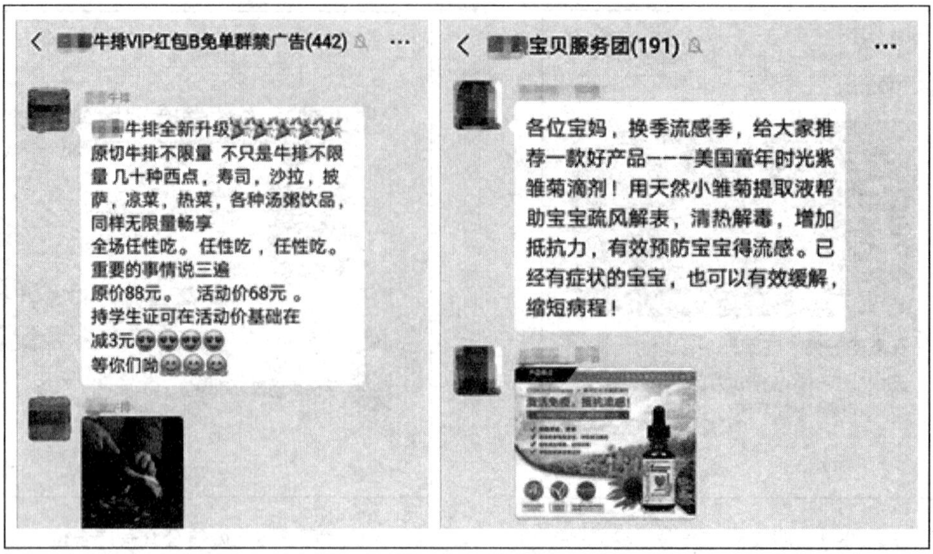

图 2–7 微信群中的营销信息

教学互动

1. 互动内容：作为一个微信用户，看到公众号软文、微信广告、朋友圈、微信群等营销后，你会产生什么样的感受？你会购买这些商品吗？

2. 互动要求：

（1）结合自己使用微信的体验，围绕上述问题展开深入思考，并与同学进行讨论。

（2）教师对学生的回答进行点评和总结。

任务二 微信公众号营销

一、认识微信公众号

公众号是微信提供的信息发布平台，可以向关注该公众号的微信用户推送图文信息。微信公众平台诞生于 2012 年，微信公众号是微信公众平台下的账号，目前拥有四个类型，分别是服务号、订阅号、小程序和企业微信，如图 2–8 所示。这四类公众号在功能上有明显区别，如表 2–1 所示。

图 2–8　微信公众号的四个类型

表2–1　微信公众号的类型及其功能

公众号类型	功能特点	备注
服务号	给企业和其他组织提供强大的业务服务与用户管理功能，可直接显示在消息列表中。	每个月可推送4次图文消息
订阅号	为媒体和个人提供一种新的信息传播方式，显示位置在“订阅号消息”中。	每天可推送1次图文消息（政府、媒体不限次数）
小程序	基于微信平台运行的各种应用程序。	—
企业微信	用于企业办公管理的工具。	—

一般而言，微信本身最核心的功能是实现社交沟通的即时通信功能，而微信公众平台则是基于即时通信功能之上的重要附加功能。由于微信拥有超过 11 亿的庞大用户群体，因此，媒体、政府、企业和其他各类社会机构也希望利用微信平台实现各自的传播目的，这是微信公众平台产生的深层原因。

延伸学习

主要的图文自媒体平台有哪些?

除了微信公众平台，目前还有很多网站和 App 推出了以图文推送为主的自媒体平台，主要有：今日头条推出的头条号、百度推出的百家号、腾讯推出的企鹅号和QQ看点号、阿里巴巴推出的大鱼号、网易推出的网易号、搜狐推出的搜狐号、新浪推出的新浪看点号等。如果我们要创建自媒体，可以同步在以上多个平台创建，实现对不同平台用户群体的覆盖。

二、微信公众号策划与创建

目前，创建和运营微信公众号的主体主要有传统媒体、政府机构、企事业单位，以及自媒体机构或个人。本书以企业官方微信公众号和自媒体微信公众号为例，讲解微信公众号的策划过程与方法。

（一）企业官方微信公众号的策划

下文以“华为手机”微信公众号为例，分析企业官方微信公众号策划时应重点确定的内容。请用微信“扫一扫”功能扫描图 2–9 所示的二维码，关注“华为手机”微信公众号并浏览其内容。

长按二维码识别关注
华为手机官方微信账号

图 2–9 “华为手机”微信公众号二维码

策划一个企业的官方微信公众号，需要依照以下流程逐次展开，如图 2–10 所示。

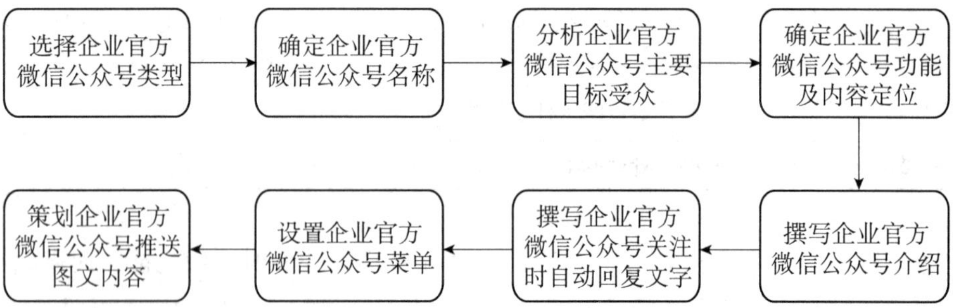

图 2–10 策划企业官方微信公众号流程

1. 选择企业官方微信公众号类型

微信公众号有四个类型，“华为手机”选择的是服务号，这也是企业创建官方微信公众号的首选。一方面，服务号可以给企业提供强大的业务服务与用户管理功能；另一方面，服务号可以直接显示在消息列表中，方便企业与订阅用户之间的信息传播。如图 2–11 所示，“华为手机”“养生堂农夫山泉智能生活”“uu 跑腿”这三个服务号，可以直接显示到消息列表中，而订阅号需要点开“订阅号消息”才能够看到。

2. 确定企业官方微信公众号名称

企业的官方微信公众号，一般与企业名称、品牌名称和产品紧密相关。华为手机的公众号名称就是“华为手机”，简单、直接、明白，便于识别和记忆，如图 2–12 所示。

图 2–11　直接显示在消息列表中的服务号

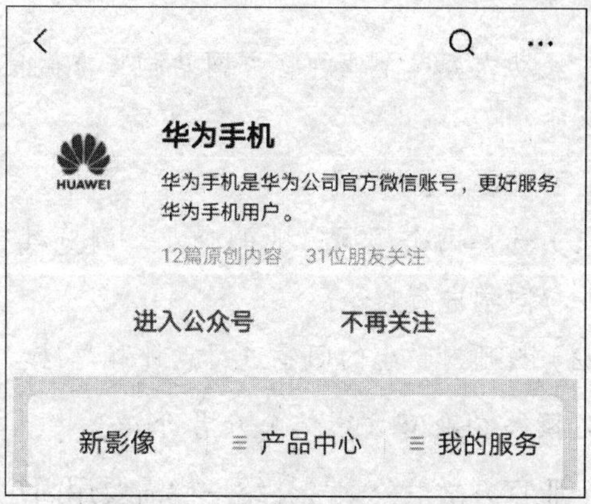

图 2–12　华为手机的公众号名称

延伸学习

华为的微信公众号矩阵

华为是一家中国科技企业，其核心业务是通信技术、通信设备和终端设备的研发、生产和销售。作为一家大型企业，华为非常重视其新媒体宣传工作，在微信公众平台、微博、今日头条、抖音等多个平台创建了官方账号。其中，华为在微信公众平台创建了“华为”“华为手机”“华为终端”“华为终端客户服务”等十几个官方账号，定位各有差异，相互配合，共同发力，形成了强大的公众号矩阵。

3. 分析企业官方微信公众号主要目标受众

企业官方微信公众号的目标受众，主要是该企业的客户或意向客户，此外，还有一些对该企业感兴趣的社会公众。“华为手机”公众号的主要目标受众，应当是购买了华为手机的消费者，以及那些对华为手机有一定购买意向的准客户。

4. 确定企业官方微信公众号功能及内容定位

企业官方微信公众号的功能，与企业的官方网站比较相似，主要包括企业介绍、企业动态、产品介绍、产品购买、售后服务、商务合作等内容。由于华为创建了多个微信公众号，因此每个公众号都有各自不同的定位和分工。从“华为手机”这个公众号的菜单项和推送图文信息的统计内容可以看出，其主要功能定位是产品介绍、产品购买、售后服务和营销活动发布。

教学互动

1. 互动内容：企业的官方网站和官方微信公众号有很多类似的功能，它们之间有哪些不同之处？

2. 互动要求：

（1）选择两个不同行业的企业，浏览其官方网站和官方微信公众号，比较两者的不同，并与同学进行讨论。

（2）教师对学生的回答进行点评和总结。

5. 撰写企业官方微信公众号介绍

企业官方微信公众号介绍一栏需要用简短的话语把公众号介绍清楚，通常需要讲清楚创建者是谁，创建目的是什么，能够为微信用户带来什么价值。

“华为手机”的公众号介绍简洁易懂，如图 2–13 所示。

图 2–13 “华为手机”公众号介绍

6. 撰写企业官方微信公众号关注时自动回复文字

当新用户第一次关注企业官方微信公众号时，通常会收到公众号发送的一段欢迎文字，这段话就是公众号管理员设置的“被关注回复”。这个自动回复所发挥的作用，通常是表示欢迎、感谢等，也会把公众号将会带给用户的利益和价值强调一遍，有时也会把企业特别想传达给目标受众的促销信息附在其中。

首次关注“华为手机”公众号，收到的自动回复文字如图 2–14 所示。

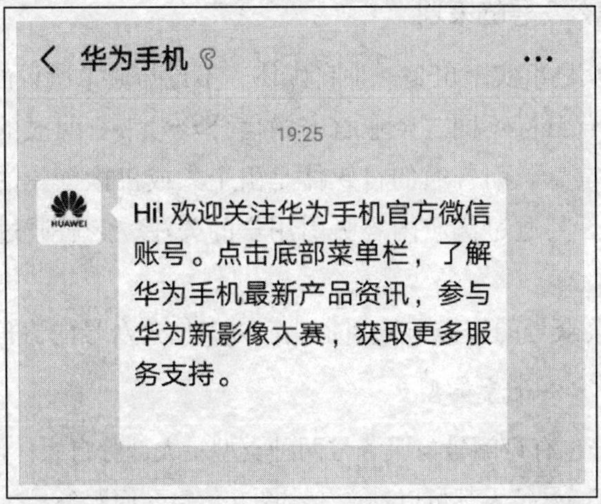

图 2–14 “华为手机”公众号的关注时自动回复文字

7. 设置企业官方微信公众号菜单

企业官方微信公众号的菜单显示位置在公众号界面的下方，最多可以设置 3 个一级菜单，每个一级菜单最多可设置 5 个二级菜单。每个菜单既可以指向某个图片、音频、视频或图文信息，也可以跳转到某个指定的网页或微信小程序。

公众号菜单通常是围绕目标用户的重要需求设置的。“华为手机”公众号的一级菜单和二级菜单对应的内容如图 2–15 所示。其中：“新影像”是华为的手机摄影大赛活动页面链接；“产品中心”主推产品的介绍文章、华为商城（小程序）；“我的服务”则包括“我要维修”“备件价格查询”“服务中心查询”和“保修状态查询”。

图 2–15 “华为手机”公众号的菜单设置

8. 策划企业官方微信公众号推送图文内容

根据对“华为手机”公众号的历史推送图文进行统计归纳发现，其文章主要围绕产品推介、互动活动、官方消息和产品使用技巧四个方面撰写，这些内容符合目标受众的需求，能够很好地实现企业的营销目的。

（二）自媒体微信公众号的策划

企业官方微信公众号事实上也是一种自媒体，不过与通常所说的自媒体差别较大，两者的主要区别在于运营目标不同。企业官方微信公众号带有明显的企业烙印，代表某个特定的企业对外传播信息，而普通的自媒体是由个人或机构创建的、以服务某类网民群体为宗旨的公民媒体，其通过优质内容吸引用户的关注，然后通过一些手段把这些关注“变现”。

策划自媒体微信公众号的流程与策划企业官方微信公众号的流程类似，具体如下：

1. 选择自媒体微信公众号类型

自媒体微信公众号也有订阅号与服务号两种类型，大部分自媒体微信公众号都会选择注册订阅号，这是因为订阅号每天都可以推送 1 次图文信息，而服务号每个月只能推送 4 次。

2. 确定自媒体微信公众号名称

自媒体微信公众号的命名没有固定的逻辑，通常要求简单好记，与公众号的用户定位或内容定位有一定关联，有些则追求个性新奇，如“视觉志”“丁香医生”“国家人文历史”“新闻哥”“局座召忠”“我们都爱地理”“罗辑思维”等。

3. 分析自媒体微信公众号目标受众

策划一个自媒体微信公众号，其创始人在开始阶段通常会有一个领域方向，这个领域是创始人比较擅长或熟知的领域。在公众号的具体策划阶段，就需要深入思考目标受众究竟是哪类人群，目标受众越具体，将来公众号的运营就越精确，内容创作和推广也会更加具有针对性。这里的受众概念来自传播学，指的是自媒体的订阅用户和目标读者。

有些自媒体的目标受众涵盖较广，如“视觉志”“新闻哥”等。有些自媒体的目标受众简单明确，指向性很强，如“丁香医生”的受众主要是比较关心健康医疗问题的中年人，“局座召忠”的受众主要是关心军事和国际形势的成年男性。

4. 确定自媒体微信公众号功能与内容定位

与企业官方微信公众号的定位不同，自媒体微信公众号通常不以企业营销宣传为核心，而是以传播知识、价值为核心，所以其功能与内容定位往往聚焦于围绕目标受众的核心需求，向其提供有价值的信息。

5. 撰写自媒体微信公众号介绍

与企业官方微信公众号类似，自媒体微信公众号介绍一栏也需要用简短的话语把公众号介绍清楚，这句话类似于广告语，能够简明扼要地筑起自媒体的品牌形象。“丁香医生”公众号的介绍如图 2–16 所示：“有温度、有知识、有态度。丁香医生，新一代大众健康媒体。”“我们都爱地理”公众号的介绍为“爱生活，爱教育，爱地理！（各种精品干货。老胡地理工作室）”，如图 2–17 所示。

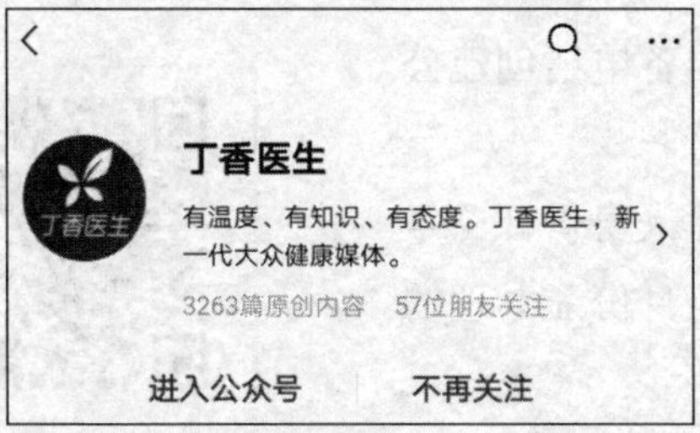

图 2–16　“丁香医生”公众号介绍

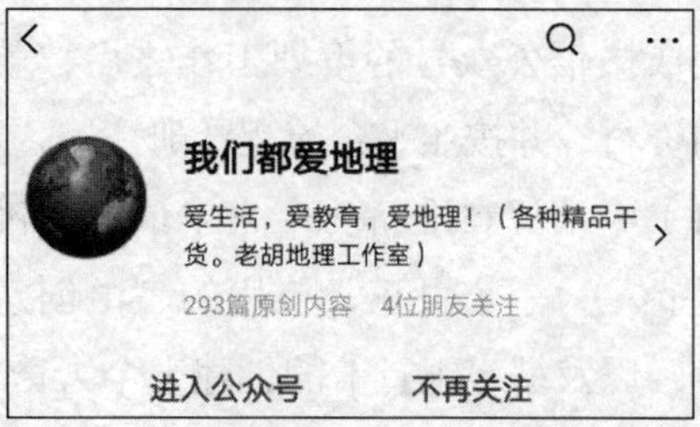

图 2–17　“我们都爱地理”公众号介绍

6. 撰写自媒体微信公众号关注时自动回复文字

当新用户第一次关注自媒体微信公众号时，通常会收到公众号发送的一段欢迎文字，这段话就是公众号管理员设置的“被关注回复”。这个自动回复所发挥的作用与企业官方微信公众号基本相同，有时也会发送一些推荐内容的链接或互动调研链接。

以下是几个自媒体微信公众号的二维码，用微信“扫一扫”功能扫码后就会收到相关自动回复内容。“丁香医生”二维码如图 2–18 所示，“视觉志”二维码如图 2–19 所示。

图 2–18　“丁香医生”二维码

图 2–19　“视觉志”二维码

7. 设置自媒体微信公众号菜单

自媒体微信公众号的菜单显示位置与企业官方微信公众号相同。其菜单设置一般有两个原则：一是迎合目标受众的需要，把他们最想看的内容放入一级菜单或二级菜单中，为其带来阅读上的方便，常见的有历史消息、重要专辑等；二是把自媒体运营者特别想传播的内容放到菜单里，使受众能一目了然，常见的有联系方式、商城入口等。

8. 策划自媒体微信公众号推送图文内容

自媒体微信公众号的运营核心，就是围绕公众号的定位和目标受众的需求，持续创作并推送高质量的图文信息，为目标受众带来价值和服务，使公众号订阅用户保持持续关注，并不断获取新用户的关注。

（三）微信公众号创建指南

1. 创建流程

完成微信公众号的策划工作之后，就需要准备申请创建公众号的资料，并按照平台流程注册。

（1）申请资料准备。个人申请需要准备创建人身份证（年满 18 周岁），一个可正常使用的、由创建人本人身份证办理的手机号，以及绑定银行卡的创建人个人微信。

2-2　创建微信公众号所需资料

企业、政府、媒体或其他机构注册者需要提供营业执照注册号、组织机构代码和统一信用代码等信息，并且需要运营者的手机号和绑定银行卡的个人微信。

具体可以通过扫描二维码了解详细要求。

（2）按照流程注册。访问微信公众平台官网（https://mp.weixin.qq.com），在右上角点击“立即注册”，按照流程提示进行注册操作。主要流程如图 2–20 所示。

图 2–20　微信公众号注册流程

具体可以通过扫描二维码了解详细流程。

2-3　注册微信公众号的流程

2. 基本设置

访问微信公众平台（https://mp.weixin.qq.com），输入正确的账号和密码，用管理员的微信扫描二维码之后授权登录。

登录微信公众号后台之后，我们会发现其功能非常多，但是作为刚刚接触公众号运营的人，有很多功能以后才用得到，一开始进行如下一些基础设置即可。

（1）进入账号后台之后，首先把鼠标移到右上角的“账号名称”上，在弹出菜单中单击“账号详情”。然后，可以为公众号设置头像，下载二维码并扫码关注公众号，设置微信号（一个英文、数字字符串）。需要注意的是，个人账号不需要认证。

（2）浏览公众号后台界面左侧的菜单栏，逐项了解各菜单内容，重点设置被关注时自动回复的内容。

（3）在“设置”→“人员设置”中，可以把微信运营团队中的其他人设置成运营者，运营者的微信也可以授权登录公众号后台。

（4）点击“管理”→“用户管理”，查看本公众号的订阅用户列表。

（5）点击“管理”→“素材管理”，了解如何创建一篇图文信息。

三、微信公众号文案创作技巧

（一）选题

微信公众号的选题，即选择什么主题开展内容创作。选题的依据，通常是目标受众的痛点和当前焦点。

痛点即目标受众很难得到满足的某个需求。例如：年轻女孩怎么样才能更漂亮、更有魅力；年轻人怎么样才能获得事业上的成功；年轻父母怎么样提高孩子成绩；中年人如何养生保健；肥胖者怎么变瘦……

当前焦点即目标受众当前阶段正在关注的社会热点内容，尤其是与公众号定位相关的社会热点。运营自媒体，需要时刻关注重大新闻和网络热点，看到有价值的选题，要第一时间撰写相关文章推送给读者。

教学互动

1. 互动内容：分小组讨论各组创建的自媒体公众号的目标受众的痛点有哪些，与之有关联的当前社会热点有哪些。

2. 互动要求：

（1）通过浏览新闻或微博热搜了解社会热点。

（2）教师对学生的回答进行点评和总结。

（二）标题

标题的作用是吸引眼球，刺激读者产生点击的欲望。好的标题能够让订阅用户看到之后愿意去点开阅读，而平淡无趣的标题会让用户视而不见。当文章得到转发之后，其他人是否会点击该转发文章，往往也取决于标题的吸引力。

撰写标题时经常用到的一些技巧如表 2-2 所示。

表2-2　微信公众号文章标题撰写技巧

标题撰写的技巧	案例
抓住读者的心理需求、痛点	如何优雅躲过“十一”扎堆的“份子钱”？
抓住社会热点话题、事件	“量子波动速读”刷屏：天价培训班到底水多深?
用名人明星抓眼球	宋慧乔日记“惊天秘密”曝光，不老的女人到底有多可怕?
突出地域名称	濮阳用手机支付的人，现在看还不晚，对你很重要!

续前表

标题撰写的技巧	案例
用数字抓眼球	长假出行筹备中？这4招助你过得尽兴又省心！
设置悬念，勾起好奇心	越贵越好用？深扒女明星也爱的平价爱用品！

课堂思政

杜绝做“标题党”

做自媒体不仅要创作出有吸引力的标题，还要写出与标题相关的高质量内容。令广大网民深恶痛绝的“标题党”是指那些为了博眼球，采用低俗、严重夸张等手段，撰写极具诱惑力的标题，但是其正文内容却质量低下或者与标题毫无关联的垃圾内容。一个自媒体运营者有责任、有义务创作优质内容，为网民带来服务和价值，不能为了点击量当“标题党”。很多自媒体平台也引入了投诉举报机制，遏制“标题党”的出现。

（三）正文

正文是微信公众号推送图文的主要部分，一般要求如下：

（1）主题明确，语言简洁明了，分段清晰。

（2）图文并茂。图片有两个作用：一是诠释、印证文字；二是补充表达文字的含义。

（3）提醒读者关注和推广。图文的开头和结尾应当提醒读者关注公众号、转发文章、点击“在看”，让读者成为订阅用户，并帮助公众号进行推广。

（4）引发读者共鸣。让读者成为忠实订阅用户，不仅期待下期推送，还愿意主动转发文章，主动向别人推荐公众号。

（5）提醒阅读所需时间。如果文章较长，需要占用读者较多时间，可以在文章开头进行友情提醒，告知本文的字数和大概所需阅读时间，此举可以使读者感觉很温馨，拉近公众号和读者之间的距离。

（6）引发读者互动。读者在读完文章之后，往往有发表意见的需求。因此，可以在文章末尾抛出话题，引发读者的回复讨论，而这些回复内容经过审核公开之后，可以与文章一起成为受读者喜爱的内容。

（7）杜绝抄袭。微信公众平台重视对知识产权的保护，监管较严，对于识别出的抄袭文章会变成转载。

（四）排版

大部分微信公众号的排版追求简洁，图片和文字交替排列，使阅读更加轻松。

文字一般有两种排版方法：一是按照正常书籍排版样式，首行空 2 个字符；二是采取类似于诗歌排版的短句换行，居中排列。

对于文字颜色的选择，一是颜色要素雅，但也不要与背景色混淆而看不清。无论是背景还是文字都不要有刺眼的感觉，这样可以让读者在阅读时较为放松；二是颜色数量不宜超过 3 种，否则会令人感到眼花缭乱，产生不适。

使用秀米等第三方平台可以排出较为复杂且美观的版面。不过，建议排版尽量简洁，版面过度华丽容易喧宾夺主，影响文章内涵的传达。

教学互动

1. 互动内容：请寻找一到两篇点击量比较高的文章，仔细阅读、研究后推荐到班级群中，并思考：为什么这些微信公众号文章阅读量比较高？

2. 互动要求：

（1）结合自己平时阅读公众号文章的经历，结合上述问题展开深入思考，并与同学进行讨论。

（2）教师对学生的回答进行点评和总结。

四、微信公众号的推广

微信公众号的价值需要通过订阅用户的数量来衡量，订阅用户越多，意味着影响力越大，其价值也越大。所以，微信公众号创建之后，在运营中要持续做好推广工作。以下从自媒体微信公众号和企业官方微信公众号两个方面探讨微信公众号的推广手段。

（一）自媒体微信公众号的推广

1. 在文章中提醒读者关注

如果文章被转发，就会有一些读者在阅读文章时尚未成为公众号的订阅用户。因此，要在文章开头提醒读者关注公众号，在文章末尾放置公众号的二维码，并提醒读者长按二维码识别图片后关注公众号。

2. 引导读者转发

在文章末尾，引导读者把文章转发到朋友圈或推荐给微信好友，能够让更多人看到文章。

3. 文章推送后进行自我助推

在文章推送成功后，公众号运营团队成员要把文章推送给好友及各种微信群，形成第一波助推。如果标题和内容质量较高，就可以引发下一步的链式反应，形成高阅读量。

4. 利用微信平台的广告推广

当公众号处于需要快速扩大影响力的阶段时，可以利用微信平台提供的广告位开展推广。即在微信公众号后台申请成为广告主，利用其他公众号或朋友圈的广告位开展宣传，吸引微信用户关注公众号。

5. 利用其他媒体广告推广

微信公众号是一个线上的事物，其内容制作、传播和接收都依托互联网进行，所以一般的惯性思维主要考虑线上推广，但是传统的线下广告也可以为公众号推广发挥作用，如公交广告、电视广告、宣传单等。

（二）企业官方微信公众号的推广

除了上述推广方法之外，企业官方微信公众号还可以借助企业本身的资源进行推广，主要有以下几个方式：

1. 利用企业产品包装推广

产品包装不仅能够对产品形成保护，还是一个很好的宣传媒介，而且不会额外增加企业的营销成本。已经有越来越多的企业在产品包装盒上印刷企业的公众号二维码或网店二维码进行相关推广。

在华为 P30 手机的包装盒上就印有“华为手机”微信公众号的二维码，如图 2–21 所示。

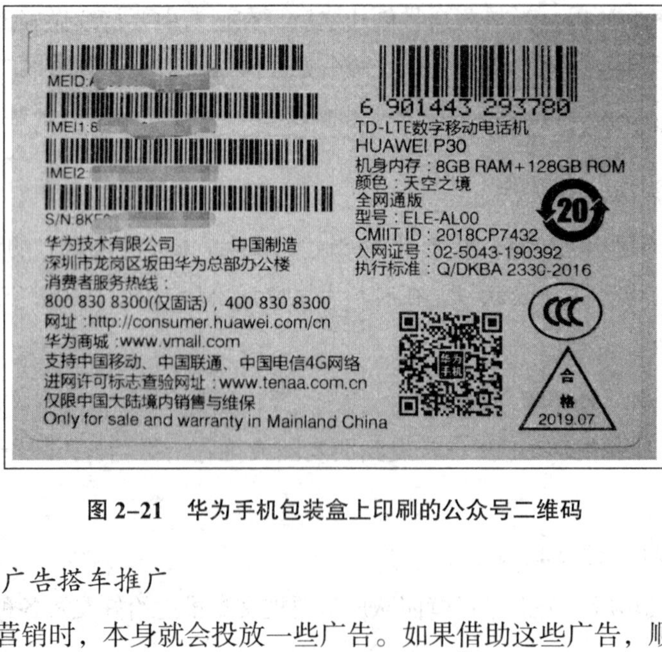

图 2–21　华为手机包装盒上印刷的公众号二维码

2. 利用企业广告搭车推广

企业在开展营销时，本身就会投放一些广告。如果借助这些广告，顺便对企业官方微信公众号进行推广，同样能够起到很好的效果，且不会增加企业营销成本。同时，可能因为增加了互动而使广告取得更好的效果。

3. 利用员工全员推广

企业官方微信公众号发送推文之后，可以要求企业员工进行转发，这样可以实现强有力的第一波助推，可以帮助企业官方微信公众号获得更大范围、更加迅速的推广。

延伸学习

“10万+”点击量的秘密

一个微信公众号推文点击量非常高，一般是基于该公众号庞大的订阅用户数量，这是因为文章推送之后，订阅用户是唯一能够直接看到的人。不过，订阅用户对于关注的公众号也并不是篇篇文章都会点开阅读的，其是否点开文章取决于标题的吸引力，所以标题的质量至关重要。

但仅仅有好的标题，内容质量一般的话，读者在读完之后就会关闭文章页面，并不会起到推广的效果。只有文章能够让读者进行自发的转发，才可以让更多人阅读到，这就是病毒式营销的原理。

那么，如何才能够激发起读者的转发欲望呢？研究发现，当一篇文章能够深入读者内心，引发他们的情感共鸣的时候，他们就会转发到朋友圈或者推送给他人阅读。另外，如果读者觉得这篇文章能够给他人带来价值，也会从助人为乐的目的出发进行转发。

资料来源：根据互联网公开信息改编。

任务三　微信个人号营销

基于移动互联网终端，微信用户可以与身在世界各地的好友实时交流，增进彼此的了解。微信被称作人们眼睛、嘴巴和耳朵的延伸。所以，如果微信用户本身需要开展营销，那么当他使用微信与好友一对一聊天、群聊和发布朋友圈的时候，就可以借机开展营销，把自己的品牌、服务等信息发布给其他人。同样的道理，一个人的微信所发布的信息代表其本人，需要用其本身的信誉为信息背书。

一、利用微信个人号开展营销的动因

微信个人号代表的是一个人，利用个人微信开展营销行为，通常有以下几种动因：

（一）本职工作的宣传

利用个人朋友圈，发布一些与本职工作相关的营销信息，可以在微信好友中产生营销传播的效果。例如：一个保险推销员在其朋友圈经常会转发一些关于保险的文章、图片或视频，使其他人看了之后能够学到相关的保险知识。

（二）自己销售产品

微信用户不仅可以利用朋友圈或微信聊天推销一些产品，还可以利用微信红包或转账功能实现收款。例如：某微信用户自己家种了几亩地的苹果，在苹果成熟季利用个人朋友圈或在微信群中发布出售苹果的信息。近些年来比较火爆的微商行业，做微商的人就是利用朋友圈发布产品销售的信息。

（三）替他人做宣传

有时候我们会应亲戚朋友的要求，利用个人微信在朋友圈或微信群中替他们发布一些促销信息；有时候在朋友圈转发文章、图片和视频，或者发表一些消费感受，能够有意或无意为相关的企业形成宣传。

二、开展微信个人号营销的方式

利用微信个人号开展营销的形式多种多样，可以是文字、图片、视频、H5，或者是一篇文章、视频的链接。

利用微信个人号开展营销，主要有以下几种方式：

（一）一对一聊天传播营销信息

当微信用户进行一对一聊天的时候，能够在私密环境中很好地传递营销信息。

（二）朋友圈传播营销信息

微信用户在朋友圈发布信息，不仅可以让微信好友在闲暇时间浏览到，而且可以进行半公开的互动点赞或评论。朋友圈的半公开有别于私聊时的完全保密，可以让双方的共同好友看到互动内容。

（三）微信群传播营销信息

微信用户把营销信息发送到自己加入的微信群中，可以向群成员开展营销。

三、开展微信个人号营销的技巧

（一）注重个人品牌的打造

微信好友的信任是开展个人微信营销成功的基础，因此，平时应利用朋友圈和微信群发布一些有助于提升个人形象的信息。例如：房产中介应多发一些购房注意事项、新楼盘信息、房地产价格趋势等。

（二）发送营销信息不可过滥

如果一个人的朋友圈内容充斥营销信息，就会引起好友的厌烦，从而被屏蔽或被删除好友关系，这时候发信息等于没有发送，营销效果为零。

不过，如果对方在添加微信好友时，对该微信号做营销有预期，并且对营销信息有需求，则可以不受数量限制。例如：一个微信用户打算购买二手房，添加了某二手房中介销售员的微信，那么他对于该销售员朋友圈中出现的营销信息就不会排斥。

在微信群中开展营销与此同理，如果一个人在群里很少参与发言，一旦发言都是在卖东西或发广告，那么肯定会引起其他人的反感和抵制。

（三）发布的时间要适当

用户在工作和生活不忙的时候，才会去看微信，这时候开展营销比较有效果。这个时间通常在上午 11:30 之后，或者下午临近下班时，以及晚上 20:00 之后。此外，选择半夜零点之后发朋友圈信息，可以避免被朋友圈大量信息覆盖，从而让晚上睡觉较晚或醒来较早的朋友看到。

（四）要明白消费者的心理

无论线上还是线下，消费者在进行消费决策时，通常关注产品的质量、价格、售后、品牌、外观等信息。如何通过营销传播让消费者建立对产品的信任，是通过个人微信号营销或其他线上、线下营销需注意的核心问题。

项目小结

微信是目前国内用户数量最大的即时通信 App，并且具有极高的用户黏性，其营销价值巨大。开展微信营销，重点从微信公众号和微信个人号两个维度进行。

如何策划和运营企业的官方微信公众号，如何策划和运营自媒体微信公众号，是开展微信营销的关键。在进行正确的公众号用户定位和功能定位之后，围绕定位进行合理选题，撰写高质量的标题和内容，逐步提高推送文章的阅读量和转发数量，提高公众号的订阅用户数量，是微信公众号日常运营的重点内容。

微信个人号也可以在营销中发挥重要作用，在开展微信个人号营销时，应当注意打造个人品牌，控制营销信息的发送频次，选择适当的营销信息发送时间，深入为微信好友的需求考虑等。

在组建团队共同运营自媒体微信公众号时，应注重培养独立思考的习惯、良好的沟通表达能力和团队合作意识，做到自觉遵守国家法律与社会道德，做一名高素质的新媒体运营者。

项目实践

一、实践内容

（一）分小组策划、创建微信公众号

（1）学生根据兴趣、特长等自由结合，组建2～6人项目小组，围绕某一方向策划、创建微信公众号。

（2）选出项目负责人。经过小组讨论，确定项目组组长，即项目负责人。

（3）小组经过充分讨论后，确定本小组公众号的方向和领域、目标用户、功能及内容定位、公众号名称、公众号介绍等信息，如表2–3所示。

表2–3　　微信公众号策划书

小组名称		
成员姓名	负责人：	成员：
方向和领域		
目标用户		
功能及内容定位		
公众号名称		
公众号介绍		

（4）访问微信公众平台网站（https://mp.weixin.qq.com），按照网站提示注册创建本小组的公众号。注册人要求年满18周岁，原则上由项目负责人进行注册。

（二）在公众号后台进行基本设置

（1）设置公众号名称、头像、微信号。

（2）下载公众号二维码，小组成员扫码关注，并尽可能多地邀请其他人关注。

（3）设置关注时自动回复内容。

（4）在“人员设置”中把小组其他成员绑定为运营者。

（三）撰写、编辑、推送图文消息

（1）在“素材管理”中新建图文素材，编辑单图文或多图文消息。

（2）尝试用秀米等第三方排版工具辅助进行排版。

（3）推送排版完毕、检查无误的图文消息。

（4）小组成员对群发的图文进行转发推广，并动员其他人转发。

（四）总结经验，长期运营公众号

每次推送之后，都要组织召开小组会议，根据后台统计数据展开分析、讨论，总结经验教训，以实现推送图文阅读量、公众号订阅用户数量等各项指标的不断提升。

二、实践目标

（1）了解微信公众号的注册方法与流程。

（2）熟悉微信公众号的后台基本设置。

（3）掌握微信公众号图文撰写和推送操作。

三、实践设施

联网计算机。

四、实践成果

项目实践成果可通过微信公众号推送图文的阅读量、公众号订阅用户增长情况进行验证。

五、注意事项

（1）小组成员之间按照各自特长合理分工，开展紧密协作，形成一个团结有力的团队。

（2）要求每篇文章以第一作者署名发表，对文章策划、撰写、排版、图片、视频等有贡献的同学，需要在文章末尾注明。

（3）本项目实践需在本学期持续进行，要求平均每个月每位小组成员发表文章3篇以上。

同步测试

2-4 微信营销
同步测试习题

项目三 短视频营销

学习目标

知识目标：了解短视频的发展现状，理解短视频营销的理念与方式，掌握企业官方和自媒体账号开展短视频营销的方法与技巧。

能力目标：能够根据品牌和受众，开展企业官方和自媒体短视频账号的策划、创建与运营，具备利用个人短视频账号开展营销的能力。

素养目标：能够与团队成员分工协作，遵守国家法律和职业道德，践行社会主义核心价值观。

思维导图

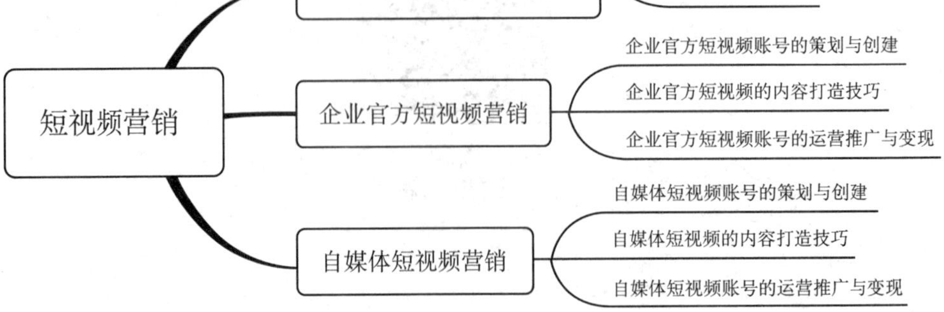

引导案例

vivo X21紫色潮流席卷抖音

vivo X21魅夜紫新配色上市时，联合抖音打造了一场好玩酷炫的"紫色party"，形式出奇制胜，十分惊艳。

vivo X21的短视频营销从三个方面入手：一是技术赋能，即AI（人工智能）+彩妆，用户通过使用定制彩妆贴纸，实现前后变妆体验，感受vivo魅夜紫的独特魅力；二是互动增值，通过vivo官方账号和明星互动、达人组团参与来引爆关注，发起互动主题为"#变出花young，紫成一派"的挑战赛，激发用户创新模仿，实现圈层互动；三是立体联动，通过抖音官方微博、vivo官方微博以及明星、达人的个人抖音、微博等，实现社交平台立体联动宣传推广，扩大营销影响力。

此次短视频营销成效显著，挑战赛视频总曝光7.2亿次，参与人数达14.6万人，内容互动数量达320万，抖音品牌主页关注用户增长量超过16万。

资料来源：https://www.useit.com.cn/thread-20258-1-1.html.

通过上述案例可以看到，抖音短视频凭借短小精悍的内容与强烈的视听感受，占据了用户大量的碎片化时间，将信息直接传递给用户。同时，它的强互动性引发了用户的广泛参与，具有更短的营销路径、更高的传播效率，从而提升了广告效果，助力品牌营销提速增效。

任务一 认识短视频及短视频营销

一、短视频概述

（一）短视频的含义

随着智能手机的普及和网络的提速，"短、平、快"的大流量传播内容逐渐得到各大平台、用户和企业的认可。从文字到图片，再到视频，人们获取信息的方式不断变化，在如今的文化背景下，人们习惯于看到及时的、短小精悍的、视觉冲击力强的内容，这就正好和短视频的特点相吻合。

短视频是在各种新媒体平台上播放的、适合在移动状态和短时间休闲状态下观看的、高频推送的视频，时长从几秒钟到几分钟不等，其内容包括技能分享、幽默搞笑、时尚潮流、社会热点、街头采访、公益教育和广告创意等多种主题。

相比于文字、图像和传统视频，短视频的生产成本低，传播和生产碎片化；传播速度快，社交属性强；生产者和消费者之间界限模糊。随着用户利用碎片化时间的需求越来越强，短视频时长短、内容相对完整、信息密度大的特点，以及其集合图、音、文等于一身的创作形式，正好解决了很多场景下大众社交、记录、娱乐等复杂的诉求。

本书将时长在 5 分钟以内，让人在碎片时间用移动终端观看的短片视频定义为短视频。随着新媒体技术的快速发展，短视频已逐步成为网络传播的主流方式之一。短视频传播的快速兴起，既有其形式的简约、技术的成熟等基础性因素，也源于它适应了当前人们的新媒体化生存需求。

短视频营销正逐步成为新媒体营销中常用且有效的营销利器，具有感染力强、形式多样、创意新颖等特点，借助互联网甚至可以在短时间内进行大范围、低成本的快速传播，形成病毒营销的态势。

（二）短视频平台

CNNIC 于 2020 年 4 月发布的第 45 次《中国互联网络发展状况统计报告》显示，中国移动互联网整体发展增速放缓，在整体用户增长变慢的情况下，短视频用户数已经达到 7.73 亿，也就是说，在我国网民规模 9.04 亿的基础总量下，短视频的使用者已经达到了 85.6%。如今，4G 网络已经非常普遍，5G 时代也已经到来，短视频将成为下一个巨大的流量入口。

目前，受到国内网民喜爱的短视频平台主要有抖音、快手、西瓜视频和微视等。

1. 抖音

抖音是一个主要针对都市年轻人的音乐创意短视频社交 App，由北京字节跳动科技有限公司（以下简称字节跳动）于 2016 年 9 月推出。

抖音用户可以拍摄一段 15 秒的音乐短视频并上传到平台，向网友展示自我的个性，既可以在平台上选择歌曲配乐，也可以上传原声。抖音中的内容主要包括潮流音乐、舞蹈、表演等，可以通过多种特效、滤镜和场景切换编辑短视频内容，打造精致的短视频大片。

从诞生以来，抖音以惊人的速度获得了发展，其 2019 年发展过程中的日活跃用户增长数据统计如图 3-1 所示。截至 2020 年 1 月 5 日，抖音日活跃用户数已突破 4 亿，作为国内最大的短视频平台，继续领跑市场。

2. 快手

快手是北京快手科技有限公司旗下的产品，最初是一款处理图片和视频的工具，后来转型为一个短视频社区，快手 App 的宣传海报如图 3-2 所示。

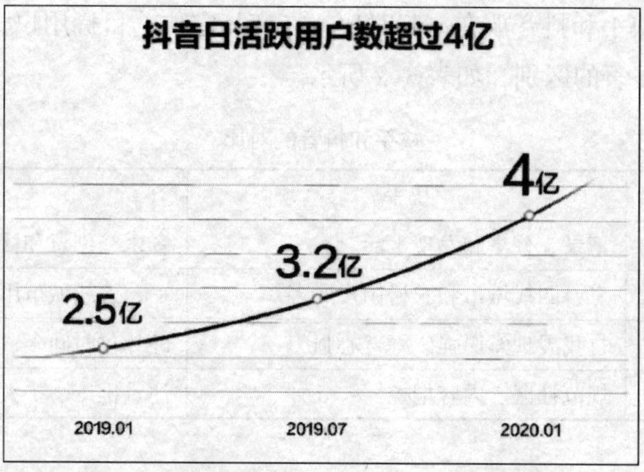

图 3-1 2019 年抖音日活跃用户增长数据

图 3-2 快手 App 宣传海报

快手强调人人平等，不打扰用户，是一个面向所有普通用户的产品。快手平台的发展历程如表 3-1 所示。

表3-1 快手App的发展历程

时间	历程
2011年3月	快手诞生，当时叫“GIF快手”，是一款用来制作、分享GIF图片的手机应用。
2012年11月	“GIF快手”转型，它将制作的内容存储为视频，只有在用户分享到其他平台（如微博）时才能转换成GIF图片。
2017年1月	快手月活跃用户数达到1.5亿，日活跃用户数突破5 000万。
2018年6月	快手全资收购A站（AcFun）。

人们常常会将快手和抖音放在一起对比，在产品定位、目标用户、人群特征、运营模式上，两者都具有显著的区别，如表 3–2 所示。

表3–2　　快手和抖音的对比

项目	快手	抖音
产品定位	记录、分享和发现生活	音乐、创意和社交
目标用户	三、四线城市和农村用户居多	一、二线城市用户和年轻用户居多
人群特征	自我展现意愿强、好奇心强	碎片化时间多、对音乐有一定的兴趣
运营模式	规范社区、内容把控	注重推广、扩大影响

3. 西瓜视频

西瓜视频是字节跳动旗下的个性化推荐短视频平台，通过人工智能帮助每个人发现自己喜欢的视频，并帮助视频创作者轻松地向全世界分享自己的视频作品。图 3–3 为西瓜视频的品牌 Logo。

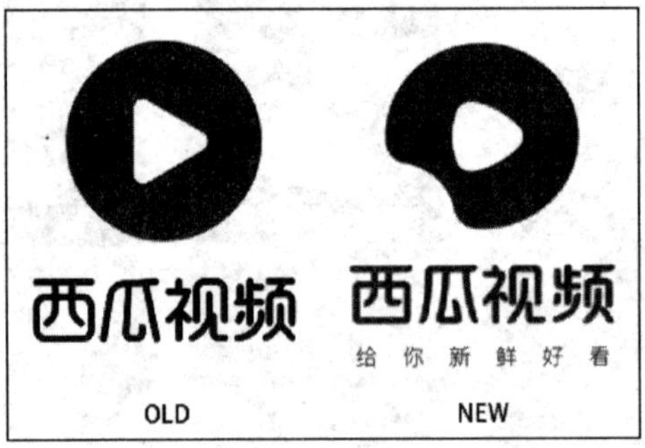

图 3–3　西瓜视频的品牌 Logo

字节跳动旗下的平台包括今日头条、抖音、西瓜视频和火山视频等，西瓜视频发展迅速，其发展历程如表 3–3 所示。

表3–3　　西瓜视频发展历程

时间	历程
2016年5月	西瓜视频前身“头条视频”正式上线
2016年9月	“头条视频”宣布用10亿元扶持短视频创作者
2017年6月	用户数量突破1亿，日活跃用户数突破1 000万
2017年6月8日	“头条视频”正式升级为西瓜视频
2018年8月	西瓜视频正式召开发布会，宣布全面进军自制综艺领域，投入40亿元，打造移动原生综艺IP

4. 微视

微视是腾讯旗下短视频创作与分享平台，用户可通过QQ、腾讯微博、微信以及腾讯邮箱账号登录，并将拍摄的短视频同步分享至微信好友、朋友圈、QQ空间、腾讯微博。

2013年9月28日，微视App初次上线。2018年起，腾讯着重发展微视短视频，邀请多位大流量明星为微视App代言，并斥资30亿元补贴微视短视频达人。

互联网轶事

微视重启与腾讯错失的一年

作为中国最早开发短视频产品的企业之一，腾讯的短视频之路一直充满坎坷。早在2013年，腾讯就已经以“微视”这一品牌推出了一款短视频产品，然而，这款产品在2015年被腾讯战略边缘化，2017年被正式关闭。同年，腾讯对短视频平台——快手进行了投资。可以看出，腾讯在短视频领域的野心并没有被磨灭，反而选择以投资的方式重新入局。

关闭微视一年之后，腾讯“重启”了这个项目。重新回归的微视是一款全新的产品，不仅账号、数据未和老微视打通，产品设计也和以前大不相同。同时，微视给出了高达30亿元的官方巨额补贴吸引创作者入驻。由此可见，腾讯未来将持续发力，助推微视的发展。

资料来源：https://www.jiemian.com/article/2080130.html.

二、短视频营销概述

（一）短视频营销的概念

新媒体背景下的短视频营销，是指基于新媒体的网络视频平台，以内容为核心、以创意为导向，利用精细策划的视频内容，实现产品营销与品牌传播的一种新兴营销方式。

短视频营销是“短视频”和“互联网”的结合，既具有视频内容短小精悍的优点，如感染力强、形式内容多样、创意新颖等，又有互联网营销的优势，如互动性强、传播速度快、成本较低廉等。此外，短视频营销更易于切中目标受众的需求，巧妙渗透产品，传递品牌理念。

随着新媒体行业的高速发展，新媒体营销模式也日益多元化。其中，短视频已经成为信息化生活中不可缺少的一部分，日渐成为大众在通勤途中、睡觉前等碎片化时间里的主要娱乐方式，短视频领域也涌现了许多优秀的创作者和内容平台，正在引领营销模式的新潮流。

（二）短视频营销的形式

1. 自有账号的内容营销

企业或品牌主在短视频平台创建账号，精心策划短视频内容，将镜头对准自己的产品，在加入一些个性化元素的同时，配合对应的促销信息，相较于传统的营销方式而言，这一形式能够有效地提高营销推广的转化率。企业如果使用创意视频进行营销，首先必须找到合适的品牌诉求点，再配合以幽默、诙谐、新奇的个性元素进行推广，才能更好地吸引用户的眼球。

2. 借助自媒体开展营销

借助自媒体或网络达人开展短视频营销有两种形式：一种是由品牌方发起某一活动，借助短视频平台和视频达人的影响力，带动粉丝参与，从而引发一场覆盖全网的短视频传播风暴。短视频传播视觉化的优势会使整个活动都具有很强的互动性、热点性和舆论性，极易形成爆点，感染到目标人群。另一种是依靠 UGC（用户生成内容）和 PGC（专业生产内容），以越来越成熟的短视频内容生产为基础，依托短视频达人的高人气，按品牌主的要求，进行内容定制，以植入形式，如贴片广告、主播口播等，使品牌获得更好曝光。这种方式具有易操作、到达率高、成本低等优势，可最大限度地发挥 UGC 和 PGC 的内容价值，让品牌植入得更加自然。

3. 短视频平台广告投放

经过不断探索和发展，各短视频平台均开发了多样的广告形式，再结合不同平台的属性和优势，可以满足各类品牌对多种营销场景和营销形式的广告投放诉求，实现更好、更有针对性的广告投放效果。下面以抖音平台为例，介绍平台广告投放的类型。

（1）开屏广告。开屏广告是很常见的短视频营销形式，几乎成为所有短视频 App 的标配，该形式以规模化曝光提升品牌声量。在打开抖音 App 时，广告以静态、动态或视频的方式进行展现，如图 3-4 所示。

图 3-4　开屏广告示例

（2）信息流广告。广告展示在抖音短视频内容中，以竖屏的形式为用户带来全新视觉体验，可触达、渗透用户场景，并通过账号关联吸引用户，支持点赞、评论、分享传播，如图 3–5 所示。

图 3–5　信息流广告示例

（3）TopView 超级首位广告。抖音 App 首创超级曝光产品，即用户打开抖音 App 时，会出现 TopView 产品形态，可融入信息流首位，让用户体验更沉浸。广告前 3 秒视频以全屏沉浸式展示，3 秒后淡入互动转化组件，有 10～60 秒品牌视频曝光时间。同时，抖音用户可在广告下方参与互动，如图 3–6 所示。

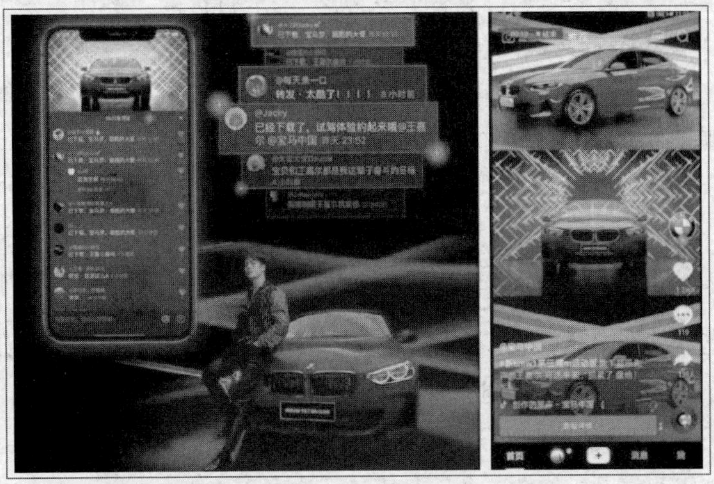

图 3–6　TopView 超级首位广告示例

（4）搜索广告。抖音 App 还打通了用户主动探索场景，影响高关联用户。搜索广告会出现在关键词检索的搜索结果页中，还有搜索彩蛋、品牌专区、明星代言专区等，展现形式多样。

任务二　企业官方短视频营销

一、企业官方短视频账号的策划与创建

企业创建官方短视频账号、开展短视频营销制胜的关键，就是准确的定位和成功的策划。

（一）企业官方短视频账号的策划

企业开展短视频营销，首先需要选择合适的主题，进行精准定位，只有这样才能够最大限度地吸引目标用户的关注。企业官方短视频账号的打造，需要团队的精心策划，只有结合企业和产品本身传播价值点，才能实现良好的营销效果。

1. 找准定位及核心诉求

企业官方短视频账号运营者首先要思考的问题就是定位，即开设账号的目的，想要实现怎样的传播效果，如何吸引流量和实现销售转化等。其次，要考虑企业和品牌的目标用户阶层的核心诉求，传播的受众群体的特征等。这样，就可以定位短视频的调性以及垂直方向。最后，要找到垂直内容的中心点，并进行扩散。例如：一个餐饮企业的短视频账号，除了发布美食达人的各种探店视频，还可以发布一些新菜品打造过程，或者邀请用户试菜等。围绕传播的垂直领域进行精准定位，避免偏离主题，尤其注意不得发布与企业、品牌无关的视频，只有这样才能激起用户对信息的记忆。好的定位是一切工作的开始。

2. 组建运营团队

企业或品牌的短视频运营，需要一个完整的团队来进行，以保证在整个视频的创作与发布过程中，运营团队对品牌有深度了解。团队成员之间需要相互配合，用标准化的执行方式，保证每条短视频的风格和调性一致，最终确保项目顺利进行。

一个优秀的短视频运营团队需要策划、拍摄、表演、剪辑、包装以及运营的人才，分别负责摄影、剪辑与运营，运营团队的具体分工如表 3–4 所示。

表3-4　　短视频运营团队成员及分工

团队成员	职责与分工
总策划与协调	团队的核心人物，全面负责场景搭建，视频的主要风格、内容和脚本的策划与设计，以及后期拍摄与剪辑的指导工作。
摄影师	主要负责拍摄成片，在搭建或选择场景，以及明确拍摄风格等问题时，应发挥主要作用。
剪辑师	参与整个策划过程，重点在后期对内容进行剪辑包装，整合必要素材，包括背景、音乐、字幕等，完善视频的整体内容。
运营者	负责在视频制作完毕后将其发布到相应的网站和平台，保证获得最大的曝光量，并不断做好宣传、评论、回复等工作。

（二）注册企业官方短视频账号并认证

1. 企业账号认证的操作步骤

企业官方短视频账号能够帮助企业传递业务信息，与用户建立互动，实现高效、便捷的品牌市场推广。下面以抖音平台为例，简要说明企业账号认证的操作步骤。

首先，登录抖音官方网站，进行企业账号认证，如图 3-7 所示。

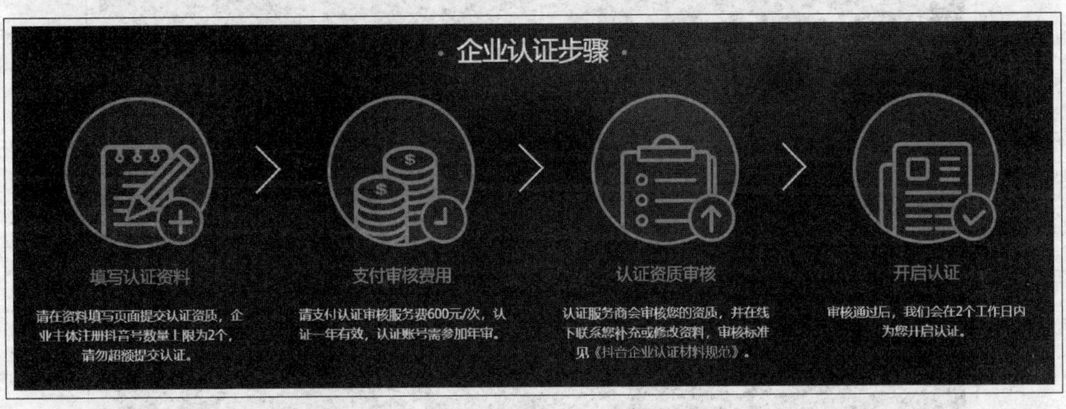

图 3-7　抖音企业账号认证步骤

其次，在进行企业认证时，需要填写或上传企业营业执照等资料，如图 3-8 所示。

2. 企业账号认证成功后享有的权益

（1）官方认证标识。企业认证账号的标识能彰显企业身份，也可以作为平台上的权威信用背书，如图 3-9 所示。

（2）昵称搜索置顶，且针对认证用户昵称进行唯一性锁定，如图 3-10 所示。

（3）自定义主页头图，确保用户抵达品牌主页时，建立更加直观的品牌印象，如图 3-11 所示。

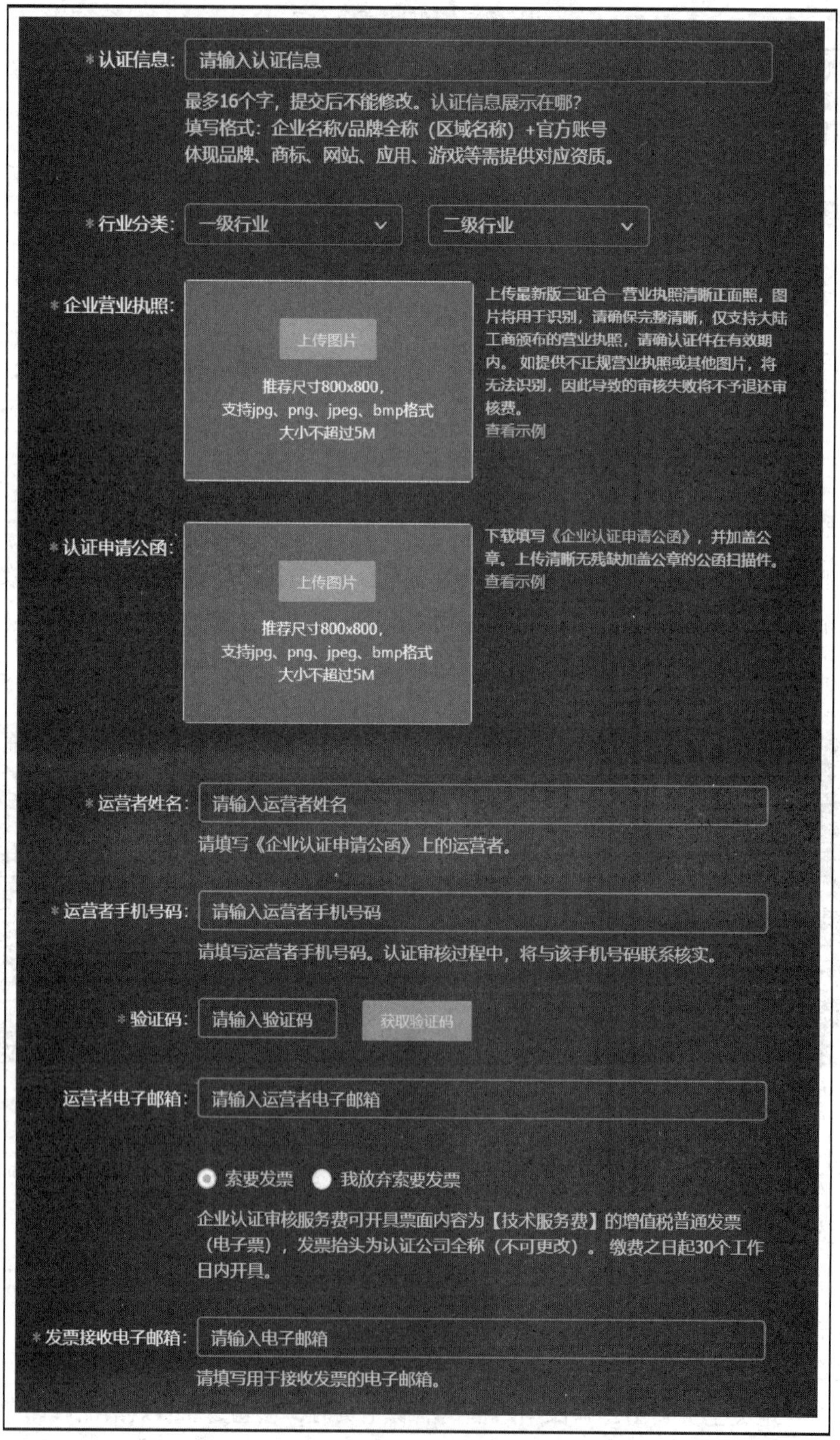

图 3-8　抖音企业账号认证

图 3-9 官方认证标识

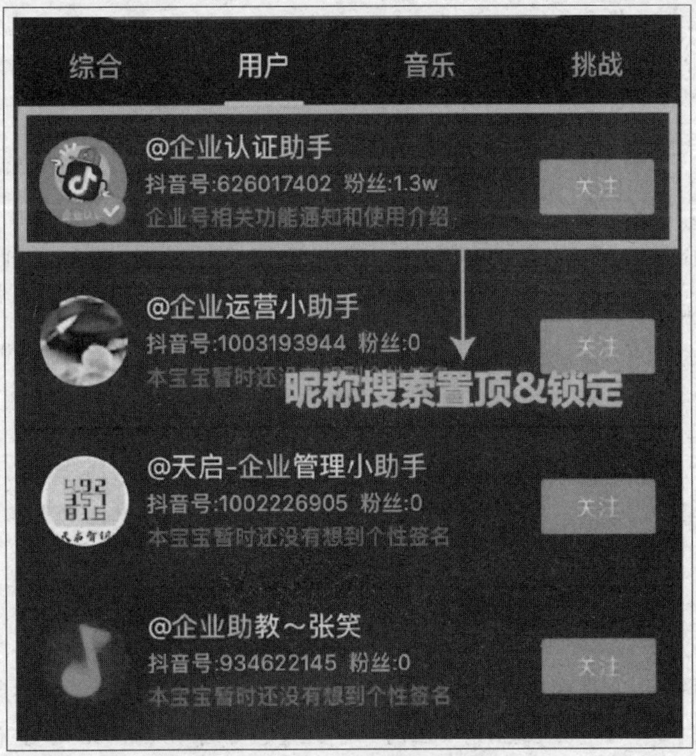

图 3-10 昵称搜索置顶和锁定

图 3-11　自定义主页头图

（4）平台同步，可与今日头条、火山小视频平台同步认证。

二、企业官方短视频的内容打造技巧

（一）重视内容垂直度

做企业官方短视频内容，最忌讳的就是没有标签和主题，内容五花八门，既有轻松搞笑，又有音乐旅游，还有社会热点等。用户根本不知道这个视频号到底要传递什么，而一旦用户对品牌的认知变得不清楚，品牌的传播就已经失败了。也就是说，如果仅为了播放量，一味追求热门视频，往往得不偿失。因此，应依托定位，根据品牌传播诉求，推出与品牌和企业相关的内容，扩大品牌的影响力，这样才能让用户牢牢记住。

延伸学习

旺旺集团的企业官方短视频营销

旺旺集团将抖音企业官方账号的名称定为“旺仔俱乐部”，虽然旺旺集团有自己标志性的卡通动漫形象，但是其在短视频上的品牌经营没有采用动漫形象 IP 化的方式，而是以一对闺蜜为主角设定，用真人生活化的场景和语言，打开了短视频营销的新视角。

“旺仔俱乐部”短视频调性轻松搞笑，与旺旺集团一贯以来向大众传递的轻松快乐形象非常吻合。其内容设定也是围绕女性之间的工作和生活展开，情节或反转或设置悬念，内容脑洞大，新奇好玩，而旺旺集团的产品就植入在这些活动中，因为办公室吃零食、闺蜜逛街等，都是旺旺集团产品消费的高发场景，在此处植入，不仅不会引起用户的反感，反而会让用户产生情感的共鸣。“旺仔俱乐部”账号主页如图 3–12 所示。

图 3–12　“旺仔俱乐部”账号主页

资料来源：根据互联网公开信息改编。

（二）巧设标题和时间

1. 短视频的标题

短视频的标题想要吸睛，就要具备三大要素，即用户相关性、独特性、悬疑性，这三点都不同程度影响播放量的高低。首先，视频内容是要通过标题来凸显出来的，标题设置疑问可以引发很多用户后续的互动行为，如点赞、评论、收藏等。例如：标题“国人爱喝的 8 种啤酒，你的最爱是哪种？”，该标题中的“你”可以给用户一种对话感，而且疑问句可以提高其评论的欲望。另外，可以巧用数字在标题中体现数量和实用性，例如：“这 10 种亲子拍照的方法快快马克，保证以后孩子会感谢你”，用户可能会因没有用过视频中提到的某种方法而收藏视频。

2. 短视频发布时间

短视频发布也需要考虑发布时间。不同的时间点发，观看量也会呈现不同态势。一般情况下，可以选择在 11:00—13:00 或 18:00—22:00 发布，这两个时间段是平台用户最活跃的时间段。但是，不同企业的不同产品，在进行内容发布时，可以根据用户特质进行发布时间的确定，可以在不同时间点发布内容进行测试，一段时间后，总结出短视频的最佳发布时间点。例如：某特色餐饮店的短视频发布时间，尽量在午餐和晚餐前1～2个小时，因为在这个时间段，平台用户大多会考虑就餐地点或宴请、约会吃什么的问题，所以这个时间点的营销可以更好地发挥作用。

（三）保证持续输出

1. 内容持续性输出

一个好的短视频平台就像一个网站，网站能为用户带来什么，短视频账号就能为用户带来什么，只有稳定、持续地输出内容才能留住用户，这也是组建专业运营团队的原因。只有团队才能进行持续性的内容输出。在内容创新的同时，需要深挖品牌文化。如果潜在用户对企业发布的内容形成浏览习惯，那么这个用户就会成为粉丝，从而为进一步的商业价值变现提供可能。

2. 内容追寻热点

在坚持更新的同时，短视频账号的运营者应追寻社会热点，以收获用户的关注和信任。例如：三只松鼠的企业官方抖音账号的主人公——三只可爱的小松鼠，作为抖音资深玩家，基本上抖音上的热门音频或者热门拍摄手法，它们都会玩一遍，不管是常规热点、“中秋节”等营销节点，还是突发热点、网络新梗或BGM（背景音乐），三只松鼠都要凑个热闹，及时发布短视频内容，与网民保持步调一致，从而获得了抖音用户的认可和喜爱。

3-1　企业开展短视频营销的法宝

三、企业官方短视频账号的运营推广与变现

（一）企业官方短视频账号的运营推广

企业官方短视频账号的运营推广，可以看作企业对用户进行的回馈与激励，从而不断提升用户体验和活跃度，促进用户转化的过程。企业官方短视频账号运营推广的方式有以下三种：

1. 评论互动

互动是短视频算法中一个重要的指标。短视频运营者发布视频后，用户产生了观看、评论、点赞等行为，运营者还需要进一步回应沟通，与用户产生更多的交互。在各种互动中，评论的价值最高。运营者可以通过以下几种方法，来增强评论互动。

（1）在视频中引导评论。在视频中设置一个环节，抛出能够引发用户共鸣的问题，可以有效提升用户的参与感，引导他们的评论行为。设置问题的时候可采用一点小技巧，如

在封面文字中强化、在标题中形式引导、在视频的旁白中提示等，如图 3–13 所示，该账号发布的内容与标题能引发浏览者的共鸣和互动。

图 3–13　视频标题引导评论

（2）回复评论。运营者及时反馈用户的每一条评论，可以激发用户的参与热情，是激活用户最直接的方式。一旦发现高质量、幽默、有代表性的评论，运营者可以将其作为精选置顶，借此引导更大范围的互动。

2. 私信

对于一些互动频率和质量比较高的用户，运营者可以将其作为重点培养的用户，增加关注度，进行跟进评论，甚至私信沟通。

3. 话题活动

富有创意和传播性的活动，是短视频运营中的一种重要形式，也是激活用户的有效方式。鉴于短视频平台的局限性，运营者可以通过社群的方式，将用户沉淀下来，通过后续各种话题活动来获取用户反馈，增加用户黏性，也可以鼓励用户积极表达，鼓励他们成为内容的生产者。

需要注意的是，单纯的有奖活动并不是很好的引爆话题方法，能够带动人群参与话题进行热烈的讨论才是关键。例如：vivo 在抖音开展的话题活动 # 照亮 s 级颜值（如图 3–14 所示），由 vivo 官方抖音账号发布多条明星为产品代言的视频，一方面展示产品良好的拍照和美颜性能，另一方面通过高流量明星得到网友的热烈追捧，实现了良好的互动，网友不仅跟拍各种高颜值视频，还与明星同框制作特效视频发布，增强了趣味性，带动了产品和品牌的传播，该话题视频播放量达到 4.2 亿次，是成功互动的典范。

图 3–14　vivo 话题活动 # 照亮 s 级颜值

（二）企业官方短视频账号的变现

在平台、用户、广告主的推动下，短视频的创作价值、流量价值、社交价值在不断释放。因此，运营者在进行短视频策划时，不仅应注重如何获取巨大的流量，还要思考如何将这些流量转化为实实在在的商业价值。

1. 内容电商

从 2017 年开始，内容电商成为一大热点。依靠 PGC、UGC 越来越成熟的短视频内容生产实力，按品牌主的要求进行内容定制已成为一种高转化效果的营销方式。在进行短视频策划时，创作者可考虑产品和用户特点，让品牌植入得更加自然。短视频需要电商来变现，而电商则需要通过短视频来进行场景化营销，增加流量。

2. 广告植入

广告植入的核心模式沿用社交平台的做法，依托视频达人的高人气，使用如贴片广告、开屏广告、主播口播等硬植入形式，使品牌获得更好的曝光。随着产业的完善和用户体验的提升，广告植入出现了更多符合视频平台特征的创新做法，如定制站内活动、创意贴纸等，并通过多维品牌活动，实现了线上、线下广告链的打通。

3. 互动营销

互动营销通常是品牌方发起某一活动，借助短视频平台和视频达人的粉丝影响力，带动粉丝参与互动和体验，并由此引发一场覆盖全网的短视频传播风暴。

任务三 自媒体短视频营销

一、自媒体短视频账号的策划与创建

（一）自媒体短视频账号的策划

自媒体短视频账号类型多种多样，主要有以下五种：

1. 颜值、生活类

美好的事物是人见人爱的，人们对于好看的事物、优美的风景总是无法抗拒。在很大程度上，视频画面的颜值高低决定了播放量的多少。而对于生活这个话题，可以拓展的方向就更加广泛了：大到出国旅行，小到城市公园的推荐；大到职业规划的选择，小到简历的排版技巧；过年过节、办公室文化、情侣话题、人生思考、学生生活，等等，只要关注周边的人和事，了解他们最关心的、最新感兴趣的话题，就可以产生视频内容创作的灵感。越是贴近生活的东西，越是跟生活息息相关的事情，越有可能得到人们的关注。短视频账号“大中华区总裁”就通过分享各类选车、用车的知识，赢得了众多关注。

2. 搞笑、猎奇类

搞笑类视频充分利用了用户的猎奇心理，满足了用户观看短视频的核心诉求，即消遣娱乐。由于搞笑类视频内容受众群体广泛，年龄层跨度大，因此，如果制作水平精良、内容有个性，就可以收获非常高的播放量和点赞数，并能吸引大量用户参与评论和转发。因为此类视频对于合作广告主所在行业的限制比较小，所以营销效果一直比较显著。以抖音网红“多余和毛毛姐”为例，他的很多视频都是用比较有趣的贵州普通话来进行自我调侃，目前在抖音已经积累了数千万的粉丝。因为他的视频都非常有趣和搞笑，所以很多人都在心情不好的时候看他的视频，可以让心情瞬间恢复。凭借着巨大的流量，搞笑的视频内容也开始植入产品广告，进一步通过商业合作实现流量变现。

3. 萌娃、萌宠类

随着二孩时代的来临，通过拍摄视频记录宝宝成长过程的方式越来越受到年轻家长的青睐。将生活中有趣的视频片段上传至短视频平台与好友分享，逐渐成为宝爸宝妈们的社交新选择。作为视频的主角，小萌娃们往往都集才华与萌值于一体，各有各的才艺，各有各的吸引力。

除了孩子，短视频也为每一个养宠物的人提供了展示的平台。无须拥有过人的能力，只要擅长捕捉宠物生活中可爱、有趣的瞬间，拍摄、记录下来，就可能为用户带来超乎预期的流量。例如：作为抖音平台的实力担当，宠物类账号“会说话的刘二豆”一直稳居抖音 TOP 红人榜单前列，吸引了大批宠物类短视频创作者模仿和学习。

4. 美食、手工类

作为日常生活必不可少的一部分，无论是国内还是国外，不同地区、不同种类的美食总能带来海量的话题，并快速地捕获人们的注意力。因此，美食自然而然成为内容创作的好题材。

介绍地区特色食物、推荐不同类型的营养食物搭配、探索新奇古怪的食物、介绍日常餐厅等话题，都可以纳入美食类短视频内容题材选择的范围之内。研究用户的需求，制作有特色的食物，以及可操作性、专业性、持续性、视觉效果等要素，都是创作者在策划视频内容时所需要考虑的。例如：美食类账号“野食小哥”的粉丝互动积极性、忠诚度高，这得益于“野食小哥”亲民化的人设和不拘一格的内容产出。其他美食类播主习惯于将食物的制作过程和制作完成的美好画面展示出来，而野食小哥自带“节奏感”的吃相、个性化的美食制作场景，以及偶尔“皮一下”的性格，受到众多用户的喜爱。

5. 知识、干货类

短视频在拓展人们知识边界的同时，让“知识普惠”的愿景逐渐接近现实。特别是短视频平台让知识回归本源，重新以“口语”的形式进行生产和传播，降低了知识生产的门槛，激发了大众的知识传播热情，让普通人也能够参与知识传播。同时，短视频在内容与形式两个方面降低了知识接受的门槛，拉近了知识传播者和受众之间的距离，普通人能够通过短视频，以新奇、有趣的形式接触到一些原本相对高深的专业知识。

互联网轶事

向世界讲述中国故事的李子柒

李子柒是一位来自中国四川的“90后”女孩，近几年来，以她为主角的田园生活短视频火遍了海内外，目前其在抖音平台的订阅用户数量超过了 4 000 万。李子柒的作品不是宏大叙事，而是记录一个普通中国人的日常生活。她最初拍视频只是为了生计，给自己的淘宝小店宣传带货。在她的视频中，做辣酱、用玉米皮编台灯等手工制作，让人们看到她的多才多艺；而插秧、打田、生火做饭等农村生活场景的呈现，让人们看到一个自由生活在田园牧歌之中的优雅女性。她身上散发的从容、独立的光芒，让生活在城市中的人们十分羡慕和向往，也让国外网民对中国的乡村生活产生了浓厚兴趣。由于有力地推动了中国文化在世界的传播，李子柒担任了成都市非遗推广大使，并获得了2019年《中国新闻周刊》“年度影响力人物”荣誉盛典年度文化传播人物奖等一系列荣誉。

资料来源：根据互联网公开信息改编。

（二）创建自媒体短视频账号

短视频的核心是内容，但还有一个不能忽略的要素，就是账号的设置。账号的设置涉及账号名、头像、标签等，它们会在很大程度上影响账号的形象和短视频的播放量。在设置一个自媒体短视频账号时，要注意以下几点：

1. 账号名拟订

好的账号名，能够提示产品提供的价值，降低传播成本，拟定一个响亮易传播的好名字至关重要。拟订账号名可以遵循以下三个原则：

（1）简洁易记。例如：美食栏目“一条”是一个主打生活类的短视频，以每天一条的节奏发布原创短视频，其账号简单易记。

（2）谐音命名。例如：“一嗑瓜子，话就多！”的“疯疯童学”，该账号就具备在众多账号中脱颖而出、让用户记住的特质。

（3）关键词定位。例如：“野食小哥”“贫穷料理”提示了短视频的内容与美食相关。以时间命名，到点就能想起来，如创意搞笑类的短视频账号“陈翔六点半”。

2. 头像选取

头像是辨识账号的一个主要标准。头像选取一般要符合两个原则：一是符合身份特征；二是图像清晰美观。例如：段子女王“papi酱”就使用了真人头像，“一禅小和尚”使用短视频的动画角色做头像，如图3-15所示。“不急不吼养孩子”就是用账号名的文字做头像，“爱做饭的芋头SAMA”使用和自己账号内容方向相符的卡通形象做头像，这些都是不错的选择。

图3-15　不同账号头像的选取

3. 简介编撰

短视频账号的简介可以理解为一种文案。常见的简介有以下几种类型：

（1）表明身份。如“飞碟说”的简介：知识百科类视频自媒体。

（2）表明领域。如“不要音乐”的简介：全球粉丝超 2 000w 原创音乐厂牌。

（3）留下联系方式。如“七舅脑爷”的简介中就留下了工作联系方式。

4. 封面设置

封面也叫头图，是用户第一眼看到的内容。对于短视频而言，给人的第一印象很多时候就是“永远的印象”。好的封面，可以让用户快速了解视频内容，增加点击率。封面设置应遵循三个原则：与内容相关，有原创性，无水印。

二、自媒体短视频的内容打造技巧

无论是 5 分钟以上制作精良的长视频，还是 1 分钟以内的视听快餐短视频，内容都是一个成功的视频作品最重要的。制作者在对视频内容进行策划时，必须结合用户的需求来确立主题，适合的主题可以使最后的完成品最大限度地受到用户的欢迎。

如何才能打造极具创意的作品是众多视频创作者最为关心的问题，下面就介绍几个创意视频制作的技巧。

（一）紧追热点

紧追热点可以帮助视频快速升温。热点话题要根据目标受众的定位来选取，运用这部分用户更加感兴趣的热点话题形成比较完美的创意，可以起到更好的效果。热点话题的发掘途径包括但不限于以下方法：

1. 百度搜索风云榜

百度是全世界最大的中文搜索引擎和全国最大的搜索引擎，每日有数以亿计的活跃用户。百度在收集了这些数据后，会根据关键字进行分析归类，计算出搜索指数并形成榜单，供其他用户参考。

百度搜索风云榜分为六个板块：实时热点、今日热点、七日热点、民生热点、娱乐热点和体育热点。视频创作者可以根据这六个板块中的排行进行话题选取。其中，七日热点板块被用户长期关注，创作者能够有更充足的时间来打磨视频作品，对内容进行创意挖掘。

2. 微博热搜话题榜

微博是由社交需要催生的开放式媒体平台。新浪微博最重要的属性之一就是其自媒体属性，很多用户都愿意通过微博发表自己对于一些实时热点话题的见解。互联网的热门事件几乎都是从微博平台开始爆发的，并且不断掀起讨论的高潮。所以，微博热搜话题榜的数据对于创意视频的创作者而言十分具有参考价值。

微博热搜话题榜分为五个部分，即热搜榜、话题榜、新时代、同城榜和好友搜。其中，热搜榜和话题榜都是对实时热点话题的统计，短视频创作者可以根据这个榜单来选取相应的热点话题。值得注意的是，好友搜这一部分会将与该微博账号互相关注的好友所搜索的话题按照热度进行排列，视频创作者可以关注一些用户，然后收集其每天关注的话题是什么，从而选取最合适的热点话题。

除了百度和新浪微博提供的热点榜单之外，其他新媒体平台都有各自的话题榜单、热点排行等可以参考，如微信“搜一搜”里的微信热点，知乎首页的话题动态等。只有利用有价值、有传播度的热点话题，才能挖掘出引起广泛关注的创意要点，从而达到预期的推广效果，做出最具创意的原创作品。

（二）融入情感

创意不是单纯的恶搞，而是饱含温情和令人感动的。笑中带泪和拍案叫绝才是创意视频观众最佳的反应。视频的内容往往反映出创作者的价值观念，而这个观念是否能与用户一致，是争取用户认同的重要影响因素。如果想要视频的内容更好地打动用户，使其产生共鸣，可以在其中融入价值情感，使得内容本身富有深意，从而引发用户的思考。

1. 情节符合逻辑

视频必须符合一般作品的基本要求，即情节符合逻辑。有些创作者将自己的价值观融入视频中，强行推动剧情走向，为创意而创作，故事中人物的许多行为都不符合用户的常识性认知，这样就会使观众感到虚假，从而无法将情感投入其中。

想要通过视频表达出情感，并且让用户产生共鸣，内容的真实性是非常重要的，只有符合逻辑地表现出贴近用户真实生活的情节，才能够使用户真正感到触动，从而才会深入思考创作者究竟想要表达什么。

2. 形式生动有趣

创意的表现形式可以多种多样，但只有通过生动有趣的方法进行表达，才能更好地被用户接受。视频的创意内容既可以通过整个故事的走向来进行融入和表现，也可以适度使用夸张搞笑的手法，将创意生动形象地传达给用户。这样能够使用户在笑过之后陷入思考，体会到作者的真实用意，让整个过程更加自然，也更容易被用户接受。值得注意的是，真正的创意不一定都是有新意的内容，还有创新的表达方式。并不是说，搞笑内容不会令用户感动，重要的还是看其深层次的含义是否能够引起用户的共鸣。

3. 注重打造细节

很多视频与同类作品相比不具有竞争力，就是因为其内容太过普通，即使融入了价值情感，用户也是看过即忘，不会引发广泛的传播。这样的视频作品很难在用户的心中留下深刻的印象。为了避免出现这一局面，视频制作者可以注重打造内容的细节，从细微之处入手，让用户在看过后觉得视频有新意，避免千篇一律的内容令用户产生审美疲劳。

细节决定成败。视频中无论是人物的穿着、动作，还是背景的安排，无论是布光的设置，还是字幕的样式，都能够成为体现内容新意以及感情的途径。打造创意视频的细节，对于视频内容深度的表现也会起到增强作用。

（三）制造悬念

用户的需求是多样的，打造创意视频要求创作者关注用户的好奇心。一旦满足了用户的好奇心，就很容易打造成“爆款”创意视频，进而在用户的社交圈中形成裂变式传播。例如：视频的前半部分平淡无奇，但是用背景音乐和文案尽可能地做好悬念的铺垫，极大地吸引用户的注意力和好奇心，视频后半部分或者结尾大大超乎用户的意料。这样的创意视频包括但不限于各种反转类视频、悬疑类视频，各种产品展示、技能展示美食探店视频等，核心的思路是在一开始就通过音乐、画面和文案抓住用户的眼球，吸引用户的好奇心，让他们持续看到最后的结局，感受超出预期的体验。

延伸学习

来画——像做PPT一样做短视频

来画是国内首家云端动画短视频智能创作营销平台，于2015年7月在深圳成立，是全球第二家独立开发出手绘动画路径识别技术的互联网公司。来画平台配置海量视频制作模板，操作简单，用户只需10分钟就能制作出一个爆款视频。素材和模板覆盖各行各业多端场景，用户可像做PPT一样，制作出精美的动画视频，完成后可选择一键分享至多端媒体渠道，还可以直接外链至线上店铺及商城，助推企业实现营销转化。

三、自媒体短视频账号的运营推广与变现

（一）自媒体短视频的运营推广

自媒体短视频的运营与企业官方短视频的运营有相同点，也有不同点，相同点是两者都通过制作输出优质的内容吸引粉丝关注，最终实现变现。不同点在于，自媒体短视频账号前期并没有种子用户，需要靠运营者付出大量的努力获取初期的用户。下面介绍几种种

子用户获取的方法。

1. 增加曝光

（1）多渠道转发。利用个人的社交关系和影响力，在朋友圈、微信群、知乎、贴吧、微博等渠道进行转发传播，增加曝光，获取更多用户的关注。

（2）参加挑战和比赛。很多短视频平台都有挑战项目，这些项目自带巨大流量。例如：抖音平台每天都有各种主题的热门话题和挑战活动，鼓励用户积极参加；美拍可以制作亮眼的头图，参加话题活动上热门；今日头条的“金秒奖”是短视频行业内标准比较高的赛事，加入比赛不仅可以获得曝光，也可以向优秀短视频同行学习，提升自己的水平。

（3）付费推广。一些平台提供了付费的推广渠道，有助于获取更大的曝光量，如新浪微博的“粉丝通”和抖音的“DOU+”。

2. 紧追热点

热点新闻、热点话题自带流量。例如：2018 年某古装剧大热，很多剧情解说类短视频借此机会走红。网红“辣目洋子”拍摄的“辣眼睛版”系列，因为其独特的脚本、搞笑的表演带来了很多关注，“辣目洋子”甚至被导演邀请参演该剧续集。

3. 线下推广

成功的线下推广能以比较低的成本吸引精准的用户群体。线下推广的活动形式很简单，如扫码关注送小礼物，穿独特的卡通衣服吸引路人等。线下推广时，应尽量选择商场、地铁站、高校食堂等人多的场所，同时一定要注意和场地工作人员协商好。

4. 导流

与其他自媒体合作，相互导流也是沉淀用户的不错方式。但有一些基础知识需要了解：腾讯系与阿里系平台之间不允许互相导流；微博的兼容性比较好，适合用户沉淀等。

（二）自媒体短视频的变现

短视频的创业战场瞬息万变，但变现始终是创作者们关注的一大核心议题。从微博、美拍到今日头条、企鹅号、大鱼号等，各平台都在抢夺优质的短视频资源，抖音、快手和西瓜视频纷纷拿出丰厚的补贴政策和流量扶持、商业变现计划，吸引短视频达人们入驻。然而，对很多短视频团队来说，平台补贴是远远不够的，更多的还得靠广告、电商等方面的变现。

1. 直接变现

自媒体变现最直接的方式是补贴。从 2016 年 4 月开始，互联网巨头陆续布局短视频，用各类平台的补贴政策吸引短视频创作者入驻。例如：“小伶玩具”这个账号的定位就十分明确——“专注演绎世界各地各类玩具玩法”，内容细分垂直且质量较高，因此视频上线企鹅媒体平台一个月后，就获得了300万次的播放量，之后每月播放量都在1亿次以上，该账号的变现大多是通过平台方的补贴和流量分成实现的。

除补贴外，广告也是自媒体直接变现的方式之一。随着短视频行业的发展，广告也越来越多地从传统硬广发展到有创意的植入型广告。短视频的广告通常有以下四类：

（1）贴片广告：通常出现于片头或片尾，主要展现出品牌本身。

（2）浮窗 Logo：短视频播放中出现在边角位置的品牌 Logo。

（3）内容中的创意软植入：广告和内容相结合，成为内容本身。

（4）在视频中做电商：直接在短视频中进行商品推荐。

2. 间接变现

间接变现最突出的做法就是将线上的影响力用在线下，通过实体店实现变现。

以短视频领域很有影响力的账号“一条”和“日食记”为例。“一条”生活馆在线下汇聚了2 500个优质品牌，10万件商品，创始人徐沪生认为，“一条”的线下空间会是“一条”电商最重要的获客渠道。他的目标是将线上、线下打通，把线上的千万用户往线下导流，同时将线下的用户转移到线上。“一条”线下体验店如图 3-16 所示。

图 3-16 “一条”线下体验店

与此类似，美食类短视频账号“日食记”的核心卖点是“一人一猫一美食，温暖治愈你的心和胃”。2018 年 10 月，“日食记”在上海推出了首家线下体验店，如图 3-17 所示。

“日食记”的线下体验店意在制造场景，将线上的品牌以及 IP 认知进一步深化，让用户看到、体验到。线下的作用在于赋能 IP，并成为 IP 形成中的一个元素，让 IP 可以更大空间地商业化。这些做法一方面是间接变现，另一方面也是因为短视频领域竞争越来越激烈，多渠道分发可以让短视频创作者找到另一条赛道和出路。

图 3–17　“日食记”线下体验店

课堂思政

新媒体助力脱贫攻坚

脱贫攻坚是一项伟大的事业，对当代青年有着强大吸引力，这群年轻人用自己擅长的新理念和新技术，在脱贫攻坚一线大显身手。

甘有琴就是借助新媒体带领乡民脱贫的代表。2018 年 10 月，甘有琴的网店预售当季水果柑橘，又正值视频平台推出“边看边买”活动，一点开“巧妇 9 妹”的短视频，就可以看到甘有琴正面对镜头展示即将打包发货的柑橘。短视频下方还能直接链接到店铺，给网店带来了巨大流量，预售推出一个星期，订单就增长到 9 万多斤，让她着实尝到了“短视频 + 电商”的甜头。

甘有琴如今拥有超千万粉丝，视频点击量过亿，成了“乡村网红”。她也带领乡亲们开辟了农产品流通的新模式。

资料来源：http: //society.people.com.cn/n1/2019/1229/c1008-31527156.html.

项目小结

相对于其他新媒体展示形式，短视频的内容丰富度更高，节奏更轻快，可以很好地利用用户的碎片化时间，更深入、多维度、高频率地与之进行互动，从而在时间和空间上为品牌带来更高的营销价值。

短视频营销通过策划优质视频内容向用户精准传达产品、活动等信息，吸引关注，实现广泛传播，从而达到营销目的。不论是企业官方的短视频营销，还是自媒体开展短视频营销，都需要组建专业的团队，从策划账号到内容制作，再到日常运营，都要熟谙产品或品牌的理念和运营思路，制作视频内容，精准投放，吸引用户，通过多种方式与用户产生互动，利用短视频平台实现用户的维护和商业变现。

项目实践

一、实践内容

组建团队，以“00 后”为目标用户，开展短视频营销。

二、实践目标

（1）了解短视频运营团队的组建与分工。

（2）熟悉短视频平台账号的注册方法与流程。

（3）掌握视频内容策划、拍摄、剪辑与发布等操作。

三、实践设施

联网计算机、智能手机、视频拍摄相关器材。

四、实践成果

视频发布后，小组通过平台视频点击量与用户反馈等指标，总结视频曝光效果。

五、注意事项

（1）小组成员之间按照各自特长合理分工，开展紧密协作，形成一个团结有力的团队。

（2）本项目实践在本学期持续进行，要求平均每个月每小组发布视频 4 条以上。

同步测试

3-2　短视频营销
同步测试习题

项目四　直播营销

学习目标

知识目标：了解直播的基本情况，理解直播的核心功能，掌握直播的营销方法与技巧，精通自媒体直播账号的策划，掌握企业直播账号的策划。

能力目标：具备自媒体直播账号的策划、创建与运营能力，具备利用网络直播开展营销的能力。

素养目标：养成独立思考的习惯，学会与团队成员分工协作，在营销传播过程中，遵守国家法律与社会道德，践行社会主义核心价值观。

思维导图

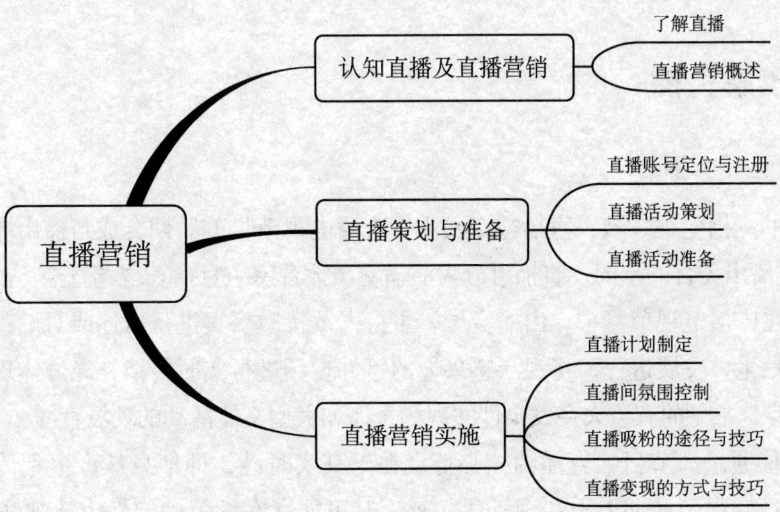

引导案例

2019：直播电商元年

“OMG，买它！”“3、2、1，开链接！”……这是美妆领域的网红达人李佳琦的口头禅。在2019年“双11”当天，李佳琦直播间观众人数突破2 400万，成交额超过10亿元。

对于不断创新发展的中国网络零售行业来说，2019年被称为“直播电商元年”，淘宝直播引导成交额近200亿元，李佳琦、薇娅等网红主播仅仅利用一支话筒、一个摄像头、一部手机、一台计算机，就可以让广大消费者瞬间涌进网店，把商品一扫而空，简直令人不可思议。

为了提高消费者满意度和黏性，主播通常会对合作的品牌方进行筛选和约束，保证其直播间所售商品的质量和“全网最低价”，使消费者不仅能享受到低价正品，体验直播带货的新鲜和刺激感，还可以消遣减压。

资料来源：http://www.ce.cn/xwzx/gnsz/gdxw/201912/25/t20191225_33969229.shtml.

随着5G时代的到来，未来三年，淘宝直播预计将带动5 000亿元规模的成交。从头部主播带来的巨大销售量可以看出，直播带货已经成为未来网络零售新风口，正在深度改变网民的消费习惯，打造新的消费文化，引领营销新风尚。

任务一　认识直播及直播营销

一、了解直播

（一）什么是直播

在传统的广播电视领域，直播被定义为“广播电视节目的后期合成与播出同时进行的播出方式”。按播出场合的不同，直播可分为演播室（播音室）直播和现场直播。演播室（播音室）直播是在广播电视节目中，由播音员、主持人及特邀嘉宾进行口述或对话；现场直播是随着事件的发生、发展进程，将观众感兴趣的事件现场进行实时传播，充分体现了广播电视媒介传播优势，常见的有重大突发事件的现场直播和大型文体活动的现场直播。

相对于普通录播节目，直播的核心特点在于其实时性，即信息从产生到传播，几乎没有时间差，具有强烈的冲击力和现场代入感，其可能存在的不确定性也让观众充满期待。

（二）网络直播

网络直播是指依托网络技术，利用直播的手段，面向大众进行的线上实时信息传播形式，通常伴有双向交流的机制，可分为现场直播、演播室式直播和第三方信源（电视节目等）直播。从传播信息的形式来看，网络直播可分为图文直播、音频直播和视频直播。得益于互联网的特点，网络直播具备海量存储、查寻便捷的功能。

随着网速的提升，尤其是5G时代的到来，视频直播以强烈的视听感受和丰富的交互性，满足了用户多方位的需求，成为近几年网络直播的首选方式。2019年，我国在线直播用户规模达5.04亿，在线直播行业仍将保持稳健发展，行业竞争也较为激烈。

从2019年开始，网红直播带货的电子商务新形态呈现爆发式增长，直播电商引起了淘宝、京东等电子商务巨头的重视和扶持，"电商+直播"已然成为连接人、货、场的重要模式，被视为解决电商平台流量瓶颈的新手段。

直播内容垂直化细分是直播行业下一步的发展趋势，除了发展较早的娱乐直播、游戏直播外，教育直播、电商直播等细分领域已经展现出强劲的增长势头。

（三）网络视频直播的主要类型

根据目前网络视频直播的内容来源方式，网络视频直播的类型可分为以下两大类：

1. 通过互联网实时提供电视节目观看

通过这种方式，传统电视媒体可以直接向观众提供服务，其中，以中央广播电视总台的央视网（https://www.cctv.com）和湖南卫视的芒果TV（https://www.mgtv.com）为典型代表。通过互联网观看电视节目直播，是互联网时代大众对电视观看的新需求，也推动了传统电视媒体向互联网的融合发展。

2. 利用独立的信号采集设备开展直播

利用独立的信号采集设备，也可以把视频信息通过网络平台实时展现给观众。直播主体较为复杂，直播内容也丰富多样，这一方式为普通网民和机构提供了完全自主的展现平台。常见的游戏直播就是利用专用的平台和软件，把电脑画面进行录屏，并利用摄像设备采集游戏主播的面部表情画面，进行实时播放。网红直播则是采用摄像机、数码相机或手机摄像头作为直播设备，在网络直播平台上开展直播。

互联网轶事

中央广播电视总台首次春晚VR直播

从1983年开始，春晚就一直是中国人必不可少的"年夜饭"。作为我国首个国家级

5G 新媒体平台——中央广播电视总台“央视频”5G 新媒体平台 2020 年实现了首次春晚 VR 直播，打造科技“年夜饭”，实现了全媒体时代收看春晚的三维全景视角，重新定义“身临其境”，如图 4–1 所示。

图 4–1　2020 年春晚 VR 直播

2020 年的春晚会场架设了多套 VR 摄像机，VNIS 系统将实时输出的 VR 信号和预先精心制作的 VR 春晚节目进行集成制作，用创新技术、独家多视角 VR 视频和直播态相结合的新形式，为观众呈现了一场惊艳震撼的 VR 春晚，实现了全媒体时代视听新表达，充分展现了新时代春晚的魅力、活力和创新力。

资料来源：http://news.cctv.com/2020/01/24/ARTIE9dMDQP6sfRSIsdKcqs0200124.shtml.

（四）网络直播平台

可以进行直播的网络平台较多，个人和企业可以根据直播目的，围绕不同的目标人群，进行平台的选择。目前知名度和用户量较高的平台有虎牙直播、快手直播、斗鱼直播、YY 直播、花椒直播等，如表 4–1 所示。

表4–1　网络直播平台分类及代表网站

直播平台类别	代表网站
游戏类直播平台	虎牙直播、斗鱼直播、战旗直播
泛娱乐类直播平台	快手直播、抖音直播、全民直播、YY直播、花椒直播、一直播
体育类直播平台	章鱼直播、企鹅直播

续前表

直播平台类别	代表网站
教育类直播平台	酷学直播、荔枝微课
内嵌直播平台	淘宝网、京东商城、人人网、哔哩哔哩
企业类直播平台	微赞直播、微吼直播、目睹直播、云犀直播、展视互动直播

这些直播平台满足了广大网民和相关企业对网络直播的多样需求，从传播渠道、变现渠道、软硬件技术、营销策划等多方位展开支持，根据艾瑞咨询的研究，直播平台目前已经形成了较为完整的产业链，如图 4–2 所示。

图 4–2　直播平台产业链

二、直播营销概述

（一）认识直播营销

1. 直播营销的概念

本书中所指的直播营销专指网络直播营销，即采用网络直播的手段，在电脑端或移动端上，为企业、商家、个人进行品牌推广、产品销售、利益获取的营销活动。网络直播营销是对传统营销方式的变革性创新。

相对于传统营销，实施网络直播营销时，观众需要在一个特定的时间段进入固定的直播页面。在直播的进程中，观众可以实时发表自己的看法，这种实时互动不仅能和主播形成有效的交流，也能与同时观看直播的其他人进行即时沟通，大大提升了参与感。这种情景有助于精准识别具有品牌忠诚度的目标人群，企业再通过精心设计的营销策略，就可以直接取得理想的营销效果。

2. 直播营销的模式

根据展现形式，直播营销可被分为两种模式：一种是“硬广告”模式，这种模式一般不需要太多的创意与内容制作，较为传统和常见，但观众对于“硬广告”直白的表现形式认可度不高；另一种是“直播 +”模式，这种模式形式多样、花样繁多，可进行自由组合的定制化创作，是一种创新的产物，其丰富新颖的变化及较好的观看体验，已使其成为主流的模式，但此模式每次营销的内容无法被重复利用。图 4–3 为艾瑞咨询制作的直播营销模式分析图。

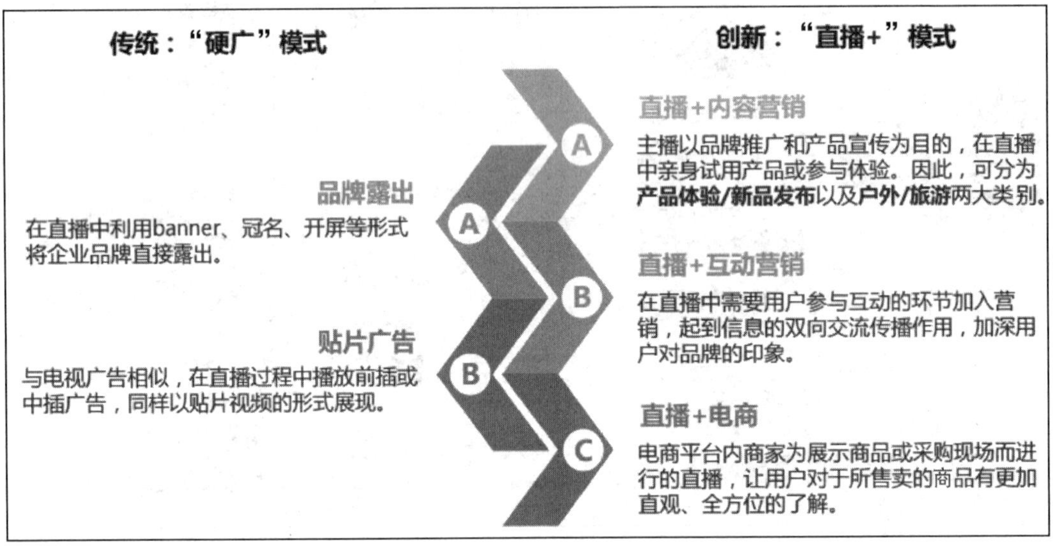

图 4–3　直播营销模式

（二）直播内容分类

参与直播的主体，包括自媒体和企业，下面分别进行分析。

1. 自媒体直播内容分类

按照直播内容分类，自媒体直播主要包括生活直播、才艺直播、电商直播和游戏直播。

（1）生活直播。主播通过直播平台，进行个人日常生活的直播，分享主播生活中的点滴，如吃饭、工作、育儿、化妆等。这种直播通常不受时间和外界因素限制，直播场景也较为随意。

例如：韩国某主播分享其吃饭的过程；某主播分享其户外钓鱼的过程；某主播公布其旅游直播的计划。分别如图 4–4、图 4–5、图 4–6 所示。

图 4–4　自媒体吃饭直播

图 4–5　自媒体户外活动直播

（2）才艺直播。在才艺直播中，主播通过唱歌、跳舞、魔术、脱口秀等才艺表演，满足观众的娱乐需求，这类直播也给很多具备突出才艺的普通人展现自我才华的机会。

例如：在 YY 直播平台上直播唱歌的摩登兄弟成员刘宇宁，深受网民喜爱，吸引了 2 700 多万人的关注。后来经由支持者的推荐，刘宇宁成为湖南卫视音乐节目《歌手 2019》的首位“全民举荐踢馆歌手”，如图 4–7 所示。

图 4–6　自媒体旅游直播

图 4–7　刘宇宁登上《歌手 2019》的舞台

（3）电商直播。电商直播是指利用网红直播的形式，向观众销售商品，或为网络零售平台提供流量入口。

根据企鹅智酷联合腾讯云发布的《中国网络视频直播行业趋势报告》来看，有 41.25％的受访者表示曾经观看过电商直播，而观看过电商直播内容的人群中，有超过 60％的受访者会选择浏览主播推荐的商品，并有近 20％曾购买过主播推荐的商品，可见电商直播已经深入到网民的日常生活中。

随着网络零售平台用户流量增速遇到瓶颈问题，利用直播促进电商的发展越来越受到业界重视。一方面，淘宝、京东等电商网站创建自己的直播平台，引入主播进行以商品导购为直接目的直播；另一方面，网店通过第三方直播平台，利用网红进行商品导购类直播。

通过网店运营人员与主播的提前沟通与策划，在直播时主播展示相关商品，介绍该商品的核心卖点优势，并在直播间“购物车”中加入该商品链接，直播间观众通过点击链接，即可进入网店在线购买，形成流量转化。而且，知名度较高的网红主播为了打造自身的美誉度，通常会要求品牌方提供最大优惠，这样使观众对直播电商产生了更大的兴趣。

例如：淘宝直播目前排名第一的女主播是薇娅，每天晚上有大约 600 万人会进入她的直播间观看其商品导购讲解，薇娅的最高引导销售成交记录是 2 个小时实现 2.67 亿元销售额。薇娅直播画面如图 4–8 所示。

图 4–8　薇娅在淘宝直播

（4）游戏直播。游戏直播是指以游戏实时解说为主要内容的直播形式。网络游戏作为一种娱乐形式和电子竞技形式，吸引了以青少年为主的年轻网民。第 45 次《中国互联网络发展状况统计报告》显示，截至 2020 年 3 月，我国网络游戏用户规模达 5.32 亿，占网民整体的 58.9%，这些网民对观看游戏高手的视频直播有强烈的需求。斗鱼、虎牙等知名游戏直播平台，通过招募知名游戏主播，对广大游戏玩家形成了强大的吸引力。游戏直播画面如图 4–9 所示。

图 4–9　游戏主播 Miss 进行直播

延伸学习

我国电子竞技直播行业总体现状

截至 2019 年 6 月，虎牙、斗鱼、哔哩哔哩、快手四家直播平台占据近 90% 的主要游戏直播平台游戏开播量，我国游戏直播市场马太效应进一步加剧。

在我国游戏直播市场中，电子竞技游戏是重要的组成部分，2018 年我国电子竞技游戏直播市场实际销售收入超过 54 亿元，占整体游戏直播市场的 72.0%。进入 2019 年，电子竞技游戏依旧受到直播用户的关注，如《王者荣耀》《英雄联盟》《DOTA2》以及新上线的《APEX 英雄》《刀塔自走棋》等新品电子竞技游戏，在各游戏直播平台上均获得了良好的播放热度。根据伽马数据（CNG）的分析，2019 年，我国电子竞技游戏直播市场收入突破 100 亿元，占游戏直播市场的收入比例会进一步提高。

直播行业在经历了洗牌期后，熊猫直播、全民直播、凸凸 TV 多家直播平台倒闭或者退出游戏直播领域，游戏直播的市场份额进一步向以虎牙、斗鱼为代表的直播平台集中。

资料来源：http://finance.sina.com.cn/stock/relnews/cn/2019-10-21/doc-iicezuev3614435.shtml.

2. 企业直播内容分类

（1）直播 + 营销。营销直播是指企业通过招募主播，利用直播平台面向消费者开展以商品销售为目的的直播活动。直播为企业营销带来的不可比拟的优势在于可利用实时互动的环境，即时收集观众的反馈，以最大限度增强营销的效果。同时，在网络环境下，录制的直播可以多次进行观看，使视频资源的传播变得更加广泛和高效，形成有效的二次营销。在直播的进程中，还可以根据观众的互动来区分其类型，为直播观众打上不同的标签，在之后的营销过程中，通过精准的流量分析，将对应内容精准推送给相应观众，达到精准营销的目的。

"直播 + 营销"的模式颠覆了传统广告的强硬植入，在多样的直播场景下，迎合消费者的直观感受，悄无声息地进行商品和品牌的推介。这种模式既能促成品牌的个性化传播，又能起到广告的宣传作用，达到激发消费者购买的效果。图 4–10 为九阳厨房电器直播端的预告广告。

"直播 + 营销"模式应用最为普遍的当属企业在淘宝上开的直播，在淘宝客户端点开店铺主页，很多都会显示"该店铺正在直播中"。如果没有正在直播也会有直播的预告和开播的时间，按时进入就可以参与直播。

运用直播不但可以吸引新客户，还可以进行老客户的维护，大大缩减了引流成本，因此，淘宝直播越来越受到商家认可，逐渐成为网店的必争之地。很多品牌的天猫旗舰店每天都在进行淘宝直播，甚至一天多场，多个主播轮番上阵，相当于打造了一个全天不间断的在线体验店，进行商品的集中展示。九阳厨房电器直播营销画面如图 4–11 所示。

（2）直播 + 培训。培训直播是指企业利用网络直播的形式，对员工、经销商、客户等群体开展培训。企业培训直播场景如图 4–12 所示。

企业通过网络直播开展在线培训，有效避免了企业传统线下培训组织难、成本高的问题，打破了时间和地域的限制。利用大数据等最新信息技术，培训直播还可以跟踪受训者的学习效果，并根据反馈调整培训过程和内容，取得更好的培训效果。

企业开展培训直播前，也会通过一些官方渠道进行培训的宣传和预告。例如：国泰君安证券对客户进行的培训直播做预告，如图 4–13 所示。

（3）直播 + 发布会。发布会直播是指利用网络直播的形式召开品牌产品的发布会。借助直播进行新产品的发布会是品牌推广、新产品入市的一种新形式，通过直播来介绍新

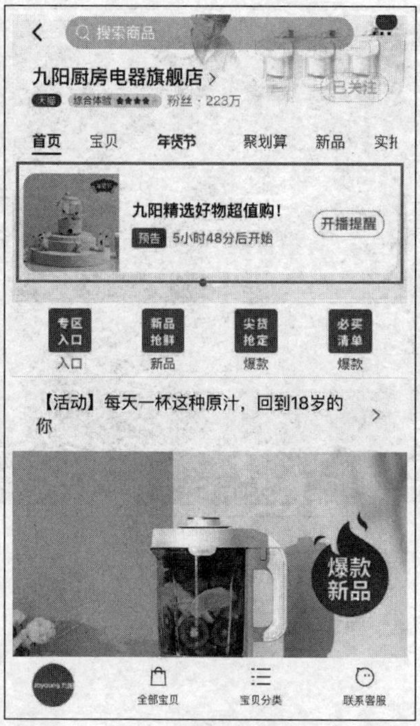

图 4–10　九阳厨房电器直播端的预告广告

图 4–11　九阳厨房电器正在进行店铺直播

图 4–12　福维克美善品做厨房产品培训的直播

10月青英 · 钻石沙龙 | 金融学院专场——“美联储的那些事儿”（2018年第八期）

国泰君安SFI　10月10日

第一期、第二期...第八期，终于等到你！由公司团委、金融学院联合举办的“青英 · 钻石午间沙龙”第八期迎来了小主儿——金融学院专场！

10月17日，金融学院将派出国际实习生、原美联储助理研究员Khalela Francis和你一起聊一聊——美联储的那些事儿（The US Federal Reserve：Not Just Another Central Bank），

作为一名金融从业者，美联储之于我们是一个不可忽视

图 4–13　国泰君安进行的培训直播预告

产品，可以解决传统宣传中耗费大量的人力、物力、时间、费用的问题。在直播的过程中，还可以结合线上销售，将直播带来的流量直接转化变现。例如：华为手机利用网络直播发布新产品 Mate30 系列，如图 4–14 所示。

图 4-14　华为 Mate30 新品发布会直播

教学互动

1. 互动内容：请列举你了解或使用过的 2～3 款直播 App，并介绍其各自的特点。

2. 互动要求：

（1）结合自己使用直播 App 的体验，围绕上述问题展开深入思考，并与同学进行讨论。

（2）教师对学生的回答进行点评和总结。

任务二　直播策划与准备

一、直播账号定位与注册

（一）直播账号定位

进行网络直播，首先要对账号进行定位，重点包括目标人群定位和直播内容定位。下面分别从自媒体角度和企业角度进行直播账号定位的分析。

1. 自媒体直播账号定位

（1）自媒体直播目标人群定位。自媒体直播账号首先要分析主播的特点，根据特点初步确定直播方向，进而深入思考和分析目标观众究竟是哪类人群，具有什么样的特征。

以娱乐型直播为例，易观通过对其用户群体进行统计，发现这类直播的观众以 35 岁以下网民为主（如图 4–15 所示），性别以男性居多（如图 4–16 所示），地域分布以一线城市为主（如图 4–17 所示）。

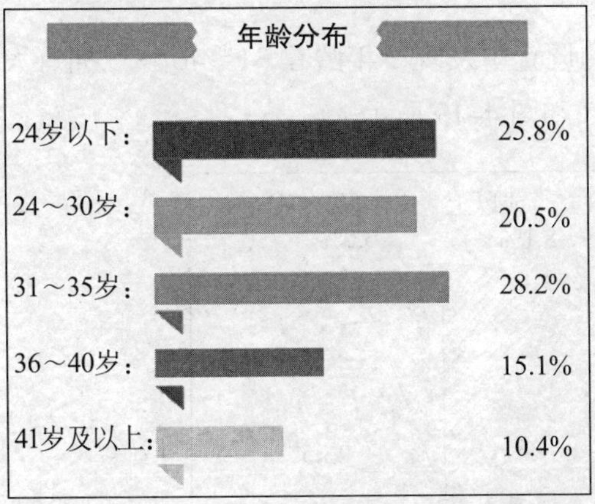

图 4–15　娱乐型直播观众年龄分布

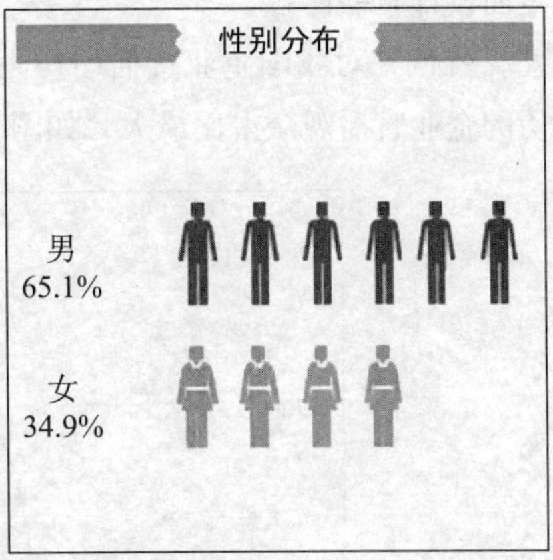

图 4–16　娱乐型直播观众性别分布

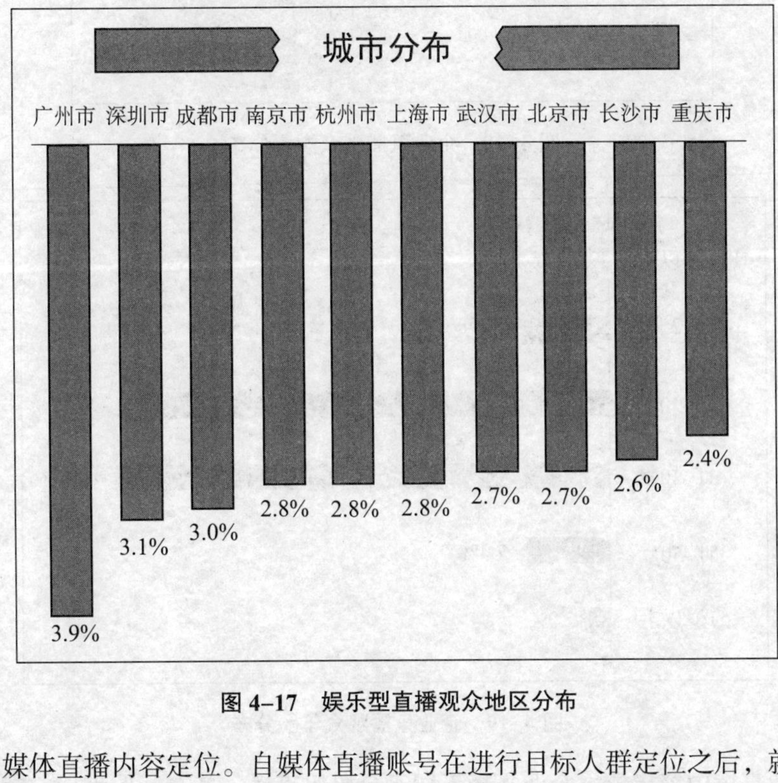

图 4–17　娱乐型直播观众地区分布

（2）自媒体直播内容定位。自媒体直播账号在进行目标人群定位之后，就需要根据观众的核心需求和特征，对直播内容进行定位，以实现吸引目标人群观看直播，并将其转化为账号关注者的目的。

2. 企业直播账号定位

（1）企业直播目标人群定位。企业开展直播时，也需要对直播观众进行定位。根据企业直播目的的不同，对不同的观众群体展开详细分析，并根据人群需求和特征分析其需求，进而设计直播内容。

艾媒咨询在对我国企业直播用户画像的调查中发现，年龄在 31～40 岁、拥有大学本科学历的企业直播观众占比最大，如图 4–18 和图 4–19 所示。

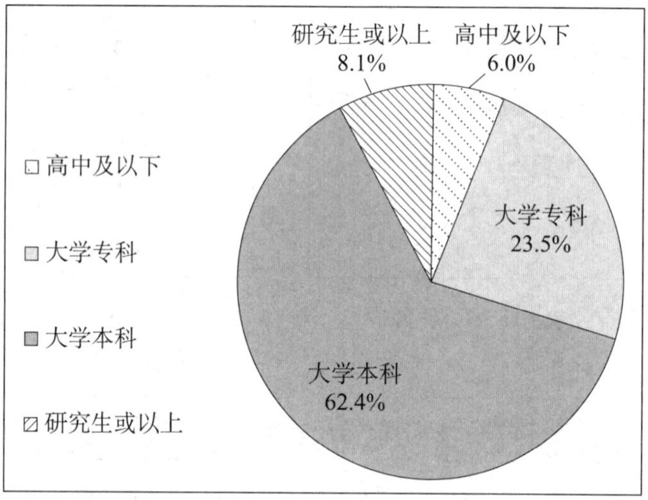

图 4–18　企业直播观众学历分布

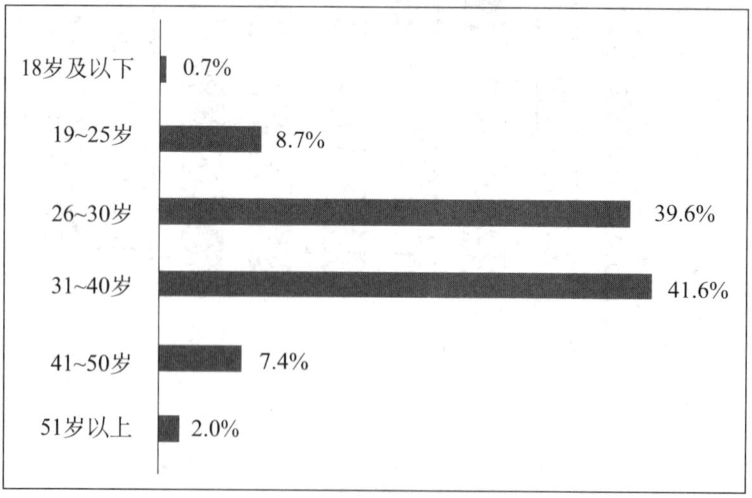

图 4–19　企业直播观众年龄分布

（2）企业直播内容定位。企业直播不同于自媒体直播，其在开始直播前就有明确的目的，如培训、产品发布、直播营销等，这就需要企业根据每次直播的主题，结合直播观众的特点，深入分析并确定直播内容。

（二）直播账号注册

不同直播平台的账号注册流程基本相同，下面以斗鱼和淘宝直播两个平台为例，简要介绍自媒体直播账号的注册流程；以淘宝直播为例，简要介绍企业直播账号的注册流程。

1. 斗鱼直播账号注册

（1）在手机应用市场下载斗鱼直播 App。

（2）根据提示，注册个人账号。

（3）参加主播招募。注册完个人账号后，在“我的账户”菜单栏下找到“主播招募”选项，如图 4–20 所示。

（4）进入“主播招募”选项，根据要求报名，如图 4–21 所示，并完成相应规定的任务，即可成为主播。

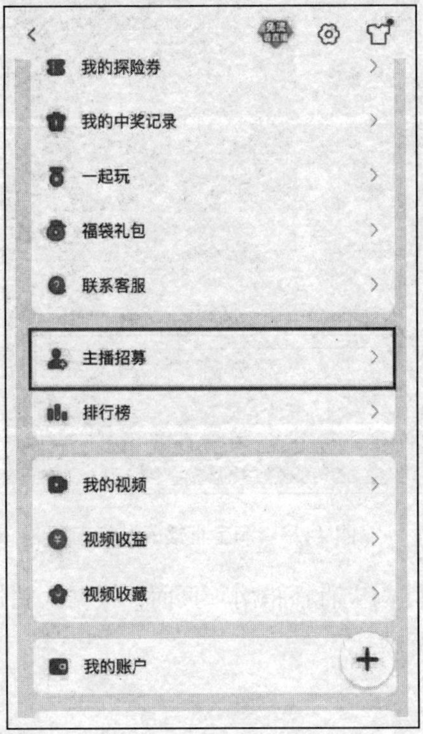

图 4–20 “主播招募”选项

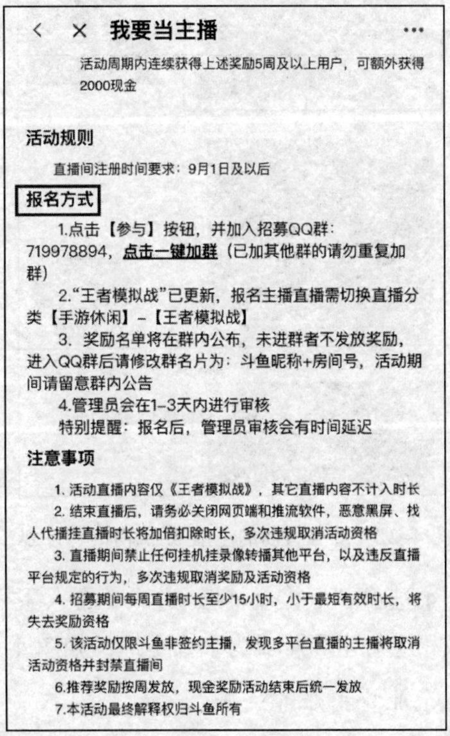

图 4–21 报名参与主播招募

2. 淘宝直播账号注册

在淘宝网申请成为主播，要符合如下条件：开设有淘宝店铺；近 90 天总成交金额大于 1 000 元；主营类目在线商品数大于 5 个；符合《淘宝网营销活动规范》；店铺信用等级为 1 钻及以上等。具体流程如下：

（1）在手机应用市场下载淘宝 App。

（2）进入直播页面。进入淘宝手机端主页，在搜索栏搜索“直播”，跳转至直播页面。

（3）在直播主页的轮播广告位置找到“主播 & 机构招募计划”，如图 4–22 所示。

（4）点击“主播 & 机构招募计划”，进入“入驻指南”页面，根据实际情况选择入驻类型，入驻类型有8种，分别是“商家”“直播服务商”“个人主播”“明星”“MCN机构”“专业节目机构”“村播计划”和“服饰基地”，如图 4–23 所示。

图 4–22　淘宝直播的主播 & 机构招募计划

图 4–23　淘宝直播入驻指南

（5）选择“个人主播”，进入“个人主播入驻淘宝直播指南”页面，根据入驻指南要求完成相应规定即可成为个人主播，如图 4–24 所示。

3. 企业直播账号注册

（1）企业直播平台选择。企业进行直播时，可以根据企业直播的内容选择不同的平台。如果进行发布会、培训会等较为正式的大型直播活动，可以选择微赞、展视互动等企业级直播平台；如果进行面向消费者的直播营销活动，可以选择和自媒体一样的直播平台，如淘宝直播等。

（2）企业（商家）入驻淘宝直播的方法。淘宝直播的企业（商家）入驻的前期步骤同个人入驻一致，只是在选择类别时勾选“商家”的选项即可，选择后会有对应的商家入驻指南，如图 4–25 所示。

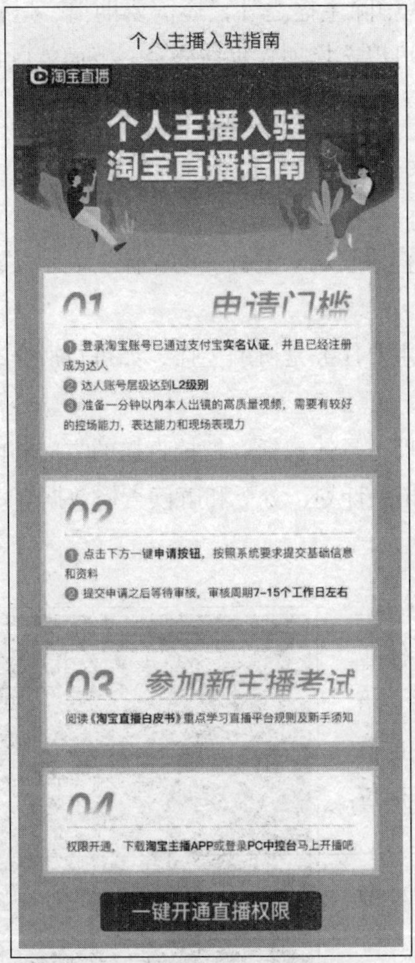

图 4–24　个人主播入驻淘宝直播指南

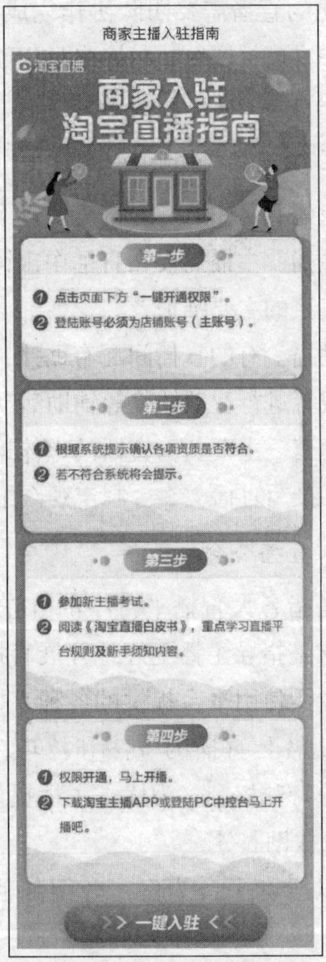

图 4–25　商家入驻淘宝直播指南

4. 直播平台的实名认证

《北京网络直播行业自律公约》规定，自 2016 年 4 月 18 日起，各平台新申请主播须按以下流程进行认证：

（1）实名信息提交环节。实名认证通常需要提交以下信息：本人姓名、本人身份证号码、本人手机号码、银行卡账户信息、主播本人手持身份证的照片等。

（2）资料认证环节。在申请者完整填写了资料并提交申请后，系统会对申请者资料进行真实性认证，即验证银行卡号、开户人姓名、认证者本人姓名、身份证号是否真实有效且完全匹配。

（3）面对面人工认证环节。人工认证时，审核人员通过在线视频聊天的方式，要求申请人回答若干问题，认证过程通常大于一分钟。

（三）直播团队打造

专业化的直播需要团队协作完成，团队中除主播之外，还需要助播、运营等相关人员。打造一支直播团队，可以自己组建，也可以选择加入直播公会。下面就以自媒体直播为例，介绍直播团队的打造策略。

1. 自己组建直播团队

自己组建直播团队，通常需要以下成员：

（1）主播。主播需要在直播中出镜，与直播间观众进行互动交流、展示才艺等，是直播过程中气氛的主要维护者。

（2）助播。有的直播间配有助播，助播主要任务是协助主播，如进行所介绍商品的功能展示，或者进行互动抽奖等辅助活动。

（3）运营。主要负责直播的整体运营管理，具体包括：把控直播的方向和内容，挖掘商品卖点，撰写直播文案，制定观众维护和拓展计划，分析和解读直播数据等。

2. 加入直播公会

公会是指各大直播平台中的合作运营公司，公会的职能是指导主播更好地开展直播，具体包括：指导主播使用平台提供的各种直播功能；培训主播使用各种直播的方法和技巧；利用直播平台赋予的特殊权利，为优秀主播提供“首推位置”等流量扶助服务。

下面以抖音平台为例，介绍如何加入直播公会。

（1）在手机应用商店下载并安装抖音 App。

（2）点击右下角的“我”选项，找到“设置”选项，如图 4–26 所示。

（3）点击“设置”选项后，选择菜单下的“反馈与帮助”，如图 4–27 所示。

（4）进入“反馈与帮助”选项后，选择“直播”，如图 4–28 所示。

（5）进入“直播”选项后，选择“公会”，如图 4–29 所示。

（6）进入“公会”选项，根据具体情况选择加入公会，如图 4–30 和图 4–31 所示。

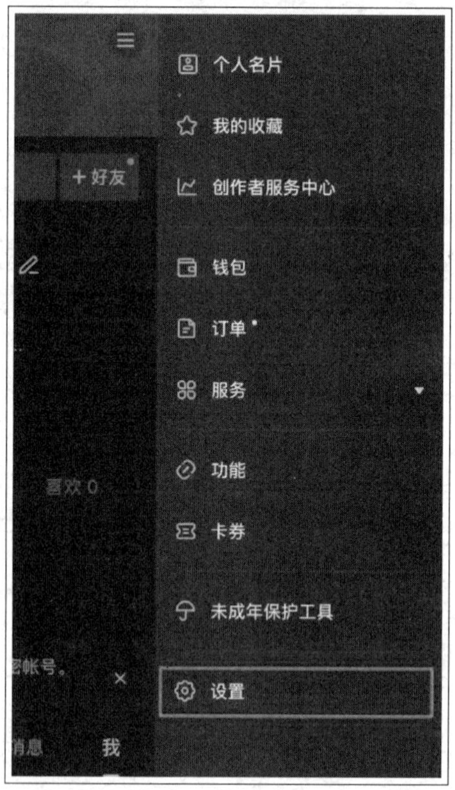

图 4–26 “设置”选项的位置

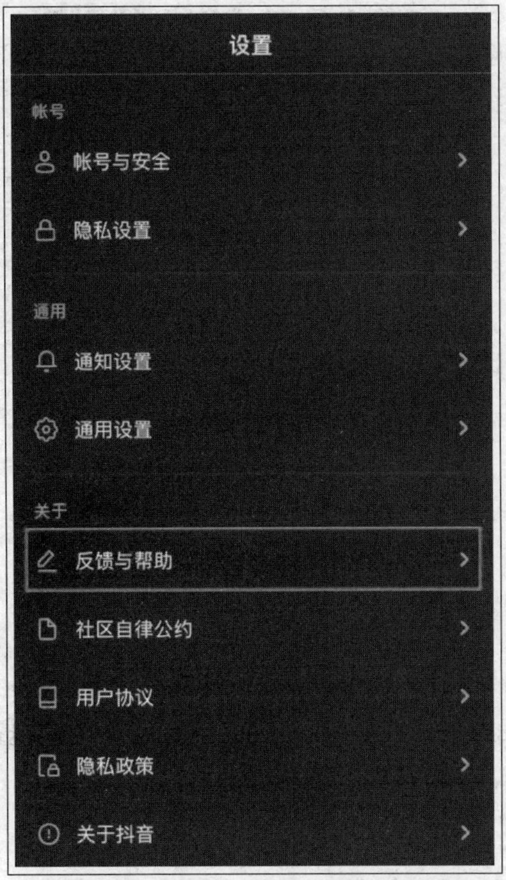

图 4–27　“反馈与帮助”选项的位置

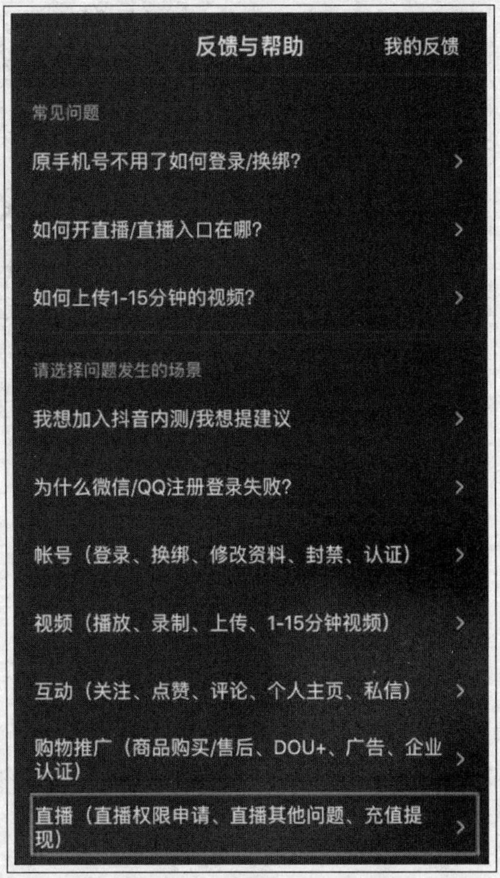

图 4–28　“直播”选项的位置

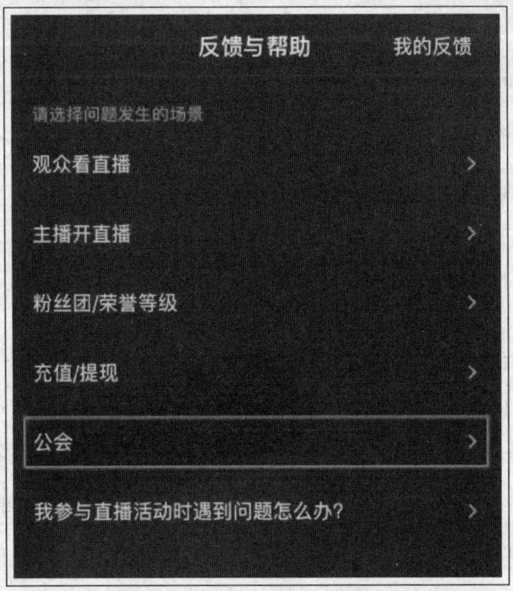

图 4–29　“公会”选项的位置

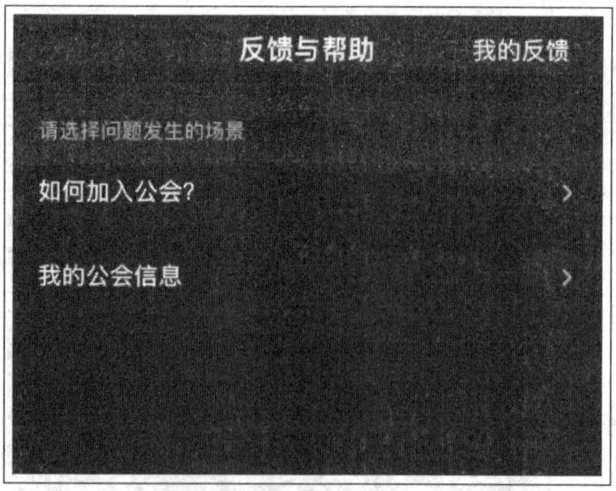

图 4–30 “公会”选项的内容设置

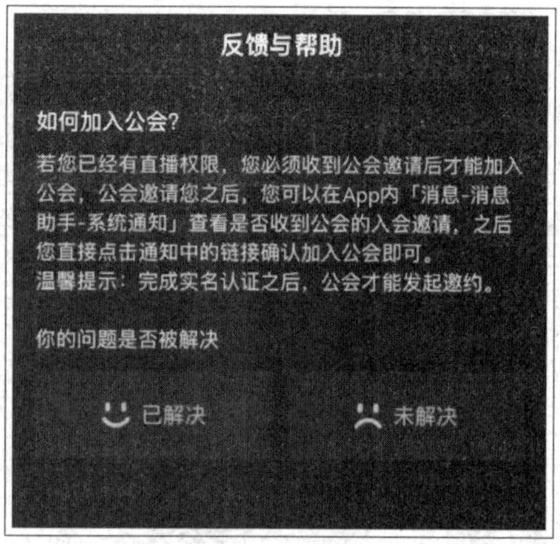

图 4–31 如何加入公会

二、直播活动策划

（一）直播目标策划

每场直播开始前，都应确定一个明确的直播目标。例如：在淘宝直播中，要设置直播间的人气目标、产品销量和销售额目标、转化率目标、打赏收入目标等，这样可以围绕目标开展直播策划，并根据直播效果对直播环节进行调整。

（二）直播主题策划

对于直播活动，主播或企业需要根据直播定位，确认直播的长期方向和每次直播的具体内容。自媒体主播的直播主题，一般根据其特长确定长期方向，并根据社会热点、行业热点、观众心理需求等方面，确定每次直播的主题。企业直播的主题更容易确定，其直播营销通常是为了销售产品，或者配合企业营销活动进行宣传。

（三）直播环境策划

开始直播之前，主播和企业需要选定直播场地，并配备相关直播设备，进行主题相关的环境装饰。根据直播特点，购置计算机、高清摄像机、音视频采集卡、导播台、网络、三脚架、收音话筒、调音等软、硬件设备，搭建与直播内容相匹配的场景。

（四）直播引流策划

在直播开始之前和直播开始之后，采用多渠道、多手段引流宣传，清晰描述主题和直播内容，能让平台用户提前了解直播内容。预告直播的内容或直播的产品，有助于提前获得潜在用户的关注，获得更精准的流量，达到聚集人气和烘托直播气氛的目的。

（五）直播内容策划

直播之前，需要撰写直播讲稿或者直播内容框架。根据当日直播主题，以及目标人群的需求和痛点，撰写有吸引力的文案，让文案能够引发共鸣，并能够实现直播的目的。提前写出直播文案，不仅可以让直播有条不紊、不漏掉关键细节，还能够提前策划和设置让观众开心或感动的环节，提高直播质量。

（六）互动环节策划

直播时的互动能有效维护主播和观众的情感。互动的内容，可以是一些丰富有趣的小游戏，可以是日常生活的实用技巧分享，可以是观众感兴趣的热点话题解析，可以是发起投票，可以是竞猜游戏，可以是阅读和反馈网友的互动留言，可以是和主播进行连麦，也可以是一些福利的赠送、产品的秒杀、红包的获取等。在直播间领取优惠券的观众，一般都有强烈的购买意向，能够为网店聚焦精准流量。

课堂思政

主播应提升社会责任意识

网络直播吸引了众多年轻网民的眼球，具有较大的社会影响力。然而，随着直播行业的发展，个别主播为了提升直播间人气不择手段，公然传播低俗、暴力、色情等不良内容，对网络空间和整个社会带来恶劣影响。为打造良好的直播生态，促进直播行业健康发展，履行直播平台主体责任，虎牙直播对重点公会及主播进行了系统的政策及法律法规知识培训。

对主播个人而言，作为具有一定影响力的公众人物，就应承担更多的社会责任，输出符合社会主义核心价值观、反映人民群众美好生活、有价值且有营养的优质内容，特别是为青少年的身心发展营造积极健康的网络环境，这样才能够在保证自身长远发展的同时，对社会产生更多积极价值。

资料来源：http://www.chinanews.com/business/2018/12-11/8698568.shtml.

三、直播活动准备

直播要在一个相对安静的环境中进行，直播前要确保直播摄影设备、耳机、话筒、灯光和网络连接正常，要妥善布置直播现场，营造合适的氛围。此外，主播需要从声音、画面、内容和互动技巧等各个方面精心准备，让直播成为一场视听享受的同时，能够顺利实现直播的目标。

（一）直播设备准备

在直播开始前，需要准备好以下设备：

1. 用手机直播所需设备

（1）必备设备：电容麦克风、外置声卡、耳机、智能手机、高速网络。

（2）推荐设备：防喷罩、补光灯、三脚架、小黑板、背景布。

2. 用电脑直播所需设备

（1）必备设备：电容麦克风、美颜摄像头、耳机、高性能电脑、高速网络。

（2）推荐设备：外置声卡、防喷罩、补光灯、小黑板、背景布、单反相机、摄像机。

（二）直播环境氛围

1. 打造直播语言

主播应当抓住直播间观众的心理，直播语言需要有较强的逻辑性，能够引导观众的思考。幽默的语言风格，能够给观众带来放松和快乐，尤其是加入一些网络流行语，可以让直播间的氛围变得更时尚。在直播中，多进行一些互动交流，可以提高观众的黏性；经常讲一些正能量励志的话语，能够引发观众的喜爱和共鸣。此外，在直播中也没有必要一直不停地说，要有适当的停顿，给观众一个思考和想象的空间。

2. 优化直播画面

在直播中，对出现在镜头中的物品、背景等元素都要精心设计，镜头角度、光线方向等因素都会影响直播效果。

摄像镜头的高度、角度不同，可以产生不同的画面效果；镜头的景深设置，可以决定画面的主次。直播时采用不同的拍摄技巧，能够使直播画面更加丰富，充分调动观众的情绪，取得较好的直播效果。

光线的变化能够渲染直播的气氛，提升直播画面的美感，给观众带来不同的心理感受。常见的光源角度有顶光、顺光、侧光、背光等，如图 4–32 所示。不同的光源角度，其优缺点对如表 4–2 所示。

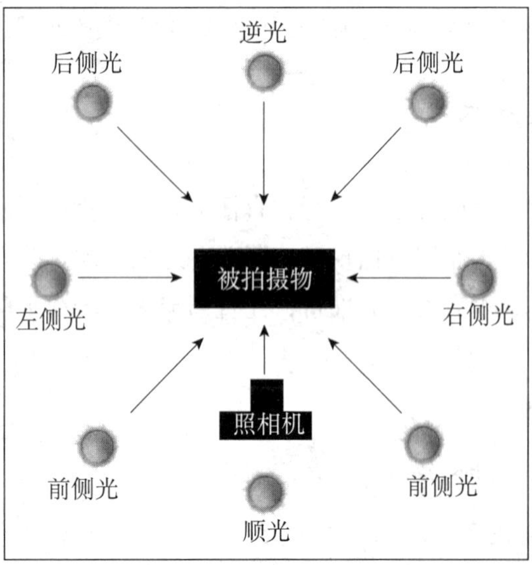

图 4–32　常见的光源角度

表4-2　　光源角度分类及优缺点

光源角度	光源位置	优点	缺点
顶光	主播头顶上方	照射光线充足，能带出鲜艳色彩	照射人脸时会有明显的阴影，需要有补光灯
顺光	主播正面前方	让主播清晰易见	主播面部缺乏层次和立体感
侧光	主播侧面	展现画面的层次感和质感，勾勒出明显的轮廓	主播面部明暗反差过大
背光	主播背后	营造特殊气氛，获得戏剧性效果	主播面部较暗，并失去层次细节

3. 注重行为礼仪

直播过程中的行为礼仪，主要包括主播的表情、姿态、肢体动作和服饰等。与直播主题、直播风格匹配的行为礼仪，可以让主播受到认同和喜爱，取得更好的直播效果。

4. 使用背景音乐

直播时使用合适的背景音乐，可以起到烘托气氛、酝酿情感的作用。选择背景音乐，需要贴合直播间观众的感受，与直播的内容相得益彰，使得直播显得有张力。有些主播会在直播间使用声效生成器或生成软件，可以人为发出鼓掌声、笑声等辅助声效，能够有效带动直播间的氛围。

延伸学习

了解企业级直播平台

随着互联网的发展，尤其是5G时代的到来，企业对直播也逐渐产生越来越多的需求。下面以微赞和展视互动为例，简要介绍一下企业级直播平台。

微赞直播是一个建立于微信生态之上的专业企业直播平台，拥有微信流量优势与社交优势，可以嵌入企业微信公众号，在微信端实现一键创建和分享直播，高效助力企业营销。微赞直播主要应用于在线教育、金融、媒体、电商、医疗等领域，可实现高清直播且支持百万观看不卡顿。

展视互动是企业级互动视频云服务商，在国内外部署了大规模服务器集群，能够为全球用户提供运营商级的专属互动直播服务，满足用户企业培训、在线教育、互动直播等多种 SaaS 服务需求。

资料来源：根据互联网公开信息改编。

教学互动

1. 互动内容：请下载安装一款手机直播 App，注册并申请成为一名主播。

2. 互动要求：

（1）结合在注册过程中遇到的问题及解决方式，进行分享和发言。

（2）教师对学生的回答进行点评和总结。

任务三　直播营销实施

一、直播计划制定

在开展直播之前，需要从直播准备、直播宣传、直播过程和直播复盘四个方面，进行直播计划的制定。

（一）直播准备

在直播前所做的准备，包括确定直播脚本、明确直播主题、制定直播方案。具体应做好以下工作：确定本次直播的标题、标签和封面；根据直播主题对主播的服饰和形象进行包装设计；设定直播转化目标，做好应对直播突发情况的预案；进行人员布置和安排，确定直播场地、设备、物料无误；进行直播的系统测试，确保直播顺利开展。

（二）直播宣传

对直播进行预告和宣传，提高直播的曝光度，可以进行直播的花絮、直播的彩蛋、直播的明星、直播优惠活动等的图文、视频发布，以吸引观众，同时公布直播时间及直播平台，提醒观众按时参与直播。

（三）直播过程

在直播开始后，各个岗位配合，按照计划好的直播方案，进行开场白、产品介绍、互动引导、活动促销、流量转化等相关工作，营造热烈的直播气氛，以实现直播目标。尤其需要注意的是，对于直播间观众的留言信息，要及时予以互动回应，提高直播间的友好度，更好地提高观众黏性和满意度。

（四）直播复盘

在直播结束之后，需要团队成员共同对直播过程进行复盘，对直播中的经验和教训进行总结和反思，并在今后的直播策划和实施中不断改进。同时，从本次直播中挖掘亮点内容和话题，作为近期直播主题，在账号推广中进行聚焦宣传，有效提高直播人气。此外，通过复盘对用户进行积累沉淀，建立忠实用户的线上社群，打造高价值的私域流量。

二、直播间氛围控制

（一）利用开场白预热

每次直播开播之后，首先要等待直播间人数到达正常水平。在这一期间，主播需要进行开场，与老观众寒暄，对新进直播间的网友表示欢迎，提醒没有关注的网友关注主播，并对当日直播的主要内容、当天推介的主要产品和直播互动环节进行多次介绍，以提高观众的参与兴趣。通过开场白，建立观众对本场直播的期待，提高对主播的好感。

（二）直播时进行互动

直播进行过程中，需要在适当的时间段进行互动，恰到好处的互动交流不仅能拉近主播和观众的距离，还能丰富直播的内容，带动直播间的气氛。互动的方式有很多，可以对直播间的留言内容进行互动回复，可以对赠送虚拟礼物的观众进行感谢，可以提问或组织玩小游戏等。在直播营销中，观众对主播展示的产品提出问题，说明其对产品的兴趣较大，主播可以利用这个机会更加深入地介绍产品的功能和优点，更有利于提升直播营销的效果。

（三）收尾时自然过渡

直播结尾时，主播要表示感谢，不要突兀地结束直播，可以设置一些轻松的才艺展示或抽奖环节，也可以抛出一些讨论话题等，作为直播的回馈。最后，主播还要提前预告下一场直播的时间和内容，为忠实观众观看下次直播提供便利，也为下次直播进行引流。

三、直播吸粉的途径及技巧

订阅用户数量是衡量直播账号价值的重要指标，增加订阅用户数量（即“吸粉”），是开展直播营销时所追求的一项重要目标，可通过以下几个途径开展直播吸粉工作。

（一）直播吸粉途径

1. 做好直播间观众转化

在直播开始之后，平台会按照一定的规则，把直播间展示到在线用户面前，即直播间可以从平台分配到一定的流量，再加上直播间的原有订阅用户，以及通过宣传推广渠道吸引而来的观众，一同构成了直播间观众群体。主播在进行直播时，在服务已经关注账号的用户的同时，需要重视对尚未关注的直播观众的引导，提醒他们关注主播。让直播间观众由偶然观看到关注主播，是最为重要的吸粉方式。

2. 到其他网红直播间吸粉

在网络直播发展的过程中，形成了一种通过到网红直播间打赏以吸粉的方式。利用直播打赏功能，到人气较高的网红直播间赠送虚拟礼物，网红主播会对打赏者表示感谢，并号召其直播间观众关注打赏较多者。因此，通过这个方法可以迅速提高自身账号的订阅用户数量。但是，因为打赏行为需要充足的资金支持，所以，也可以通过到其他主播发布的短视频作品中进行高质量留言，提高自身账号的曝光率，在一定程度上可以获得关注，实现吸粉目的。

3. 获得平台推荐

直播平台通常会设置一定的算法，动态筛选出受欢迎的优质直播账号，推送给符合标签定位的直播观看用户，这意味着，优质直播内容可以获得平台的推荐，从而获得更多曝光量，让更多平台用户进入直播间，为提高账号的订阅用户数量提供可能。以淘宝直播为例，平台推荐即直播浮现权，获得了浮现权就可以将直播的入口在淘宝直播首页浮现，从而吸引更多的淘宝直播用户。浮现权是淘宝直播主播竞争的重要目标，平台会根据直播的时长、次数、观看人数、转化率、直播间效果、有无违规等方面来评估直播，进行浮现权的分配。

（二）直播吸粉技巧

1. 用优质内容满足观众需求

当前，大量的主播涌入直播行业，主播间的竞争日趋白热化，大量同质化的直播内容使观众逐渐提高了直播的审美水平，这对主播水平及直播内容提出了更高要求。在直播中需要根据目标群体的核心需求，有针对性地策划高质量直播内容，使观众从中获得满足并产生依赖，在打造口碑的基础上不断获得直播间人气和订阅用户数量的不断增加。

2. 塑造清晰的品牌形象

在网络直播竞争日趋激烈的情形下，主播要想获得更多直播人气，以及订阅用户数量的不断增加，就需要在账号品牌塑造方面下功夫。主播和策划人员需要根据直播定位，从直播封面设计、主播个人形象、直播间简介、直播账号头像，以及直播语言风格、肢体动作风格、直播间布置等多方面，塑造统一形象，让观众形成强烈的主播品牌印象，从而提高主播的竞争力。

3. 提醒观众关注主播

对于直播间内尚未关注主播的观众，主播应在直播中间，适时地提醒其进行关注操作，通过这个方式可以提高直播间观众转化的可能性，并逐渐增加订阅用户数量。在直播界流行一句话——“关注主播不迷路”，像这样幽默风趣的网络语言，可以让直播间里对该主播有些好感的观众转变为订阅用户，以便下次更方便地观看该主播直播。有的直播平台也会在直播界面弹出一个“关注主播”的窗口，引导观众进行关注，如图 4–33 所示；有的主播会使用平台提供的一些功能来帮助吸粉，如在直播间发起关注主播参与抽奖，或关注主播人数超过一定数量就开始发红包等活动，以此实现吸引观众关注主播的目的，如图 4–34 所示。

图 4–33 “关注主播”的弹窗

图 4–34 关注主播参与活动

4. 提醒观众为主播助力

在直播开始的阶段，主播通常会提醒直播间观众将主播的直播间分享至社交平台，以利用观众的社交关系，吸引站外流量进入直播间。直播平台在直播间还设置有点赞按钮，主播也可以要求观众为主播点赞，以此烘托直播间气氛，并增加直播间热度，提高直播间在平台的权重。

课堂思政

直播须守好法律和道德的底线

一个账号、一部手机，低廉的成本就能让人通过网络直播和短视频，圆自己的“明星梦”，并通过多种手段获得经济收入，这也成就了越来越繁荣的网络直播市场。然而，网络直播却不断被曝出各种问题，一些直播内容低俗、传播错误的价值导向，甚至有些直播内容触碰了法律底线，对网络空间形成污染。如果监管不力，这些直播内容将会给国家和社会带来严重危害。

网络直播作为一个新兴行业，一方面需要政府完善相应法律监管机制，尤其是建立未成年人保护体系，并用正确的价值观指导直播平台优化算法推荐，积极传播正能量，惩处网络直播违法违规现象；另一方面，也要求直播从业人员坚守社会道德底线，担当起相应的社会责任。

资料来源：http://www.jzzz.gov.cn/News_show.asp?id=4438&type=18.

四、直播变现的方式与技巧

自媒体或企业开展直播营销时，最终都需要变现。下面从直播变现方式和直播变现技巧两个方面进行介绍。

（一）直播变现方式

直播账号目前的变现手段主要包括打赏、销售自营商品、为第三方卖家带货、为企业提供广告宣传等方式。

1. 打赏

观众在直播间进行打赏，一般发生在网红直播间，尤其在生活类和才艺类直播中较多。打赏者通常出于对主播的喜爱和支持，或者希望吸引该直播间观众关注自己的目的，会充值购买平台提供的虚拟礼物，在直播时进行赠送。对于打赏收入，平台和主播按约定比例进行分成，实现双赢。直播间打赏如图 4-35 所示。

2. 销售自营商品

企业开展直播营销，核心目的是销售自己企业生产或经销的商品，一般是通过直播引流到天猫旗舰店，再完成订单处理。网红主播可以利用自己的号召力和影响力，采取网店或微商等形式销售自营商品。

3. 为第三方卖家带货

这种变现模式一般存在于网红主播的直播间。有些网红主播虽然拥有较高人气，但是其本身并不直接开展网络销售，而是通过在直播间向观众介绍、推荐商品，借助人气为其他网店引流，并根据约定收取相应费用。第三方卖家设定商品的售价，与主播商定商品链接费用和佣金比例方案。

4. 为企业提供广告宣传

有些企业开展营销的目的，并不是直接销售商品或服务，而是开展品牌宣传或公关，在这种情况下也可以与人气较高的网红主播进行合作。主播可以在直播中对该企业及其商品进行介绍及推荐，但是并不提供商品购买链接。这种软性的广告宣传削弱了直接带货的商业性色彩，观众对主播及其直播内容的接受度更高，从而可以使企业及其商品的推广取得不错的效果。

图 4–35　直播间打赏

（二）直播变现技巧

自媒体或企业主播利用直播变现，主要有以下技巧：

1. 以满足观众需求为核心

开展网络直播，最重要的事情是确保能够给观众带来价值，因此在直播中，应以满足观众需求为核心，而不是以变现为核心。对于不同类型的主播，观众的需求自然也各不相同，但是都是围绕该主播的直播主题。因此，主播应围绕直播主题把内容做扎实，这是满足观众需求的基础，也是获得观众信任，并进而获得直播打赏的基础。在推介、销售商品时，应注意挑选那些符合观众需求的商品，这样才能够使观众不产生排斥心理，容易获得订单，从而实现企业的营销目的。此外，每次直播销售商品的数量要适度，过多商品数量会减少单个商品的介绍时间，从而影响营销效果。

2. 充分利用消费者心理特点

直播间观众在直播间购物时，也具有普通消费者的消费心理，因此很多主播在直播营销中也会采用饥饿营销、赠送礼品、借势营销、打造爆款等营销手段。

（1）饥饿营销。为了提高直播间观众对商品的兴趣，主播常使用饥饿营销中的限时特惠、限量抢购、秒杀等手段，营造商品的稀缺性，从而使交易迅速完成。

（2）赠送礼品。利用消费者喜欢占便宜的心理，主播在直播间销售时，对下单者额外赠送一些礼品，以此促进成交。

（3）借势营销。利用直播间观众的好奇心，主播讲解、分析最近的新闻热点，尤其是娱乐新闻、网红新闻等热点，提高观众的兴趣，并关联到相关商品，从而促进销售。

（4）打造爆款。消费者一般都具有从众心理，对于热卖的商品有特别的偏好。因此，在直播间开展营销时，也应打造几款爆款商品，定期推出。爆款商品除了能够提高总体销售额之外，还具有两个好处：一是能够带动其他商品的销售；二是能够让观众形成长久的期待，从而提高其对直播间的黏性。

3. 保证直播间商品质量

长期开展直播营销，需要打造良好的主播口碑，因此需要对直播间商品的质量、售后服务等方面格外重视。企业开展直播营销，所售商品都是企业自己生产经营的，所以质量容易保证。网红主播一般都有专门团队负责选品，从前期筛选合格商家，到样品测试，每一步都要严格把控，以避免出现伪劣商品影响消费者口碑。

4. 提醒观众关注和打赏

主播通过直播提供有价值的信息和服务，由此吸引观众关注主播，并获得打赏。不过有些观众虽然对主播也比较喜爱，但是可能缺乏主动关注主播或打赏的意识，因此需要主播在直播时不定期地提醒观众进行相关操作。需要注意的是，主播不能过度频繁地要求观众关注自己，或者要求观众打赏，因为这样会打断直播进程，影响直播内容的传达，从而造成观众的反感和流失。

延伸学习

明星也进入了电商直播领域

2018 年，淘宝直播平台带货超千亿元，同比增速近 400%，电商直播强大的影响力和吸金能力，也开始吸引娱乐明星纷纷入局。2019 年 1 月起，高露、苏青、赖雨濛、蒋梦婕、刘璇等明星进入淘宝直播间尝试直播带货，李湘、汪涵、谢霆锋、王祖蓝等明星在快手上尝试了直播带货，均取得了不俗的成绩，如图 4–36 所示。相比于普通的网红主播，明星本身就具有很高的名气和强大的号召力。明星自身携带的巨大流量可以在短时间内让直播间聚集大量人气，在网络直播领域可谓起点高、增速快，“明星 + 直播”或许会成为未来网络直播电商的“新风口”。

图 4-36　明星进行直播带货

资料来源：https://new.qq.com/omn/20190522/20190522A0D0GD.html?pgv_ref=aio2015&ptlang=2052.

教学互动

1. 互动内容：除了本项目中提到的直播吸粉、变现的途径和技巧，你还知道其他吸粉和变现的方法吗？

2. 互动要求：

（1）结合自己日常观看直播的经历，围绕上述问题展开深入思考，并与同学进行讨论。

（2）教师对学生的回答进行点评和总结。

项目小结

网络直播是目前国内网络零售中最为活跃的部分，随着网络零售平台用户流量增速遇到瓶颈，利用直播促进电商的发展越来越受到业界重视，淘宝、京东等电商平台纷纷关注直播业务，专业直播平台也采取多种手段进入电商领域。本项目在介绍直播及直播营销概念的基础上，着重介绍如何展开直播营销的策划与准备工作，以及开展直播营销的实施技巧。

在开展直播营销之前，需要对直播账号进行定位，对直播目标、直播主题、直播内容、引流措施、互动环节等方面进行策划。在直播活动准备环节中，需要购买直播所需设备，对直播间氛围进行布置。

直播团队需要对直播制定计划，并在直播时营造良好的直播间氛围。在直播中，注重利用多种技巧提高观众转化率，如提供优质内容、打造主播品牌、提醒观众关注和转发等。直播变现的方式主要包括打赏、销售自营商品、为第三方卖家带货、为企业提供广告宣传等。

项目实践

一、实践内容

（一）分小组策划、创建自媒体直播账号

（1）学生根据兴趣、特长等自由结合，组建2～6人项目小组，围绕某一方向策划、创建自媒体直播号。

（2）选出项目负责人。经过小组讨论，确定项目组组长，即项目负责人。

（3）小组经过充分讨论后，确定本小组的直播方向和领域、目标用户、功能及内容定位，以及开设直播的平台，并撰写直播号介绍，自媒体直播策划书如表4-3所示。

表4-3　自媒体直播策划书

小组名称		
成员姓名	负责人：	成员：
直播方向和领域		
目标用户		
功能及内容定位		
直播平台的选择		
直播号介绍		

（4）根据所选平台，依据平台的相关规则要求，进行账户注册。

（二）策划相关直播内容

（1）根据选定的方向和领域，进行头脑风暴，策划直播内容。

（2）尝试在直播过程中使用一些互动的技巧。

（3）建立直播用户管理流程和机制。

（4）小组成员对直播账号进行推广。

（三）不断总结经验，长期运营

每次直播之后，都组织召开小组会议，根据后台统计数据展开分析、讨论，总结经验教训，以实现订阅用户数量、变现能力等各项指标的不断提升。

二、实践目标

（1）了解自媒体直播账号的注册方法与流程。

（2）精通自媒体直播账号的后台基本设置。

（3）精通自媒体直播账号的直播操作流程。

三、实践设施

联网计算机和智能手机等直播必备的硬件、直播必备的场地。

四、实践成果

本项目实践成果可通过直播的次数、订阅用户的数量、直播的变现效果进行量化考核。

五、注意事项

（1）小组成员之间按照各自特长合理分工，开展紧密协作，形成一个团结有力的团队。

（2）每次直播由不同的学生轮流做主播，做主播的学生确定直播内容和直播计划。

（3）本项目实践需在本学期持续进行，要求平均每个月每位小组成员开设直播 3 次以上。

同步测试

4-1　直播营销
同步测试习题

项目五 微博营销

学习目标

知识目标：了解微博的基本情况，理解微博的核心功能，掌握企业官方微博开展营销的方法与技巧，掌握自媒体微博的策划与运营技巧，掌握自媒体微博变现手段。

能力目标：具有企业官方微博公众号和自媒体微博公众号的策划、创建与运营能力，具有利用个人微博开展营销的能力。

素养目标：养成独立思考的习惯，学会与团队成员分工协作，具备良好的沟通表达能力，主动传播正能量，遵守国家法律与社会道德。

思维导图

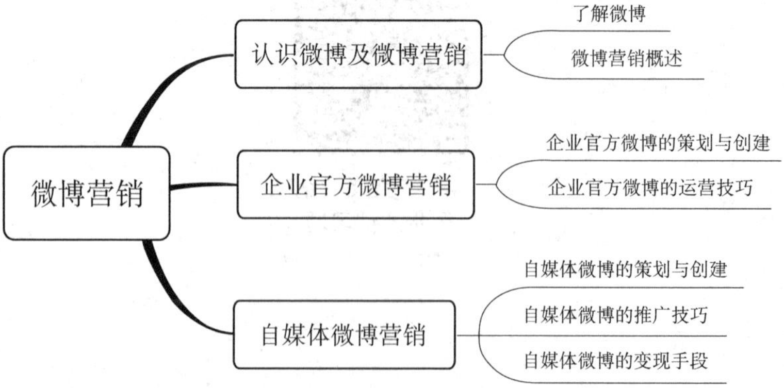

引导案例

在微博斩获2亿曝光量的支付宝“中国锦鲤”

2018 年国庆期间，支付宝联合全球 200 多家商家在微博上发起了一场 # 祝你成为中国锦鲤 # 的活动，各大品牌广告商迅速反应并加入，纷纷在评论区留下各自提供的奖品内容。微博粉丝只需转发微博，就有机会成为集全球宠爱于一身的“中国锦鲤”。

5-1　支付宝“中国锦鲤”活动亮点解析

9 月 30 日，微博昵称“信小呆”的网友转发了支付宝的 # 祝你成为中国锦鲤 # 活动，开玩笑说“下半辈子就靠这一搏了”。在最终获奖概率达到了惊人的 300 万分之一的情况下，“信小呆”成为那个幸运的“中国锦鲤”。

这次活动成为微博有史以来反响最热烈的营销活动之一：500 多万的转发、评论和点赞，亿级的曝光量，并迅速占据微博热搜第一。

资料来源：http://www.sohu.com/a/258971836_100273029.

随着时代和技术的发展，在新媒体营销领域涌现了如抖音、小红书、今日头条等新兴的营销平台。因此，有些人认为微博营销已经过时了。但通过支付宝“中国锦鲤”的案例，我们依然可以发现，微博这个开放的平台，可与用户、全球商户和媒体共振，形成强劲的爆发力、裂变力和影响力。本项目将探讨在当下竞争激烈的新媒体格局中，微博的现状和微博营销的价值如何，并重点分析企业和自媒体在布局微博营销时的新思路与新方法。

任务一　认识微博及微博营销

一、了解微博

（一）微博简介

微博是一种微型博客（microblog），短小精悍，无须考虑文章标题、构思或格式，通过手机即可随时发布信息，满足了人们互相交流的愿望。2006 年出现的 Twitter 是全球最早的微博。

我国最早的微博是出现于2007年的“饭否网”，至2010年，经营微博的网站达到88家，腾讯、网易等都曾经运营过微博业务。经过激烈的竞争，新浪微博（成立于2009年）成为目前最为主流的微博平台。

截至2019年，新浪微博已经走过了十年风雨历程，成为我国成立时间最长的新媒体平台之一。伴随中国移动互联网的飞速发展，新浪微博也在自我创新和突破中转型发展，目前已经和Twitter非常不同了。

2019年财报显示，新浪微博的月活跃用户数已经达到5.16亿，全年运营盈利5.976亿美元，作为领先社交媒体平台的地位得到进一步加强。本项目所指的微博营销特指在新浪微博平台上开展的营销活动。

互联网轶事

新浪微博成功背后的故事

2010年前后，当腾讯、网易、搜狐等巨头纷纷加入微博大战，希望分得一杯羹时，新浪微博仅比这些互联网巨头稍快了一步。但就是这几个月的时间，决定了最后的结局。新浪董事长兼CEO曹国伟曾翻开电话本，不厌其烦地给每个认识的名人打电话推荐微博，新浪所有的中高管都有邀请名人的指标，完成不了将会受到“惩罚”。

正是这一批至关重要的名人资源，将流量需求、曝光需求、追星需求等聚拢到一处，奠定了今日新浪微博的地位。

资料来源：根据互联网公开信息改编。

（二）微博的现状

随着移动互联网的发展，激烈的新媒体竞争格局使得微博在奋力求生中不断转型、变革，现在的微博已经与十年前不同了，其现状可概括为四个方面：

1. 核心用户以三、四线为主

早年微博的核心用户主要是一、二线城市的高知群体，他们喜欢关注社会热点，参与社会性话题讨论。随着移动互联网发展，微博希望吸引更多的三、四线城市用户，以扩大用户规模。《2018微博用户发展报告》显示，当下微博的核心用户以三、四线城市的16～30岁的年轻人为主，这一群体在微博用户中占比近80%，他们喜欢明星、综艺、娱乐、美食等。

2. 重视垂直领域的网红达人

微博早期靠掌握社会话语权的“大V”引流。第一批入驻微博的“大V”，是相对精英的用户，如投资人李开复，企业家任志强，演艺明星姚晨、徐静蕾等。然而，这类精英对三、四线城市的用户吸引力不大。随着用户下沉，微博在内容运营上了出现了变化，更多地开始扶持垂直领域的中小网红达人，以满足三、四线城市用户的需要。目前，微博已覆盖包括摄影、搞笑、美食、萌宠、游戏、时尚、美妆、舞蹈等 55 个垂直领域，在电视剧、综艺、动漫等泛娱乐领域做深度运营，同时在财经、教育、时政等各领域做孵化。

3. 重点发力视频领域

随着短视频的爆发，微博也紧追趋势，与秒拍、美拍合作，收购一直播等，开启了视频时代。2017 年以后，微博为了与抖音等短视频平台争夺用户的注意力资源，推出了微博故事、Vlog、直播等功能，根据近三年微博 V 影响力峰会公布的数据，微博用户发布视频的数量已从日均 32 万条增至 150 万条，成为仅次于文字、图片的内容消费形态。

4. 发布形式日益多样化

不同于最初限制在 140 字以内的发布形式，目前微博的发布内容已非常多元化，最常见的发布内容有带“#”的话题、九宫格图、长图、短视频、表情包等。另外，微博长文、长视频、直播、微博投票等形式也很受用户欢迎，如图 5-1 和图 5-2 所示。

图 5-1　微博发布形式：微博话题 + 表情包

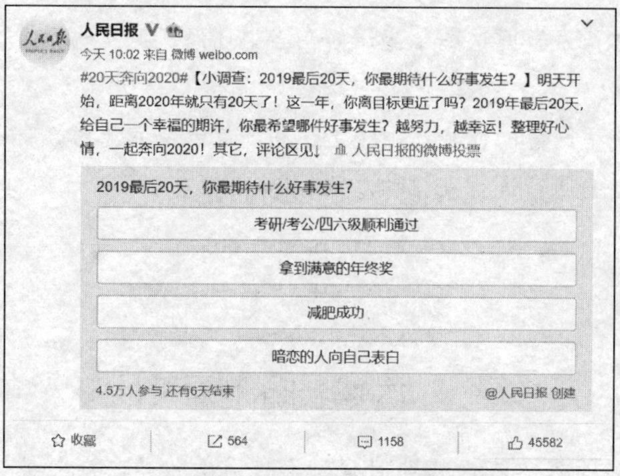

图 5-2　微博发布形式：微博投票

（三）微博面临的挑战

在当前移动互联网的格局下，客观分析微博的发展及前景，也会发现其存在一些挑战。

1. 娱乐化倾向明显

最初的微博给了所有人分享生活、表达自我的平台，而当下的微博更喜欢曝光娱乐八卦内容。微博将大量资源投入在明星身上，明星和粉丝营销已成为目前微博最主流的营销方式。在各大新媒体平台激烈竞争的态势下，微博的优质内容供给处于相对匮乏状态，热点事件炒作、流量明星的八卦绯闻成为重要的引流方向。长此以往，必将有害微博生态健康发展，影响用户体验。

2. “急功近利”的商业化

微博通过渠道下沉、战略合作、网红电商等策略完成商业化布局，从一个能够讨论公共事件的舆论场，转变为一个吸引用户在线交易的“商场”。广告营收成为微博最主要的收入来源之一。但与此同时，频繁出现的广告和过多的营销信息，使相当一部分的微博用户满意度下降。

3. 数据造假现象频发

数据失真严重影响了广告主的投放信心。2019 年第一季度，微博广告增长仅为 12.6%，比 2018 年同期下滑了 66.3%。2019 年 10 月，微博又发生了“380 万粉丝的微博网红宣传产品，百万的播放量背后销售量竟然为 0”的事件，饱受争议。长期的数据造假将不利于平台的良性、健康发展。

教学互动

1. 互动内容：你认为微博这种社交媒体在当下已经过时了吗？

2. 互动要求：

（1）结合自己使用微博的体验，围绕上述问题展开深入思考，并与同学进行讨论。

（2）教师对学生的回答进行点评和总结。

课堂思政

不要注水的流量

无论是企业还是个人，在新媒体时代都看重流量价值。流量意味着更多的关注、曝光和潜在用户，流量可以带来商业价值的转化。但是为了流量而进行数据造假，一味刷数据，不仅不利于自媒体长期发展，也会给品牌方带来利益的损失。新媒体人要通过优质的内容和恰当的推广技巧获取用户青睐，不能为了一时利益而短视地进行数据注水，造成“劣币逐良币”的现象，扰乱整个行业生态，最终只会损人损己。

（四）微博的账号类型

根据不同的运营主体和运营目的，微博账号可分为个人微博、企业微博、政务微博、高校微博四类。

1. 个人微博

个人微博包括明星、粉丝、网红达人、企业高管、专家、普通用户等人的微博，它可以帮助个人塑造形象、传播品牌、开展营销，如图 5-3 所示。

图 5-3　潘石屹在个人微博上推广家乡的苹果

2. 企业微博

许多企业都拥有自己的官方微博，如海尔、小米、肯德基等，有些企业甚至通过精细化运营建立了企业微博矩阵，如图 5-4 所示。

图 5-4　海尔企业微博矩阵

企业微博一般会通过“蓝 V”认证，一是增强账号的公信力，二是能够获得微博平台营销工具的支持，达到精准营销的目的。企业的“蓝 V”认证需要符合一定的条件，并向平台提交申请，如图 5–5 所示。

图 5–5　企业“蓝 V”认证条件

3. 政务微博

政务微博是政府部门为便民沟通、信息发布而开设的微博账号，如中国消防、中国气象局、共青团中央等。政务微博已经成为微博上正能量的汇聚地和知识科普的发声场，其接地气的宣传方式和亲民的沟通态度备受广大网友喜爱，如图 5–6 所示。

图 5–6　政务微博成为网络正能量的汇聚地

4. 高校微博

高校微博在微博平台上较为活跃，它们常常“抱团搞事情”，在微博上掀起热议的新话题。例如：2019 年 # 高校版抖肩舞 # 几乎席卷了整个互联网，如图 5–7 所示。

图 5–7　高校版抖肩舞

延伸学习

微博发文常用符号

微博最主要的功能是发布实时消息，如文字、图片、视频、长文章、直播、话题等，也可以与其他用户互动，如转发、评论他人的微博。

在微博发布中，常见的符号是 # 和 @，具体使用方法如下：

（1）发布话题时，需要两个“#”。如 # 校园抖肩舞 #、#2020 新年愿望 #。

（2）希望别人能看到自己的微博，需要用“@+ 某人的用户名”。如 @ 武汉大学、@ 潘石屹。

（五）微博的特色功能

微博的特色功能包括微博超话、微博直播和头条文章。

1. 微博超话

“微博超话社区”简称“微博超话”，是基于某个可持续讨论主题的兴趣社区。在微博超话可以为偶像打榜，找到拥有共同兴趣的伙伴，还可以通过关注、发帖等行为参与多样、有趣的讨论。

打开微博客户端进入“发现”页，选择“超话社区”，点击“超话推荐”或“超话排行”即可进入，如图 5–8 所示。微博还根据用户兴趣领域的不同，对超话进行了划分，点击超话分类排行榜页面搜索框右侧“+”，即可申请创建新超话，如图 5–9 所示。

图 5-8 微博超话进入界面

图 5-9 微博超话分类排行榜

进入任意一个超话内，点击“发帖”即可编辑内容进行发布，如图 5–10 所示。在超话外带“💎 超话词”发帖，只能增加超话阅读量，并不会收录到超话里。

每个超话都可拥有 3 位主持人和 10 位小主持人，每个超话的首位主持人由平台审核后方可上任。首位主持人每月应签到不少于 20 天，帖子加精不少于 5 条，发帖不少于 10 条，其余主持人由首位主持人审核方可上任。每个用户最多可同时主持 3 个超话，并接受平台每月进行的主持人考核，如图 5–11 所示。

2. 微博直播

网红经济带动了直播行业的发展，微博也不例外加入了直播功能，让明星、网红达人能近距离与微博用户互动。想要在微博直播，点击主页右侧“+”按钮，选择“直播”即可，如图 5–12 所示。初次开启直播的用户需要进行身份认证，通过人像识别认证后即可进行直播。

直播前，可以对直播封面、直播标题、直播话题等进行设置，如图 5–13 所示。直播间支持美颜功能、转换前置和后置摄像头，以及镜像转换，可以根据需求对画面进行调整。

图 5-10　在微博超话中发帖

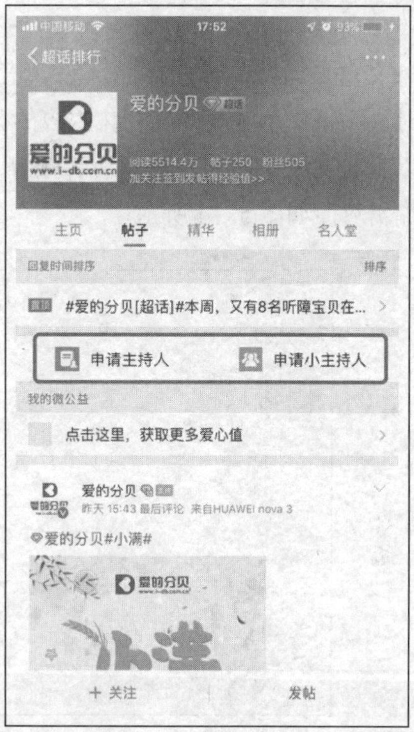

图 5-11　微博超话中申请主持人与小主持人

图 5-12　点击“+”选择直播

图 5-13　微博直播设置标题与封面

3. 头条文章

头条文章是微博的长文产品，它以信息流大卡片显示，可极速打开，用户体验非常好。同时，头条文章是微博碎片化内容的弥补与增强，满足了用户深度阅读的需求。头条文章可以上传文字、图片、视频、音频等，支持 Word 文档导入和定时发布。微博头条文章后台编辑界面如图 5–14 所示。

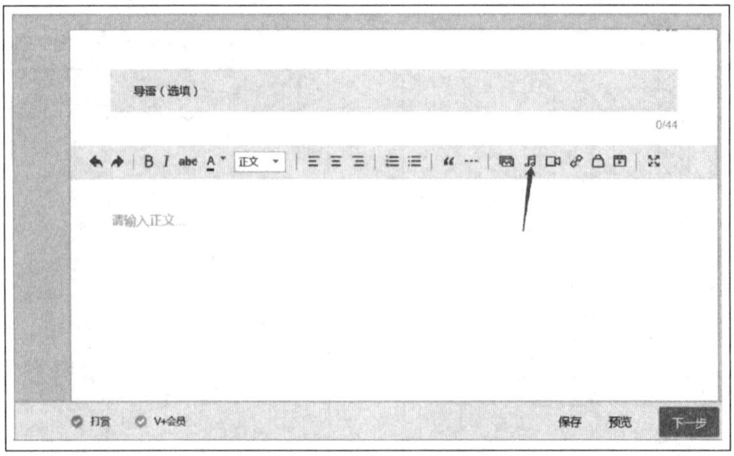

图 5–14　微博头条文章后台编辑界面

头条文章具有付费阅读、打赏功能，让创作者在赢得用户认可的同时获取收入，支持鼓励创作者持续产出更多优质内容，如图 5–15 所示。另外，为了帮助创作者增加关注量，微博平台还设置了在发布文章时“非粉丝需关注作者后阅读全文”的功能，如果不关注作者，就只能查看部分内容，优质内容可以通过此功能来增加关注，如图 5–16 所示。

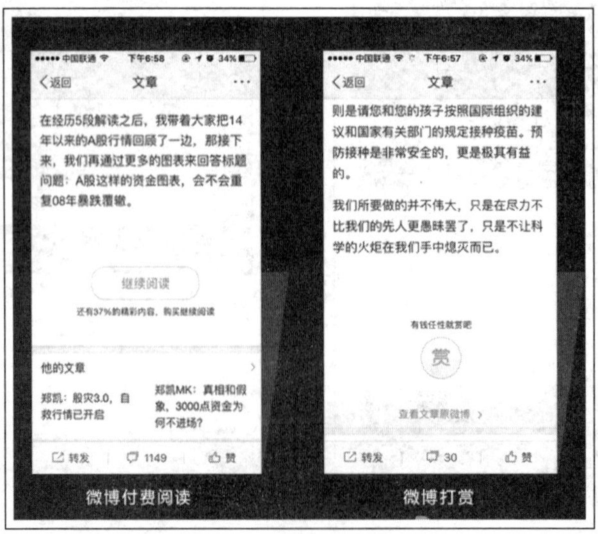

图 5–15　微博头条文章的“付费阅读”和“打赏”功能

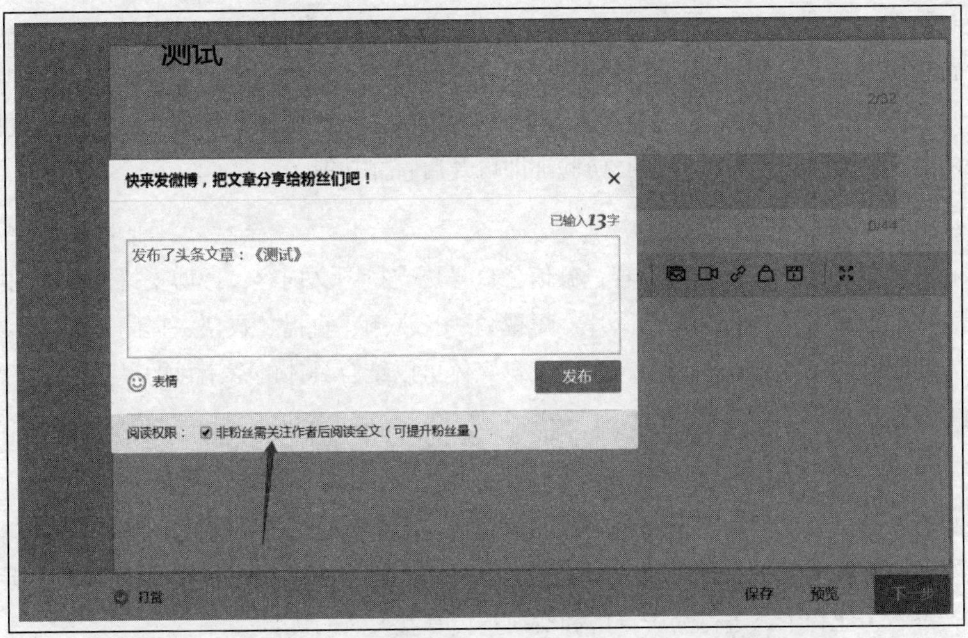

图 5-16　微博头条文章后台设置“非粉丝需关注作者后阅读全文”功能

教学互动

1. 互动内容：你有没有用过微博这几个特色功能？请分享你的使用体会。

2. 互动要求：

（1）教师可以邀请学生现场打开微博 App，体验微博的特色功能。

（2）学生结合自己使用微博的体验，围绕上述问题展开深入思考，并与同学进行讨论。

（3）教师对学生的回答进行点评和总结。

二、微博营销概述

微博是最为成熟的新媒体平台，利用它可以进行个人或企业传播品牌、推广商品。经过十余年的发展，微博平台拥有许多成功营销的案例。

学习微博营销的基本方法和技巧，既可以培养新媒体营销的基本功，又可帮助初学者顺利将这些方法运用到其他新媒体平台上，达到事半功倍的效果。

（一）微博的营销优势

相比其他新媒体平台，微博在营销上的优势如下：

1. 发布门槛低

在微博平台，只需进行简单注册即可开通账号，发布各类内容的门槛很低。不同于微信公众号的发文条目限制，微博对每天发布内容的数量没有限制；不同于抖音开通直播等权限的要求，微博只需要简单的身份验证即可开启直播功能。

2. 发布内容形式多样

相对于抖音更支持短视频内容，微信公众号更支持图文内容，微博支持发布的内容形式更为多样。短文字、长文章、图片、短视频、长视频、直播、投票、提问等多种形式的内容及其组合均可在微博上发布，企业或自媒体可以结合具体的营销目的灵活使用，达到最优的营销效果。

3. 信息传播速度快

相对于微信公众号和朋友圈封闭式的信息传递，微博像一个开放的广场，信息传播速度更快。通常在某一信息源出现后，更容易引发病毒式传播，在短时间内让信息以指数级扩散，对于企业和个人进行品牌推广和活动宣传有着天然的优势。

4. 互动性强

相对于微信公众号的留言功能开通需要一定权限，微博的评论、转发功能使其账号的实时互动性更强。另外，微博通过超话等社区运营，更容易将有共同兴趣的人集合在一起，就某一话题进行广泛讨论和互动。

（二）微博的营销价值

微博的营销价值体现在帮助企业和自媒体进行品牌传播、客户关系管理、危机公关、市场调研等。具体如下：

1. 品牌传播功能

品牌传播是微博营销的重要功能。企业官方微博可以传递品牌价值和品牌精神，明星或自媒体则可以通过微博建立“人设”，分享生活和思想，获取关注者的信任。例如：“故宫淘宝”官方微博通过话题 # 紫禁城的初雪 #，晒出故宫猫的图片等方式，传递其品牌“软萌贱”的形象，与关注者实时互动，如图 5-17 所示。

2. 客户关系管理功能

微博平台作为社交平台，本身互动性强、易引发评论，因此，企业和自媒体都将微博作为客户关系管理的主要工具。通过微博进行客户管理的方式包括：互动，抽奖送礼物，引导晒单促进销量转化，及时解决投诉等，如图 5-18 所示。

3. 危机公关功能

由于微博的时效性极强，发文时也没有条目限制，因此天然适合作为发声平台帮

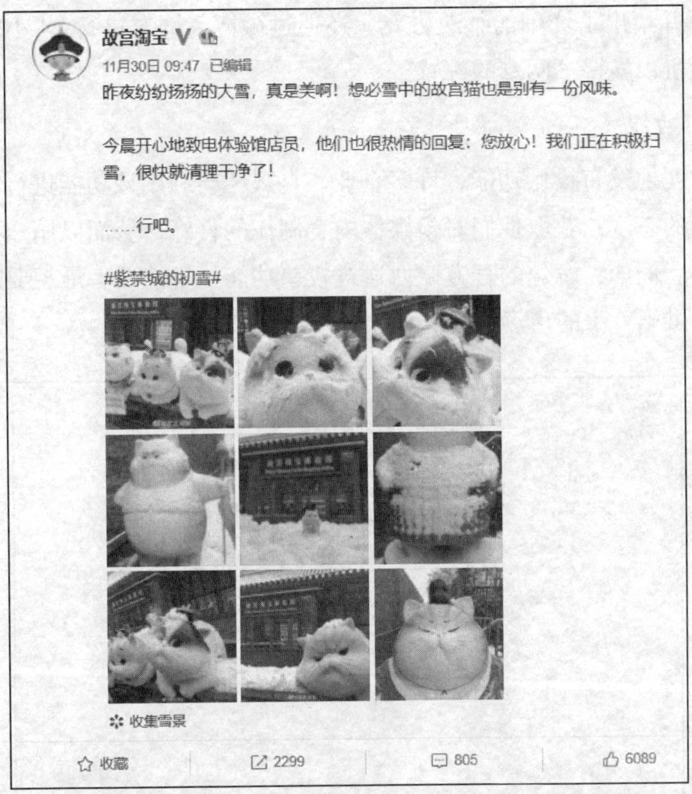

图 5–17　“故宫淘宝”借助微博塑造“软萌贱”的品牌形象

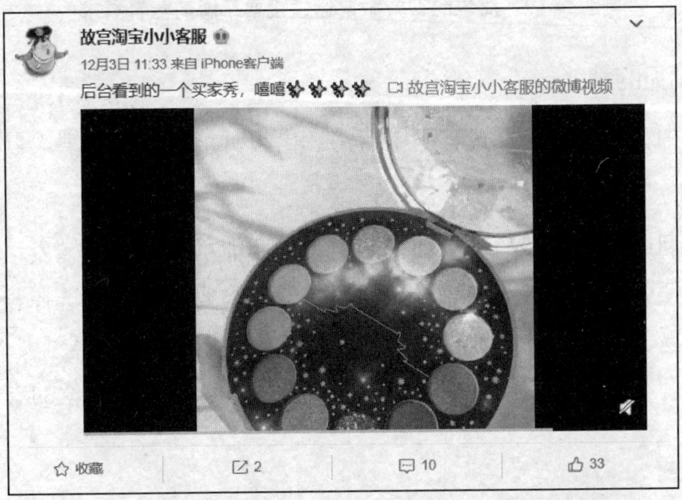

图 5–18　“故宫淘宝小小客服”微博引导晒单和评论

助企业、明星、自媒体进行危机公关。例如：后厨事件曝光后，一直以服务著称的海底捞被“拉下神坛”。网友通过视频看到海底捞后厨老鼠四窜、卫生堪忧，这件事足以给海底捞带来致命打击。不过，海底捞通过微博，抢抓了危机公关的黄金时机，3 小时内就发布微博道歉长文，并给出了详细的整改方案，还通过微博与网友进行 24 小时实时沟通，最终挽救了品牌危机，赢得了网友的好感。

4. 市场调研功能

微博可以方便地发布投票功能，许多企业、自媒体会利用该功能进行市场调研，了解消费者对新产品的态度，获取他们对新媒体内容制作的喜好，从而以用户思维生产出更优质的产品或作品。例如：海尔的官方微博通过投票功能了解消费者最想要哪种懒人机，为后期产品研发提供第一手的市场信息，如图 5–19 所示。

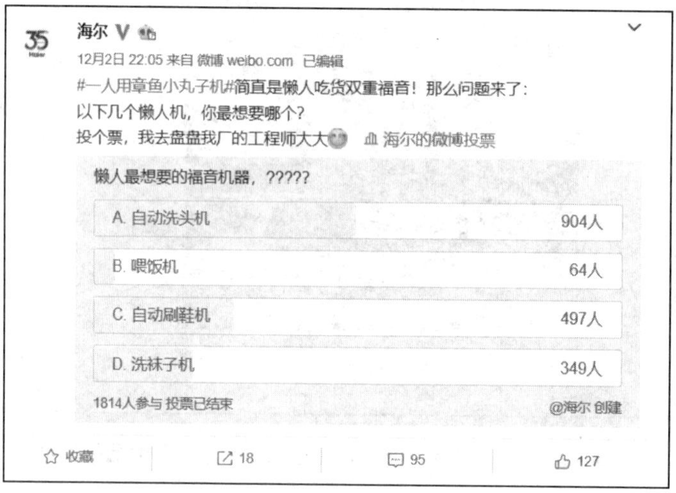

图 5–19　海尔的官方微博通过投票了解消费者需求

（三）微博常见的营销方式

在微博营销中，最常见的方式有明星营销、借势营销和话题营销。

1. 明星营销

明星营销指利用明星巨大的流量和影响力帮助企业推广产品、转发话题活动，通过明星的粉丝群传播帮助企业开展营销。企业在明星营销中要特别注意选择与品牌价值、品牌精神相契合的明星，而且明星粉丝群最好与产品的核心用户高度重合。

例如：王一博在微博推广红米手机 Redmi K30，获得了大量粉丝的支持和关注，如图 5–20 所示。

2. 借势营销

借势营销俗称“蹭热点”，指借全网聚焦讨论的热点话题或热点事件，巧妙地将产品、活动等蕴含其中，达到增强品牌或个人曝光度的目的。借势营销是微博上最常用的营销技巧，它使用灵活、成本低、效果好，无论是企业还是自媒体，都可以使用。

例如：2019 年夏天，台湾地区某电视节目称大陆人已经吃不起榨菜了，话题一出立刻引发全网热议。乌江涪陵榨菜借势话题 # 台湾节目称大陆人吃不起榨菜 #，强势回应“买不起，送！”，并发布微博抽奖活动，为品牌树立了自信、爱国的形象，这样的表态引发了众多网友的点赞，品牌知名度和好感度瞬间得到提升，如图 5-21 所示。

图 5-20　王一博在微博推广红米手机 Redmi K30

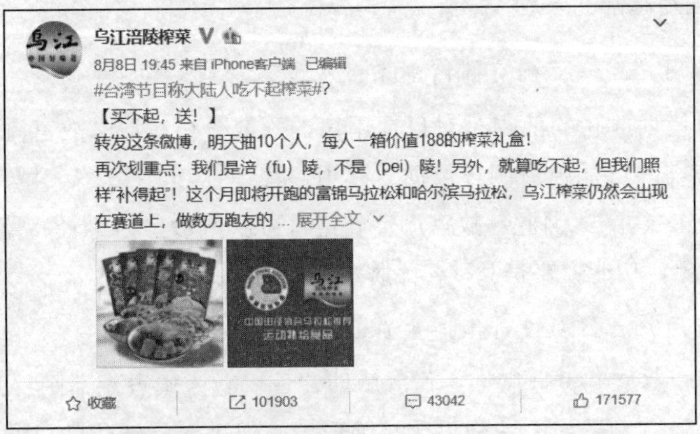

图 5-21　乌江涪陵榨菜的借势营销

3. 话题营销

话题营销指通过策划引发网友关注和讨论的话题，达到品牌宣传、活动推广、产品销售等目的。微博话题营销的操作要点包括：（1）话题设置要新颖。（2）话题设置要易引发讨论。（3）话题要与品牌或自媒体人有关联性。（4）不涉及敏感话题。

例如：亚马逊在发布新款 Kindle 阅读器青春版时，在淘宝打出了“用 Kindle 盖泡面更香”的广告，官方认证“真香泡面盖”。随后微博话题 #Kindle 官方盖章泡面盖子 # 被引爆，阅读量破 2 亿，讨论量高达 3.7 万。

任务二　企业官方微博营销

一、企业官方微博的策划与创建

（一）新环境下企业官方微博营销侧重点的变化

“双微一抖”正成为当下企业进行新媒体营销的标配。企业官方微博的作用随着新环境的变化而不断调整。

2017 年之前，微信和微博是新媒体营销的重点，所以，企业把微博作为重点营销平台，它肩负着产品发布、消费者互动、短期活动引爆、长期品牌运营等众多营销使命。2017 年之后，随着抖音、快手短视频营销和直播营销的崛起，企业官方微博营销的侧重点更多地放在了短期活动引爆上，如通过话题营销、明星营销、事件营销等方式，助推品牌营销活动。

（二）企业官方微博的策划

1. 分析目标用户画像，确定微博形象、人设、功能定位

新媒体账号策划成功的前提是对目标用户的深入分析。以“故宫淘宝”官方微博为例，根据故宫淘宝的目标用户调查数据，其用户集中在 24～35 岁，用户特点为“颜控”“不差钱”“动漫二次元”，因此，故宫淘宝确定官方微博形象为年轻、爱卖萌、接地气而又颇通历史的形象，功能主要是互动、品牌塑造和新品推荐。

2. 根据目标用户喜好，设计微博主页面

根据目标用户喜好，设计微博头像、微博背景、微博焦点轮播图、开通企业“蓝 V”认证、添加淘宝及官网链接，达到强化品牌形象、促进商品转化的目的。例如：故宫淘宝、轩妈食品等官方微博页面设计获得了较好的传播效果，如图 5–22 和图 5–23 所示。

（三）企业官方微博的创建步骤

企业官方微博的创建包括注册、认证、装修三大步骤，如图 5–24 所示。其注册界面如图 5–25 所示。

图 5–22 “故宫淘宝”官方微博页面设计

图 5–23 “轩妈食品”官方微博页面设计

第一步
注册

按要求输入邮箱、密码、官方注册微博名等信息。

⇩

第二步
认证
（增强公信力）

（1）确定微博名、认证信息、行业类别。
（2）填写企业名称、营业执照注册号。
（3）填写运营者的姓名、手机号、短信验证码。
（4）上传企业工商执照、认证公函。
（5）等待3个工作日，即可认证成功。

⇩

第三步
装修

包括Logo设计、封面图设计、背景图设计、焦点轮播图设计、天猫或淘宝链接设计。

图 5–24 企业官方微博创建步骤

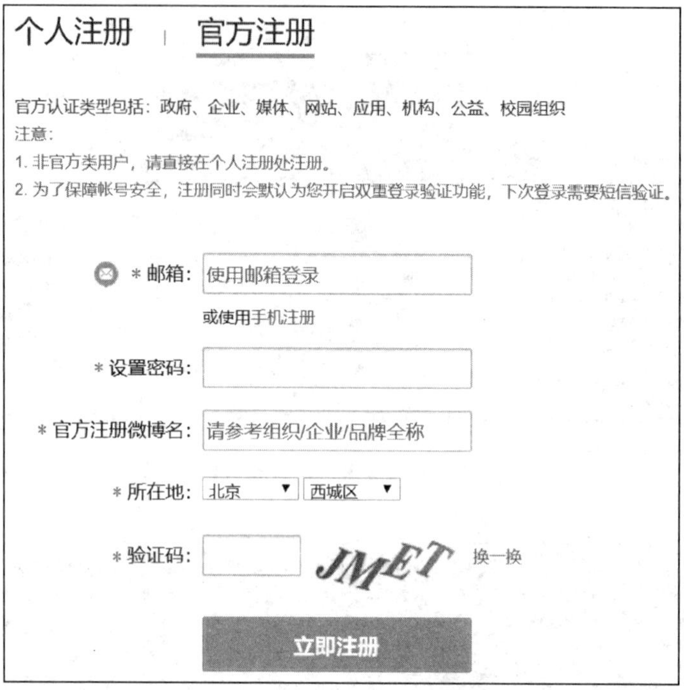

图 5–25　企业官方微博注册界面

教学互动

1. 互动内容：观察一个你经常浏览的企业官方微博，分析一下它的页面及功能设计有何特色。

2. 互动要求：

（1）教师可以邀请学生现场打开微博 App，并分析一个企业微博页面的布局。

（2）学生结合自己使用微博的体验，围绕上述问题展开深入思考，并与同学进行讨论。

（3）教师对学生的回答进行点评和总结。

二、企业官方微博的运营技巧

由于不同类型的企业在微博营销中的布局和预算不同，因此其具体运营重点也会有不同的侧重。

（一）大型企业官方微博的运营技巧

大型企业官方微博运营的主要目的是传播品牌价值、塑造品牌形象、拉近用户距离、促进销售转化。因此，常常使用明星营销、话题营销、联合网红推广（KOL营销）等形式，且常会利用微博的多种营销工具进行整合式营销。

微博的营销工具有许多，比较常用的有以下三种：

1. 开机报头

开机报头，又称开屏广告，指用户打开微博时显示的静态广告图、动态广告图或视频等，展示时间为3秒或5秒，如图5–26所示。品牌主可以选择无互动的展示型开机报头，或有互动的跳转型开机报头。通过开机报头配合营销，可以有效增强品牌曝光度。

2. 品牌速递

品牌速递相当于微博的信息流广告，主要作用是优先出现在用户的“关注”信息流中，对目标用户进行强曝光。品牌速递的主要展示形式有图片、视频、全景图、焦点图等，并可根据品牌的目标用户（如性别、年龄、地域、兴趣）进行精准投放，如图5–27所示。

图 5–26　微博营销工具——开机报头

图 5–27　微博营销工具——品牌速递

3. 超级粉丝通

超级粉丝通也是微博的信息流广告，但不同于品牌速递，它出现的位置更加灵活，形式更加多样，而且在粉丝投放上更加智能（除了基本信息外，还可根据用户的地理位置、活跃度、情感状态、兴趣偏好等信息进行投放）。例如：某运动品牌利用微博超级粉丝通制作了多组广告，系统可以智能匹配，向用户A篮球达人推送篮球鞋广告，向用户B跑步达人推送跑鞋广告，如图5–28所示。

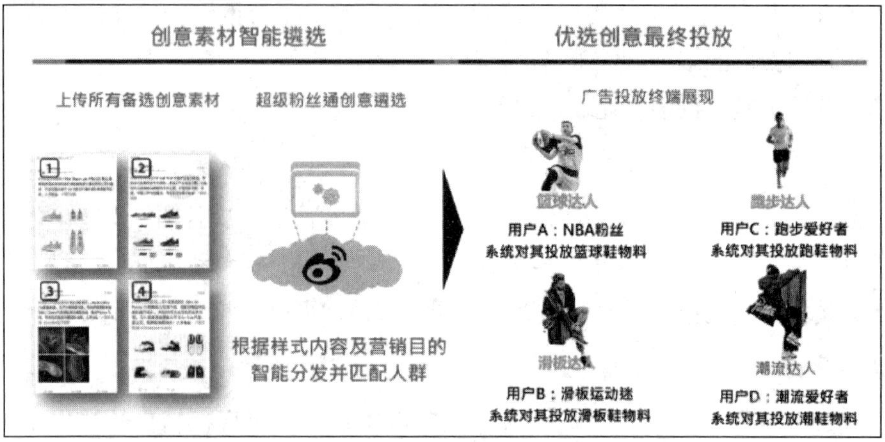

图 5–28　微博营销工具——超级粉丝通

下面以绿箭七夕节的整合式微博营销为例，具体介绍大型企业官方微博的运营技巧。

首先，巧设营销话题。结合目标人群的兴趣，利用相关热点设置微博传播话题。绿箭的目标消费者为 25～35 岁的年轻人，在七夕节他们关注“如何向意中人表白”“如何向偶像表白”，因此，绿箭策划了话题 # 一心一意，等你破译 #，吸引用户参与话题讨论，希望影响用户使用绿箭心型薄荷糖向心动的人表白。

其次，开展明星营销。绿箭选择了当红偶像组合 NINE PERCENT（百分之九）的成员尤长靖为活动进行推广，希望利用明星流量和粉丝效应扩大品牌传播声量。

然后，综合使用微博营销工具。绿箭利用开机报头、超级粉丝通等功能，全网多层面触达尤长靖的粉丝及潜在消费者。

最后，联合网红推广，进一步扩大品牌传播覆盖范围。

具体步骤如图 5–29 至图 5–33 所示。

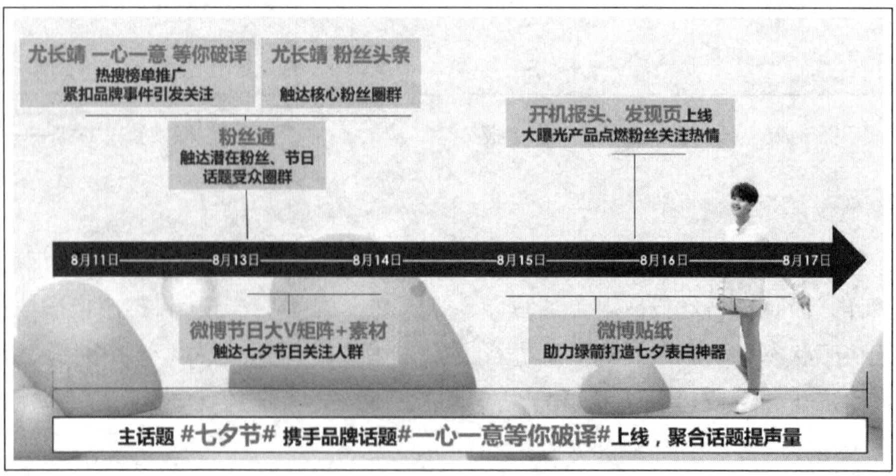

图 5–29　绿箭七夕节微博整合式营销的具体步骤

图 5–30　使用营销工具——开机报头

图 5-31　使用营销工具——粉丝通

图 5–32　联合网红达人进行推广

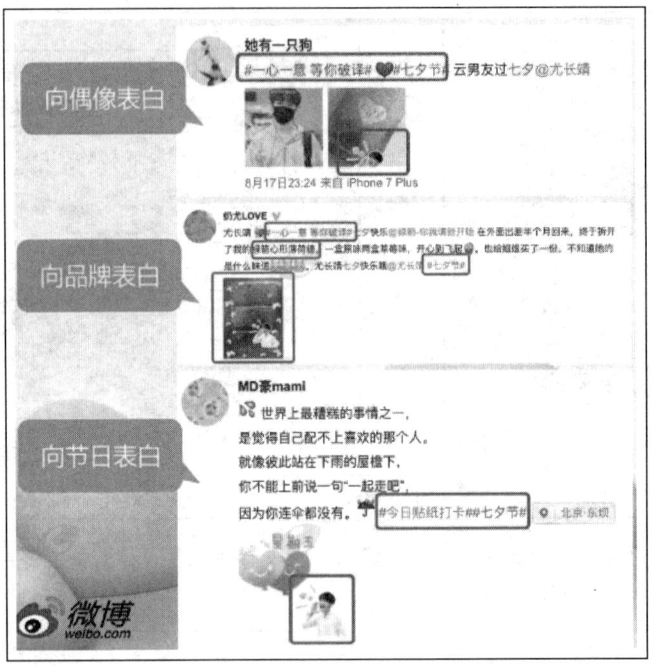

图 5–33　明星粉丝反馈热烈

延伸学习

微博营销工具还有哪些？

除了开机报头、品牌速递、超级粉丝通，常见的微博营销工具还包括微博热搜榜的广告位、微博搜索的置顶位、热门微博评论区置顶的广告信息、粉丝红包等。如果公司财力充足，可以使用多种微博营销工具，进行全网覆盖的整合式营销。

（二）中小型企业官方微博的运营技巧

中小型企业由于营销预算有限，在微博营销中较少使用综合明星营销、各类微博营销工具的整合式营销，而是往往集中在一点发力，如依靠人格化运营、借势营销、活动抽奖、粉丝互动、与“蓝 V”互动等方式，达到吸引关注、推广品牌和销售转化的目的。

1. 人格化运营

许多中小企业开通官方微博时存在一个误区，即把它当作官网的补充，每天动态更新企业的官方活动或产品上新，这样枯燥式的运营并不适合当下的新媒体环境。

在官方微博运营中，首先应该放下高高在上的姿态和官方话语的口气，用接地气的表达拉近与用户的距离；其次，最好进行人格化包装和运营，将官方微博结合企业形象和品牌精神打造成一个有性格、有思想的 IP 形象，与用户沟通互动；最后，注意发布信息的多样性，除了产品上新信息之外，也应结合目标用户的需求，开展话题营销等活动。

2. 借势营销

借势营销由于成本低、效果好，常受到中小企业官方微博运营者的青睐。借势营销需要运营者不断提升捕捉互联网热点的敏锐度，能够第一时间抢抓热点，并将自身产品巧妙融入，借热点引发关注。

例如：“故宫淘宝”官方微博借势热播剧《延禧攻略》，剧中的乾隆皇帝喜欢盖印章，“故宫淘宝”顺势在微博推出百宝箱印章套装，受到消费者的欢迎，如图 5-34 所示。

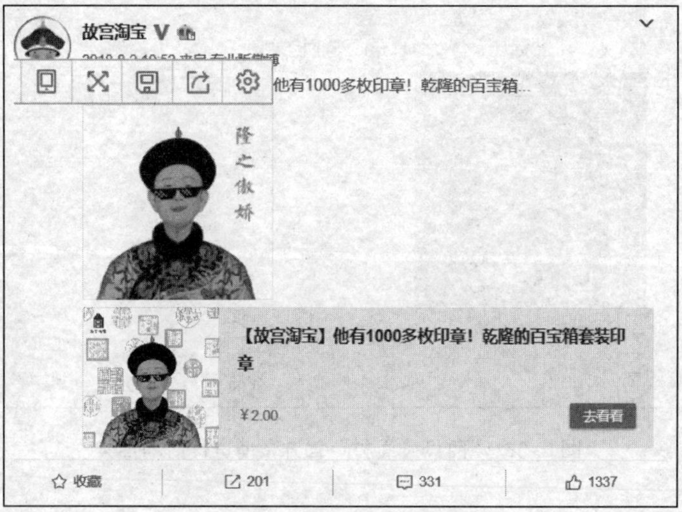

图 5-34　“故宫淘宝”借势营销

教学互动

1. 互动内容：分享近一周企业官方微博借势营销的案例。

2. 互动要求：

（1）教师可以邀请学生现场打开微博 App，并分析某一企业官方微博借势营销的案例。

（2）学生结合借势营销的要点，围绕企业营销目的展开深入思考，并与同学进行讨论。

（3）教师对学生的回答进行点评和总结。

3. 活动抽奖

活动抽奖的形式是当下企业官方微博最常用的营销方式之一。通过有趣的话题和利益诱导，引发用户关注、转发或 @ 好友等，一方面达到“宠粉”的效果，另一方面也给微博增加关注度和曝光度。微博活动抽奖的操作要点如下：

（1）奖品设置。应选择有吸引力的奖品（如价值高、稀缺、限量款等）。

（2）抽奖条件。不应设置太高的门槛，否则会影响活动参与度。

（3）时长把控。从抽奖微博发布到公布奖品时间间隔短一些，效果会更好。

例如："西贝莜面村"的官方微博举办的活动抽奖，只需转发和关注微博即可参与，最终有 10 人可以获得 1 111 元红包，如图 5–35 所示。

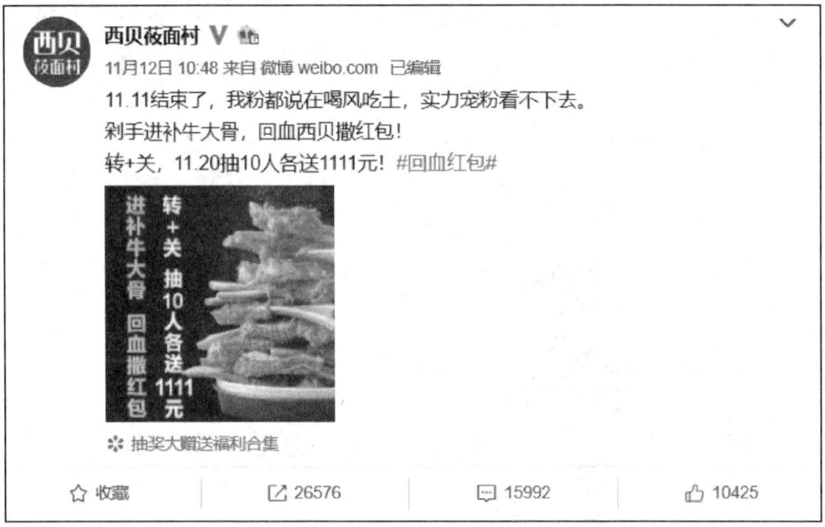

图 5–35 "西贝莜面村"官方微博进行活动抽奖

教学互动

1. 互动内容：分享近一周企业官方微博活动抽奖的营销案例，并总结活动抽奖式微博的固定文案。

2. 互动要求：

（1）教师可以邀请学生现场打开微博 App，并分析某一企业官方微博活动抽奖的案例。

（2）学生结合活动抽奖的设置要点，围绕企业营销目的展开深入思考，并与同学进行讨论。

（3）教师对学生的回答进行点评和总结。

4. 粉丝互动

中小企业的官方微博更应重视粉丝互动，以达到吸粉的效果。微博粉丝互动的操作要点如下：（1）开设固定专栏，每日保持发布互动的话题。（2）对于留言，尽量每条都认真回复。（3）对于忠实粉丝，定期进行回馈奖励。

例如：“轩妈蛋黄酥”的官方微博开设 # 早安 # 和 # 睡前话题 # 专栏，每天保持发布 1～2 个与粉丝互动的话题，并根据月互动量对忠实粉丝进行奖励，如图 5–36 和图 5–37 所示。

图 5–36　“轩妈蛋黄酥”开设专栏与粉丝进行话题互动

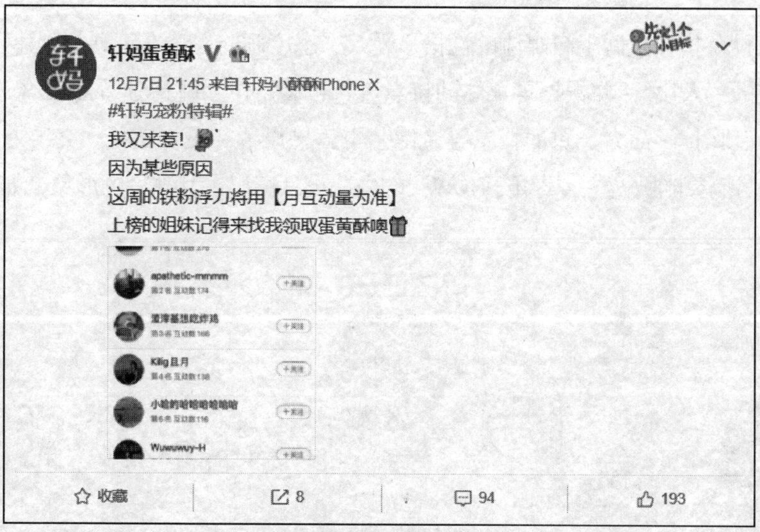

图 5–37　“轩妈蛋黄酥”官方微博对忠实粉丝进行奖励

5. 与“蓝V”互动

在当下碎片化的环境中，企业官方微博如果只靠自己的力量，活动声量和效果较难得到保证。这就要求运营者平时积极保持与其他“蓝 V”账号互动，在进行话题活动的关键时刻，更要提前告知其他“蓝 V”账号，邀请他们参与活动，帮助企业扩大活动传播声量。

本项目开篇案例中的支付宝 # 祝你成为中国锦鲤 # 活动，当时参与评论、转发的“蓝 V”企业有 200 余家，这也是活动成功的原因之一。

任务三　自媒体微博营销

自媒体在营销推广时会选择微信、抖音、社群、微博等多种新媒体平台进行矩阵式营销。微博营销对于自媒体的主要作用是建立“人设”、发布作品或商品、宣传活动、粉丝互动，有些自媒体还会通过微博进行商品销售，继而将粉丝引流至淘宝店铺进行销售转化。

一、自媒体微博的策划与创建

自媒体微博在策划与创建过程中，需要遵循以下步骤：

（一）根据微博“人设”，设置基本信息

微博“人设”指在微博上自媒体的性格、爱好、态度倾向等。在策划与创建自媒体微博时，最好使用真实的“人设”，并根据自媒体的特点进行包装定位，打造独特 IP 形象。根据“人设”特点进行头像、昵称、简介、页面背景等微博基本信息设置和页面美化，突出差异化的人格形象。例如：知名搞笑幽默博主“毒角 SHOW”的微博设计突出了其独特的形象，如图 5–38 所示。

图 5–38　“毒角 SHOW”的微博设计

（二）设置微博标签

标签是自媒体微博最具代表性的关键词，如所属领域、性格特点、口头禅等。设置微博标签便于平台根据算法将自媒体推荐给感兴趣的潜在用户。例如：自媒体微博“野食小哥”的标签包括“怎么吃都会胖”“美食达人”“一人一食”“大胃王”等，如图 5–39 所示。

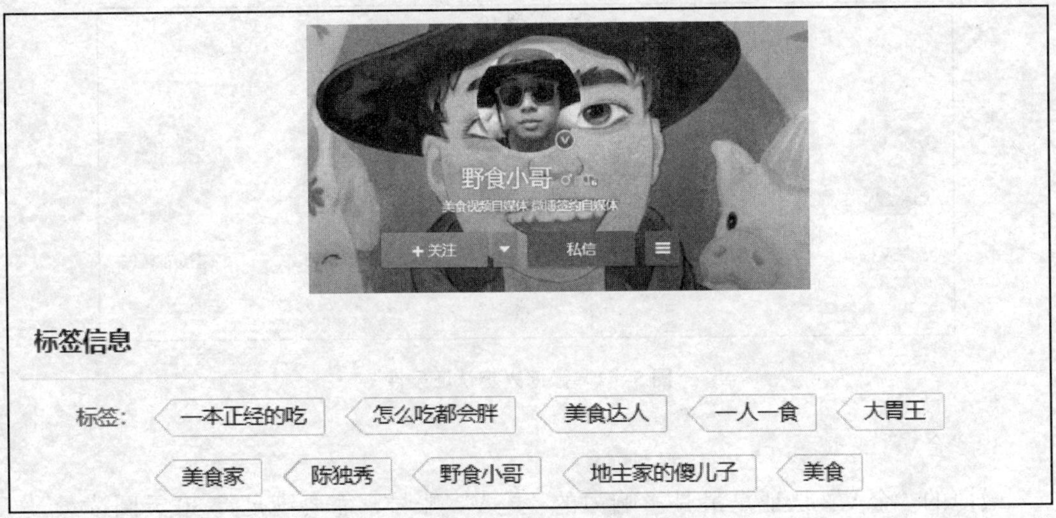

图 5-39　“野食小哥”的微博标签设计

（三）进行微博认证

个人微博可以通过“橙 V”认证，增强用户对博主的信任，提升用户对账号的好感度。常见的认证方式有身份认证、兴趣认证、“金 V”认证、视频认证、文章 / 问答认证等。具体认证条件如下：

1. 身份认证

满足平台要求的条件，即可进行微博身份认证，如图 5-40 所示。身份认证主要是在职业认证、职业资格认证、作品和获奖成就认证 3 种中选择其一进行。

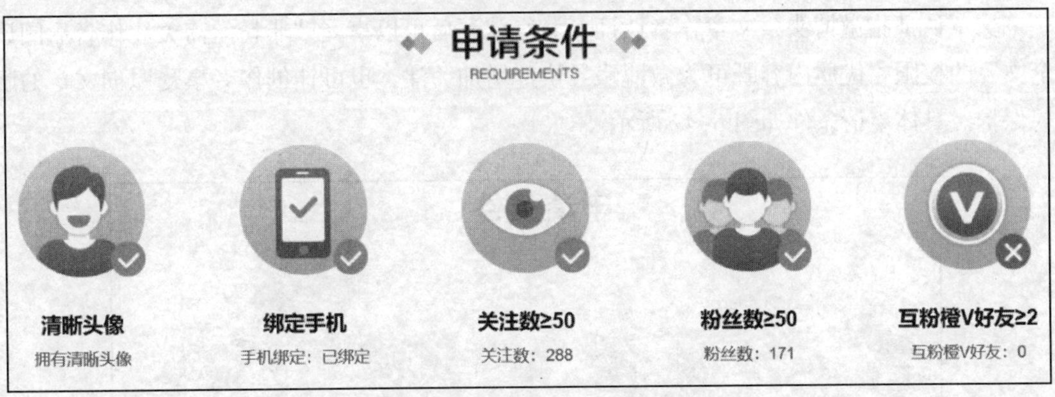

图 5-40　微博身份认证条件

2. 兴趣认证

垂直领域的内容创作者可以申请兴趣认证，如美食、美妆、历史等，这要求自媒体微博运营者持续发布同一类型的内容。申请条件如图 5-41 所示。

图 5-41　微博兴趣认证条件

3. “金V”认证

微博的“金 V”认证是最具影响力的“橙 V”账号，需要满足近 30 天阅读量大于 1 000 万，且粉丝数量大 1 万的条件。“金 V”用户会获得优先曝光和推荐，有助于提升账号的关注度。李子柒、张大奕等都是微博的“金 V”用户。

4. 视频认证

微博正在大力扶持短视频博主，在视频认证中既有原创认证（如微博原创视频博主认证、微博 Vlog 博主认证、微博故事红人认证），也有二次创作认证（如微博解说视频博主认证、微博译制视频博主认证、微博剪辑视频博主认证），还有非自制短视频博主认证。具体认证条件可扫描二维码。

5-2　微博视频认证条件

5. 文章/问答认证

文章认证指微博头条文章作者认证，获得认证后可以享受“非粉丝需关注作者后阅读全文”的权限，优质内容既可为微博账号快速增加关注，也可让创作者享受原创文章的版权保护。具体申请条件如图 5-42 所示。

图 5-42　微博头条文章认证条件

微博问答认证，获得认证后可以“申请对高质量回答进行热门推荐”，进而快速吸粉，获取收益。具体申请条件如图 5–43 所示。

图 5–43　微博问答认证条件

二、自媒体微博的推广技巧

在自媒体微博的推广中，常用的技巧包括借势营销、话题抽奖、粉丝互动等，这些技巧可以参照本项目前述的微博常见的营销方式和企业官方微博运营技巧，举一反三，灵活运用。

对于自媒体来说，如何推广个人微博也是许多新手面临的重点问题。具体而言，可以有以下 3 种推广及运营技巧：

（一）利用微博话题推广

微博话题分为四类，即普通话题、热门话题、超级话题和本地话题。

（1）普通话题：所有话题都可以归为普通话题，在一定条件下才会变为其他话题。

（2）热门话题：当一个普通话题在短时间内有很多人讨论时就会变成热门话题。

（3）超级话题：基于某个可持续讨论主题的兴趣社区。

（4）本地话题：本地热门话题，主要用于吸引本地用户。

利用微博话题引流，首先要打开微博 App，点击“发现”，即可出现“热门 / 超级话题”入口，如图 5–44 所示。然后，点击“热门 / 超级话题”并进入话题榜，就会看到“新时代”等多个话题榜单，例如：话题 # 创造 101# 排名榜首，就可以撰写带有该话题的微博，这会带来较高的阅读量，如图 5–45 所示。如果转发、评论、点赞较多，就能登上话题主页，获得更多曝光。

图 5-44 “热门 / 超级话题”入口

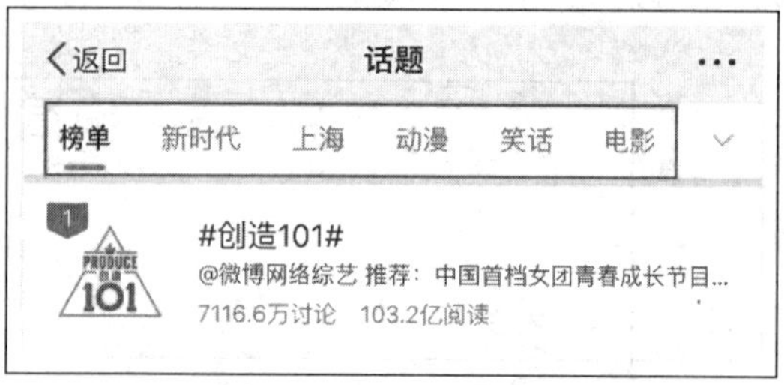

图 5-45 微博话题榜

（二）利用微博热搜榜推广

发布的微博中带上热搜里的关键词，就有机会进入热门榜单，且可能获得超出日常 10 倍甚至 100 倍的曝光。一般而言，与热搜相关的微博会先进入实时榜，然后微博平台会根据内容的优质程度，以及转发、评论、点赞的情况，决定这条微博能否进入热门榜单，或进入热门榜单后的排名是否靠前。热搜榜单排名越靠前，推荐量越大。微博热搜榜如图 5–46 所示。

图 5–46 微博热搜榜

（三）利用微博特色功能推广

微博特色功能包括超话社区、直播、头条文章等。首先，自媒体可以根据所在领域和兴趣，建立超话社区，成为超话主持人，吸纳和运营自己的粉丝。其次，自媒体要利用微博直播功能，保持线上活跃度，通过与粉丝“面对面”式的交流分享，建立信任，获取关注。最后，在微博发文中，可以利用头条文章“非粉丝需关注作者后阅读全文”的功能，创作优质文章并进行账号推广。

教学互动

1. 互动内容：除了以上介绍的方法，你还知道哪些自媒体微博推广的技巧？

2. 互动要求：

（1）学生组成小组讨论，开展头脑风暴，写出自媒体微博推广的技巧。

（2）结合操作难度，每个小组派出代表进行发言，由易到难列举出具体的操作方式。

（3）教师对学生的回答进行点评和总结。

三、自媒体微博的变现手段

自媒体微博变现的手段很多，根据微博账号的具体定位可以分为以下几种：

（一）广告分成

广告分成指在某领域具有影响力的网红博主与品牌方合作，通过植入品牌广告帮助其宣传商品或活动信息，根据点击量、店铺引流量、转化率等指标获得品牌方提供的报酬。

（二）电商销售

电商销售是自媒体微博变现的主要手段，通过原创博文和视频进行“种草”，在博文下方关联微博购物车或在微博左侧显示商品橱窗，引导用户“边看边买”，快速完成电商销售转化。知名美食博主“李子柒”的微博中就嵌入了购物车和商品橱窗功能，如图5–47所示。

图 5–47 “李子柒”微博的购物车和商品橱窗

（三）打赏

打赏指在微博头条文章中，用户对于高质量文章进行的有现金性质的鼓励。常见于财经类、医学类等专家型自媒体微博中。

（四）付费阅读

付费阅读指微博头条文章中，用户只能阅读文章的部分信息，剩余部分需要付费才能阅读。常见于网络小说创作者、专业领域连载模式的创作者等。

（五）付费问答

专业领域的“大 V”可以开通微博问答功能，通过回答提问获取收益。收益包括提问者的付费和围观者的付费两部分，如图 5–48 所示。

图 5–48　微博付费问答

项目小结

微博是目前国内较为成熟的新媒体营销平台，拥有 5.16 亿月活跃用户数及全网规模最大的明星资源，在进行话题营销、事件营销等方面有天然优势。本项目从当下微博现状出发，着重阐释在新营销环境下企业和自媒体微博营销的新思路与新方法。

利用企业官方微博开展营销的重点是品牌形象塑造、品牌活动宣传、商品销售转化等。在具体的营销实践中，大型企业与中小企业开展微博营销的侧重点有所不同。前者侧重于明星营销、话题营销、网红推广，并使用微博平台的诸多营销工具，辅助实现整合式营销传播；后者侧重于借势营销、活动抽奖、粉丝互动等单点营销。

自媒体在开展微博营销时，首先需要确定微博的目标用户与功能定位，其次需要做好微博引流工作，最后在微博运营中要考虑适合自己的变现方式。

在微博营销实践中，应把握正能量的宣传导向，并且抵制“刷流量”等数据造假行为，从自我做起，维护健康的微博营销环境。

项目实践

一、实践内容

（一）分小组策划、创建微博账号

（1）学生根据兴趣、特长等自由结合，组建 2～6 人项目小组，围绕某一方向策划、创建微博账号。

（2）选出项目负责人。经过小组讨论，确定项目组组长，即项目负责人。

（3）小组经过充分讨论后，确定本小组微博的方向和领域、目标用户、功能及内容定位、微博名称、微博介绍文字等信息，如表 5–1 所示。

表5–1　　微博策划书

小组名称		
成员姓名	负责人：	成员：
方向和领域		
目标用户		
功能及内容定位		
微博名称		
微博介绍		

（4）访问微博手机客户端，按照提示注册本小组的微博账号。原则上由项目负责人进行注册。

（二）在后台进行基本设置

（1）设置微博昵称、头像、简介。

（2）设置微博标签。

（3）对微博主页面进行简单装修，包括封面图、背景图等。

（三）发布并运营微博

（1）关注同领域相关账号 50 个以上。

（2）通过引流技巧，帮助新开通的微博账号增加关注用户 200 个以上。

（3）设置微博专栏和微博日常话题，进行日常更新。

（4）利用借势营销技巧，结合热点发布博文 3 篇以上。

（5）策划并实施一次“微博话题 + 微博抽奖”的活动，总结活动效果。

（6）条件成熟时，尝试进行相关领域的微博认证。

（四）不断总结经验，长期运营微博

每周组织召开小组会议，根据后台统计数据展开分析、讨论，总结经验教训，以实现微博阅读量、关注用户量等各项指标的不断提升。

二、实践目标

（1）了解微博的注册方法与流程。

（2）熟悉微博的后台基本设置。

（3）掌握微博发文和运营技巧。

三、实践设施

智能手机、联网计算机。

四、实践成果

项目实践成果可通过微博阅读量、微博关注用户增长情况进行验证。

五、注意事项

（1）小组成员之间按照各自特长合理分工，开展紧密协作，形成一个团结有力的团队。

（2）每位同学通过不同的引流技巧各为微博账号吸引关注用户 20 人，根据微博栏目，每周每人定期发布微博作品 5 篇，每月集体策划微博话题活动 1 个。

（3）本项目实践需在本学期持续进行。

同步测试

5-3　微博营销
同步测试习题

项目六 今日头条营销

学习目标

知识目标：了解今日头条的基本情况，熟悉“头条系”旗下的相关产品，明白今日头条营销的常用方式。

能力目标：具有企业官方头条号和自媒体头条号的策划、创建与运营能力，具有利用个人头条号开展营销的能力。

素养目标：养成独立思考的习惯，学会与团队成员分工协作，具备良好的沟通表达能力，能够在营销传播过程中遵守国家法律与社会道德。

思维导图

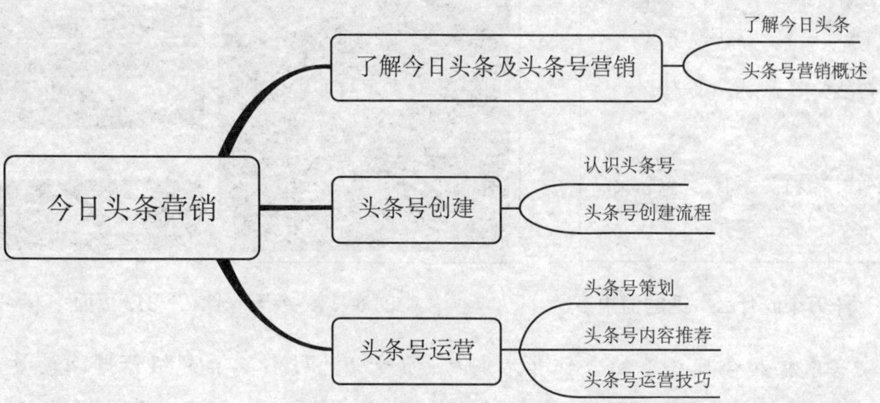

引导案例

今日头条与家乐福的成功跨界营销

2018 年 10 月，今日头条联合家乐福开展了一场大规模的跨界合作活动，此次活动在广大网民中引起了非常好的反响。在线上，今日头条发起 # 十万个吃什么 # 超级话题，如图 6–1 所示，同时成立“美食研究社”，邀请 5 位今日头条知名“吃货研究员”，为网友们推荐量身定做的美食方案。网友通过发布相关的美食微头条或小视频参与活动，并赢取专属大礼；在线下，全国 100 家家乐福门店共同参与此次活动，并为网友送出十万张礼券和千元福卡。

此次活动还上线了“今天吃什么”小测试，如图 6–2 所示，用户可进入“美食研究社”H5 互动小游戏，参与测试并获得关于“吃什么”的终极答案。活动结束后，系统随机抽出的幸运用户还可以获得相应礼品。

图 6–1 “十万个吃什么”话题海报

图 6–2 “今天吃什么”H5 页面

此次家乐福和今日头条的合作非常成功，# 十万个吃什么 # 超级话题阅读量累计超过 3.4 亿，今日头条 App 美食领域的用户在活动期间长逾 10 万，家乐福也十分认可今日头条平台在网民中的号召力。

资料来源：https://news.sina.com.cn/o/2018-10-24/doc-ifxeuwws7608690.shtml.

自2012年上线至今，今日头条已经成为国内移动互联网领域成长最快的产品之一。《2019今日头条年度数据报告》显示，2019年，头条创作者全年共发布内容4.5亿条，累计获赞90亿次。这庞大数据的背后说明，今日头条的影响力在全国越来越大，在网民心中也越来越重要。越来越多的企业通过今日头条进行信息宣传，以此达到营销的目的。在本项目中，我们将向大家介绍今日头条的基本情况和头条号营销的常用方式，通过介绍头条号创建和头条号运营，让大家熟悉今日头条平台的各种操作和运营方法。

任务一　了解今日头条及头条号营销

一、了解今日头条

（一）今日头条简介

今日头条是一款基于数据挖掘技术的个性化推荐引擎产品，它为用户推荐有价值的、个性化的信息，提供连接人与信息的新型服务，信息涵盖领域包括热点、直播、科技、娱乐、游戏、汽车、财经等，这些都是和用户生活紧密相关的话题。基于这个理念，今日头条一经问世，便受到用户的广泛好评。

由于创始人张一鸣是技术出身，今日头条的精准信息推送也是围绕算法展开的。作为一个新闻资讯客户端，今日头条没有采编人员，不生产内容，而是基于机器学习进行个性化资讯推荐，5秒即可计算出用户的兴趣，让阅读更加高效。算法模型会记录用户在今日头条上的每一次行为，并通过海量的数据计算用户感兴趣的内容，甚至计算用户有可能感兴趣的内容，并将它们精准推送给用户。这也充分印证了今日头条的营销理念——“你关心的，才是头条”。

互联网轶事

张一鸣的创业路

“80后”的张一鸣毕业于南开大学软件工程专业，扎实强大的理工背景为他以后致力于钻研算法埋下了伏笔。

2005年毕业后，张一鸣和两位校友一起开发办公协同系统，这是他第一次创业。然而，在市场定位不准确的情况下，创业最终以失败告终。失败后，张一鸣意识到创业需要有明确的方向。2006 年，他就职于旅游搜索公司——酷讯，全面负责技术开发。2008 年，张一鸣接受王兴（美团创始人）的邀请进入海内网和饭否网工作。2009 年，张一鸣和王兴分道扬镳，创立了垂直房产搜索引擎“九九房”。“九九房”在张一鸣的管理下，发展迅速。也正是在这个阶段，张一鸣开始接触移动互联网领域，他发现个性化信息内容在手机领域非常短缺。凭借着对移动互联网领域的认识，张一鸣在 2012 年创建了“今日头条”。

资料来源：https：//zhuanlan.zhihu.com/p/40431782.

（二）“头条系”旗下主要产品

今日头条是北京字节跳动科技有限公司的主打产品，该公司的产品被称为“头条系”。通过不断的探索和发展，“头条系”发布了许多实用且优秀的手机应用，例如：今日头条，西瓜视频，悟空问答，懂车帝等。

1. 今日头条

这是“头条系”旗下最早的一款新闻资讯 App，主要由资讯、视频、直播等模块组成。2019 年，有 1 825 万人首次在今日头条上发布内容，创作者总收入达 46 亿元。

2. 西瓜视频

2017 年 6 月，今日头条旗下的独立短视频 App“头条视频”升级为“西瓜视频”，它基于人工智能算法为用户做短视频内容推荐，让用户在每一次刷新后都能发现新鲜、好看，并且符合自己口味的短视频内容。巨量引擎商业算术中心的报告显示，截至 2019 年 7 月，西瓜视频日活跃用户数达到 5 000 万，月活跃用户数达 1.31 亿。

3. 悟空问答

2017 年 6 月，“头条问答”正式升级为“悟空问答”。悟空问答是一个为所有人服务的问答社区，用户可以通过悟空问答从数亿互联网用户中找到能为自己提供答案的人。作为一种获取信息和激发讨论的全新方式，悟空问答将“增长人类世界的知识总量、消除信息不平等、促进人与人的相互理解”作为使命。

4. 懂车帝

懂车帝是汽车资讯类手机 App，拥有专业的汽车资讯、精彩的短视频社区、丰富的车型信息供用户看车、选车、买车。懂车帝于 2017 年 8 月正式上线，根据 2019 年 7 月巨量引擎商业算数中心发布的《懂车帝用户画像》，在使用懂车帝 App 的用户中，男性占比近 90%，18～40 岁用户占比超过 80%。

延伸学习

今日头条算法背后的故事

在信息爆炸的时代，人们面对的选择越来越多，选择过多，信息超载，也常常会使人无所适从。在这种情况下，推荐引擎便开始展现各自的技术优势。算法模型会记录用户在今日头条上的每一次行为，并通过计算将用户有可能感兴趣的内容进行精准推送。

如果用形式化的方式去描述今日头条的推荐系统，它实际上就是拟合一个用户对内容满意度的函数，这个函数需要输入三个维度的变量：

第一个维度是内容。今日头条现在已经是一个综合内容平台，包括图文、视频、UGC小视频、问答、微头条等，每种内容都有自己的特征，需要考虑怎样提取不同内容类型的特征做好推荐。

第二个维度是用户特征。包括各种兴趣标签，职业、年龄、性别等，还有很多模型会刻画出用户的隐形兴趣等。

第三个维度是环境特征。这是移动互联网时代推荐的特点，用户随时随地移动，在工作场合、通勤、旅游等不同的场景，信息偏好有所偏移。

结合这三个维度，算法模型会给出一个预估，即推测推荐内容在这一场景下对这一用户是否合适。

资料来源：http：//www.woshipm.com/pd/914023.html.

教学互动

1. 互动内容：今日头条如何在竞争激烈的互联网世界中打开自己的一片天地？“头条系”旗下的产品众多，你认为它未来会开发什么样的新产品？

2. 互动要求：

（1）结合自己日常使用今日头条的体验，围绕上述问题展开深入思考，并与同学进行讨论。

（2）教师对学生的回答进行点评和总结。

二、头条号营销概述

（一）头条号营销介绍

头条号营销，即利用今日头条 App 开展的各种营销行为。基于“头条系”旗下的各类产品，头条号营销主要通过文章、小视频、问答等模块展开。

（二）常见的头条号营销手段

1. 企业开设头条号

以小米公司为例，可初步了解企业开设头条号的基本形式，小米公司头条号首页如图 6–3 所示。

企业头条号主要用于发布企业最新资讯，它更像企业的“传声筒”。企业只要有商品宣传或者推广，就可以第一时间在头条号发布，非常及时和高效。企业头条号的内容可以涵盖企业的方方面面，如企业新闻、商品发布、售后服务、最新动态等。它没有发布时间和次数的限制，因此企业头条号比企业的微信服务号或订阅号更加灵活便捷。同时，在今日头条的平台上，企业也可以打造多矩阵互动，完美构建企业的头条生态圈，小米公司头条号矩阵如图 6–4 所示。

图 6–3　小米公司头条号首页

图 6–4　小米公司头条号矩阵

2. 头条号小程序

今日头条平台依靠精准推送提供资讯内容，吸引了数量庞大的用户，而企业头条号开通的小程序则可以实现企业销售的最终目的，方便用户在浏览资讯时轻松下单。小米公司的企业头条号下方就嵌入了“小米商城 Lite”和“小米有品”两个小程序，用户可以随时点击浏览。图 6-5 就是小米公司的“小米商城 Lite”和“小米有品”小程序。

图 6-5　小米公司头条号中的小程序链接

在企业小程序中，头条用户可以直接进行商品浏览、下单、付款等一系列操作，所以基于今日头条的小程序，和在天猫、京东开设的官方旗舰店一样，是企业开展网络零售的另一个重要途径。

教学互动

1. 互动内容：打开今日头条 App，查找你所关注的企业头条号或者企业商城。请讨论，你是通过什么途径关注该头条号的？你自己或者身边的朋友有没有使用企业商城进行购物的体验？感觉如何？

2. 互动要求：

（1）结合自己日常使用今日头条的体验，围绕上述问题展开深入思考，并与同学进行讨论。

（2）教师对学生的回答进行点评和总结。

3. 自媒体头条号

今日头条平台中活跃着一批自媒体头条号，它们各自聚集了一大批忠实关注者。用户对自媒体的长期关注是因为喜爱其提供的优质内容，这种对用户眼球的牢牢吸引，对相关的企业而言具有很高的营销价值。自媒体头条号可以发布文章，也可以发布视频，因此对于自媒体的运营者来说，头条号的发布形式相对灵活和自由。以李佳琦为例，他的头条号只发小视频，这和他专攻直播有关系。他的视频内容以商品推荐和销售为主，也会与当下的热点进行结合，如图 6–6 所示。

图 6–6　李佳琦头条号为某口红品牌做营销推广

4. 今日头条广告

今日头条广告是基于其强大的人工智能算法，充分整合今日头条、西瓜视频以及知名厂商、媒体资源，为广告主提供的一个优质营销平台。今日头条广告主要有开屏广告、信息流广告、详情页广告三种形式。企业可以根据需要选择投放，其中，开屏广告和信息流广告如图 6–7 所示。

图 6–7 头条号中的广告呈现

5. 头条小店

头条小店是今日头条为自媒体创作者提供的电商变现工具，帮助自媒体创作者拓宽内容变现渠道，提升流量的价值。自媒体创作者开通头条小店后，可以在个人的头条号、抖音等主页展示专属的店铺页面，商品可通过微头条、视频、文章等多种方式进行展示曝光。用户可以在今日头条、西瓜视频、抖音App内进行内容获取、商品购买，购买用户可以直接转化成为粉丝，帮助作者形成完整的流量闭环。美食作家王刚的头条小店页面如图6–8所示。

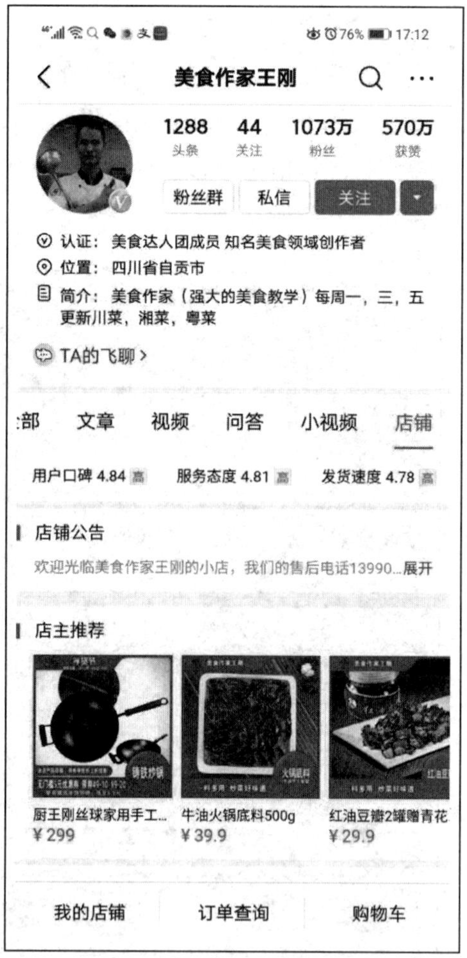

图6–8　自媒体的头条小店

教学互动

1. 互动内容：打开今日头条App，围绕上文提到的小程序、头条广告、头条小店等营销手段，寻找相关案例，并与其他同学分享。请大家谈一谈，作为一个今日头条用户，看到这些营销内容后，你会产生什么样的感受？你会去购买这些商品吗？

2. 互动要求：

（1）结合自己和朋友日常使用今日头条的体验，围绕上述问题展开深入思考，并与同学进行讨论。

（2）教师对学生的回答进行点评和总结。

任务二　头条号创建

一、认识头条号

（一）头条号的分类

不同的身份主体申请的头条号类型是不同的。目前，头条号支持6种不同类型的主体注册账号，包括个人、企业、群媒体、新闻媒体、国家机构和其他组织。一个身份证最多可以注册1个个人头条号，一个营业执照最多可以注册2个机构主体的头条号，已注册过个人头条号的身份证支持注册机构头条号。这6种不同主体类型的头条号说明如表6–1所示。

表6-1　　头条号主体类型说明

主体类型	具体角色
个人	适合垂直领域专家、达人、爱好者、其他自然人注册和申请，主要为个人以及非公司形式（无营业执照/组织机构代码证等资质）的小团队。
企业	适合企业、公司、分支机构、企业相关品牌、产品与服务等，如华为、小米等。
群媒体	适合以公司形式专注于内容生产的创作团体（包括出版社），如36氪、果壳网、Mtime时光网等。
新闻媒体	正规新闻媒体、报纸、杂志、广播电视等相关单位能够申请入驻，如时尚芭莎、人民日报、大河报等。
国家机构	正规国家机构能够申请入驻，如共青团中央、河南省教育厅等。
其他组织	各类公共场馆、公益机构、学校、公立医院、社团、民间组织等机构团体能够申请入驻，如浙江大学、清华大学、南京博物院等，但是不支持民营医院注册。

（二）头条号的权限

不同的头条号所拥有的权限也有所不同，具体权限如图 6-9 所示。

（三）申请头条号需要准备的资料

目前，个人头条号只需要提交账号头像、账号名称、账号介绍并进行作者认证即可完成注册申请，其他主体申请头条号需要准备的资料如图 6-10 所示。

类型	个人	群媒体	新闻媒体	国家机构	企业	其他组织
微信内容源同步功能	✘	✘	✔	✔	✘	✘
RSS 内容源同步功能	✘	✘	✔	✔	✘	✘
头条广告	✔ 需申请	✔ 需申请	✔ 需申请	✘	✔ 需申请	✘
自营广告	✔ 需申请	✔ 需申请	✔ 需申请	✔ 需申请	✔ 需申请	✔ 需申请
原创功能	✔ 需申请	✔ 需申请	✔ 需申请	✘	✔ 需申请	✘
千人万元	✔ 需申请	✘	✘	✘	✘	✘

图 6-9　不同头条号的权限设置

企业	群媒体	新闻媒体	国家机构	其他组织
账号头像	账号头像	账号头像	账号头像	账号头像
账号名称	账号名称	账号名称	账号名称	账号名称
账号介绍	账号介绍	账号介绍	账号介绍	账号介绍
运营者身份证姓名	运营者身份证姓名	运营者身份证姓名	运营者身份证姓名	运营者身份证姓名
运营者身份证号码	运营者身份证号码	运营者身份证号码	运营者身份证号码	运营者身份证号码
运营者完成实名认证	运营者完成实名认证	运营者完成实名认证	运营者完成实名认证	运营者完成实名认证
联系邮箱	联系邮箱	联系邮箱	联系邮箱	联系邮箱
企业名称	组织名称	组织名称	机构名称	组织名称
账号申请确认书	账号申请确认书	账号申请确认书	入驻申请信息表	账号申请确认书
营业执照/组织机构代码证	营业执照/组织机构代码证	营业执照/组织机构代码证		营业执照/组织机构代码证

图 6-10　申请头条号需要准备的资料

二、头条号创建流程

（一）电脑端注册

1. 登录注册页面

登录电脑端头条号后台，点击“立即注册”，如图 6–11 所示。

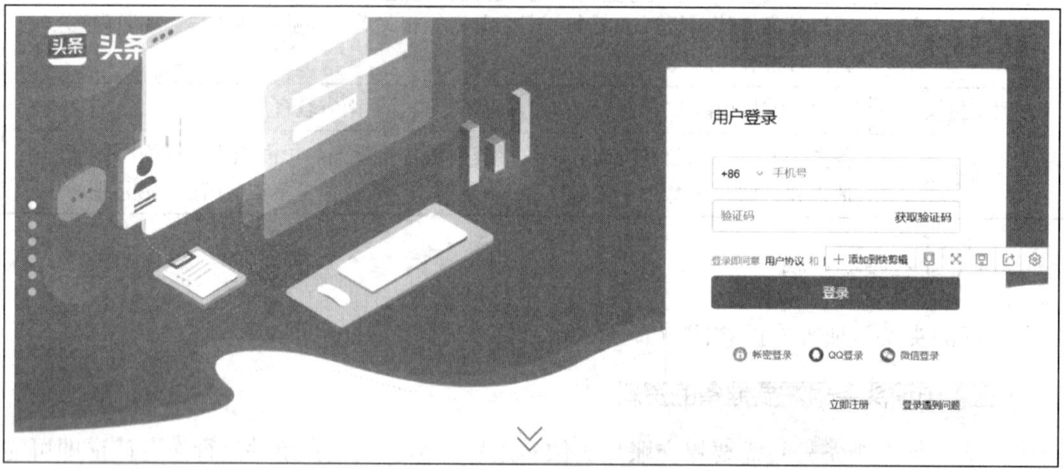

图 6–11　头条号注册页面

2. 注册

使用输入手机号的方式进行账号注册，如图 6–12 所示。

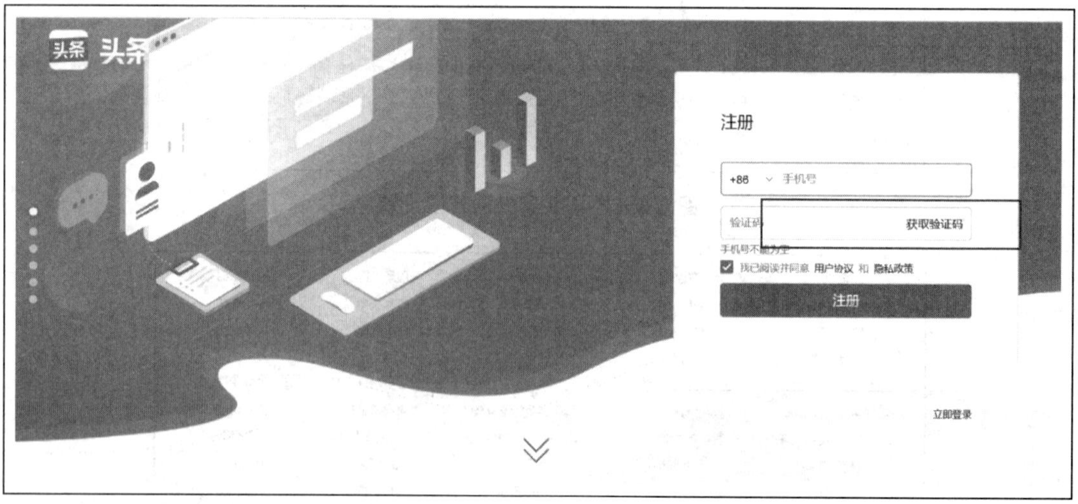

图 6–12　使用手机号注册

3. 选择账号类型

选择账号类型（“个人”或“机构”），填写并提交申请资料，如图 6-13 所示。

4. 关联创作能力证明（选填）

如果创作者有其他平台的创作背景，在此可以进行关联创作能力证明，如图 6-14 所示。

5. 身份验证

个人账号需在今日头条 App 上进行作者认证，头条号审核通过后即为认证成功，如图 6-15 所示。

图 6-13　账号类型选择页面

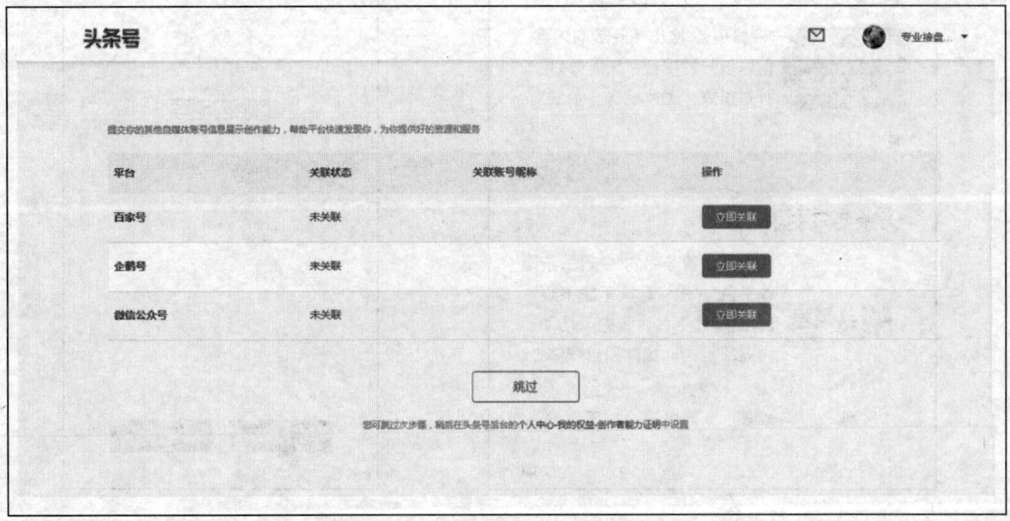

图 6-14　关联创作能力证明

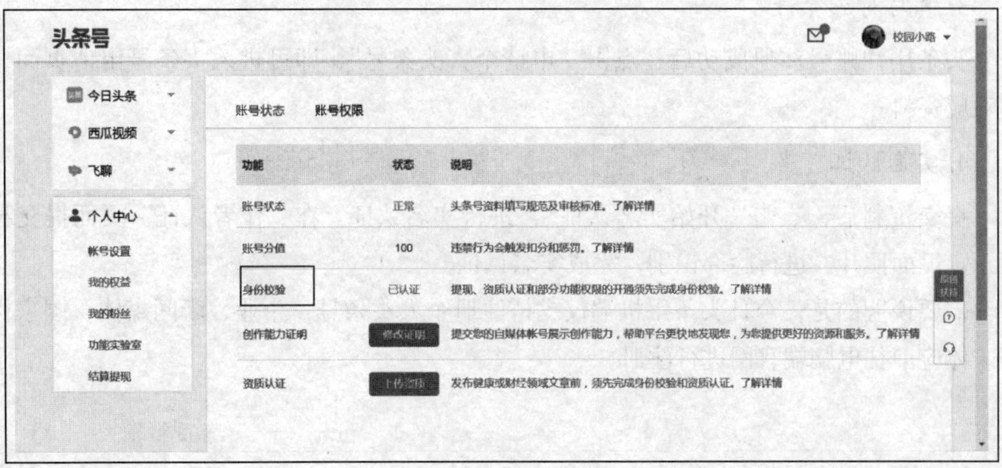

图 6-15　账号身份验证

（二）手机端注册

1. 进入注册页面

在今日头条 App 搜索头条号，进入头条号官网页面，如图 6–16 所示。

2. 账号注册

点击“注册”，上传头像，输入用户名称，即可完成头条用户账号注册，如图 6–17 所示。

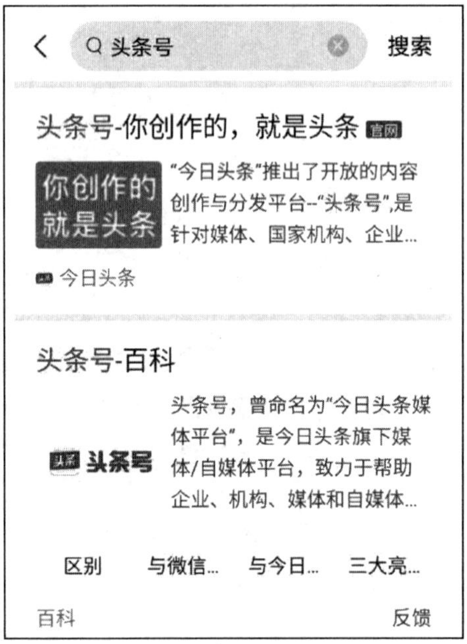

图 6–16　搜索头条号官网

图 6–17　头条号注册页面

3. 填写对应资料

头条用户账号注册成功后，点击“申请个人头条号”，即可进入头条号申请页面，填写对应资料。

4. 实名认证

提交资料后，点击“开始实名认证”，进行实名认证。在“作者认证”页面提交身份证正、反面照片，进行脸部识别，完成实名认证。

需要说明的是，今日头条手机端仅支持注册个人头条号，企业、新闻媒体、国家机构等主体应前往电脑端官网进行注册。

任务三　头条号运营

一、头条号策划

本任务以企业头条号为主要对象，讲解其账号的策划过程与方法。以小米公司头条号为例，企业官方头条号在创建时需要注意以下七大内容：

（一）账号类型

头条号支持 6 种不同类型的主体注册账号，显然，小米公司需要选择“企业”为主体进行申请注册、认证，保证信息发布的权威性。

（二）头条号名称

企业的头条号名称，一般与企业名称、品牌名称和产品紧密相关。小米的官方头条号名称就是“小米公司”，简单、直接、明白，便于识别和记忆。

延伸学习

小米的头条号矩阵

小米正式成立于 2010 年 4 月，是一家以手机、智能硬件和 IoT 平台为核心的互联网公司。作为一家大型企业，小米非常重视其新媒体宣传工作，仅在今日头条平台就创建了小米有品、小米电视、小米 MIUI、小米游戏、米兔等多个官方账号。小米有品是小米公司精品生活购物平台，发布生活类产品信息；小米电视则专注于其电视产品的宣传和推广；小米 MIUI 主要介绍小米手机的操作系统，并详细展示强大操作系统带给小米手机的各项功能；小米游戏则发布小米公司的最新游戏资讯和活动，吸引用户的互动；米兔是小米公司对儿童市场的细分……可以说，小米公司在平台上的矩阵定位各有差异，但目标都是一样的，即宣传和推广小米的产品，形成多方位的宣传推广空间，形成强大的头条号矩阵。

（三）头条号目标用户

企业官方头条号的目标用户主要是该企业的客户或意向客户，此外还有一些对该企业感兴趣的社会公众。小米的主要目标用户应当是购买小米手机或产品的消费者，以及那些对小米手机感兴趣的社会公众。

（四）功能及内容定位

企业官方头条号的功能主要包括发布企业动态、进行产品介绍、引导产品购买、开展售后服务等，常常通过文章、视频、小视频、直播、问答等多元化模块进行宣传介绍。

教学互动

1. 互动内容：企业的官方网站和头条号有很多类似的功能，它们之间有哪些不同之处？
2. 互动要求：
（1）结合自己平时熟悉的企业，浏览其官网和头条号，并与同学进行讨论。
（2）教师对学生的回答进行点评和总结。

（五）头条号介绍

头条号介绍需要用简短的话语把该账号介绍清楚，通常需要讲清楚头条号的定位、创建目的，以及能够为用户带来什么价值。

小米公司的头条号简介为“小米官方信息发布账号”。

小米游戏的头条号简介为“小米游戏官方头条号，最新游戏资讯、活动都在这里”。

（六）菜单设置

为提高头条号的服务能力、方便用户快速获取更多内容，头条号推出了自定义菜单功能。账号设置自定义菜单后，用户可通过头条号主页底部的菜单项，跳转至对应的网页。账号设置的自定义菜单，需经过审核才能生效。

头条号菜单通常是围绕目标用户的需求而设置的：每个头条号最多可设置 3 个一级菜单；每个一级菜单下最多可创建 5 个二级菜单；菜单名称不得多于 4 个汉字或 8 个字符。

（七）推送丰富的资讯内容

小米公司的头条号发布内容主要围绕产品推介、互动活动、官方消息和产品使用技巧四个方面撰写，这些内容符合目标用户的需求，也能够很好地实现企业的营销目的，如图 6-18 所示。

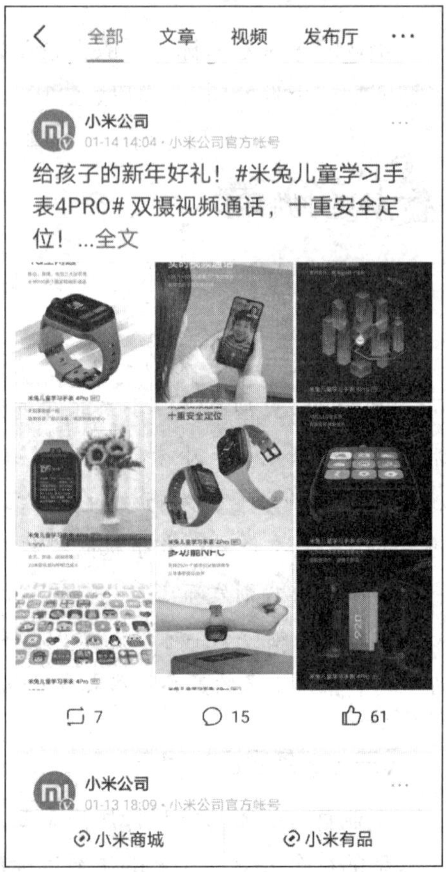

图 6-18 “小米公司”头条号的营销文章

二、头条号内容推荐

要想将头条号运营好，账号管理者要明确今日头条平台的运行规则、推荐机制，只有这样才能在合规合法的前提下展示自我特色。

在今日头条平台，一篇文章发表后会经历如下环节（如图 6–19 所示），下面重点介绍前四个环节：

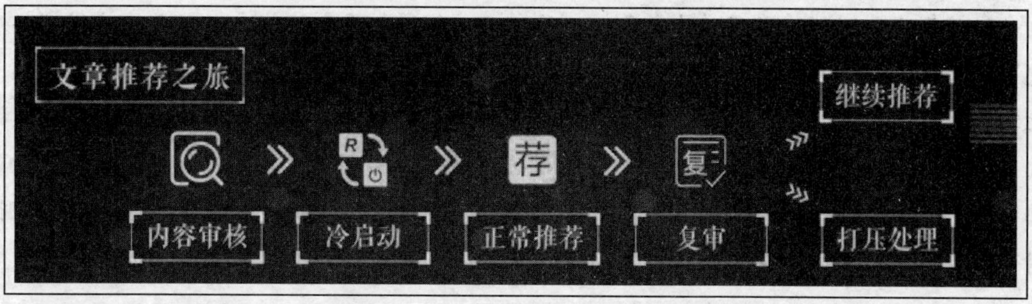

图 6–19　今日头条平台文章推荐流程

（一）内容审核

内容是编辑审核的第一关，头条的算法里包含一个审核被拦截的内容库，当出现匹配的内容时，审核就不通过。不规范的标题和正文都可能是不过审的原因。当发文不符合平台规范时，文章将被退回不予收录，或被限制推荐。如出现严重违规行为，将导致账号被惩罚或者封禁。夸张式标题、悬念式标题、强迫式标题、标题歧义、题文不符、标题含有错别字或存在语病、标题未使用约定俗成的汉字用法等情况都是平台不允许的。

（二）冷启动

“冷启动”是一个推荐上的概念。通过将文章推荐给一部分用户，观察他们是否点击、分享、点赞，算法模型继而判断哪些人群会喜欢这篇文章，哪些人群绝对不喜欢。文章后续能否获得高的阅读量，就靠这篇文章创作的实力了。

（三）正常推荐

进入推荐环节的文章，会因为推荐机制产生不同的效果。文章内容质量及用户行为都会影响文章的推荐情况。

（四）复审

在文章被推荐展示的过程中，如果推荐量很大或出现负评较多等情况，会被送入复审。在复审中，如果发现存在“标题党”、“封面党”、内容低俗、虚假等问题，系统就会停止对这一篇文章的推荐，严重违规内容将会受到处罚。

课堂思政

内容创作应摆脱功利思想

网络自媒体平台的出现，为广大网民和机构提供了一个充分展现才华的舞台。不可否认，自媒体开展内容创作的主要目的在于实现其个人价值，并获取经济利益。有些自媒体创作者为了吸引眼球，采用暴力、色情、无聊、虚假等低俗或违法内容，大肆使用“标题党”“洗稿”“抄袭”等不道德手段，在短时间内可能获取较大点击量，但是制造出的大量垃圾内容不仅浪费了网民的时间，对社会文化也产生了恶劣影响。所以，自媒体人在进行内容创作的时候，一方面要合理追求经济利益，另一方面也要自觉遵守职业道德，为行业和自身的长期良性发展做出贡献。同时，各自媒体平台也需要有针对性地制定算法规则，对不良内容及作者进行限制和打击，助推行业健康发展。

三、头条号运营技巧

（一）今日头条用户画像

要想使头条号运营得成功，头条号的文章、微头条等信息发布要合乎用户的“胃口”。运营者要了解用户的基本情况。从年龄、时间分布来看，在头条号用户中，19～35岁的人群占比近70%，他们是信息接收的主力军；用户阅读时间段的高峰集中在12：00和21：00。其中，19～24岁的用户主要是大学生，25～35岁的用户则多是职场执行层，他们阅读资讯的集中时间都是在工作日的休息时段。

（二）适合头条号发布的文章类型

用户在休息时间就需要有娱乐来填充，今日头条在一定程度上满足了用户这部分需求，同时提供了大量的新闻资讯，满足了用户获得信息的需求。

1. 娱乐类资讯

从今日头条发布的《移动资讯行业细分报告》可以看出，今日头条用户中对娱乐感兴趣的占全平台总量的68.29%，占比排名第一。其中，视频类内容阅读量增速最快，整体阅读量最高。这类内容在发布时可优先考虑视频发布，其次是图文发布。娱乐类资讯受热点影响很大，特别是明星的热点事件报道将会带动相应数据提升，因此这类内容与热点结合是非常重要的。

2. 社会类资讯

67.29%的今日头条用户对社会类资讯感兴趣。用户阅读社会类资讯主要是通过图文，但自媒体发布社会类内容很难通过系统审核，大部分内容由主流传统媒体提供，个人自媒体发布新闻资讯不占优势。

3. 搞笑类内容

46.56% 的今日头条用户对搞笑类内容感兴趣。这类内容的主要呈现形式是视频，95.73% 的文章在 1 000 字以下，文章短小是搞笑类内容传播广的一大特点。

4. 其他内容

对时政类、情感类、健身类、汽车类内容感兴趣的用户占全平台总量超过 20%。从这些数据可以看出，今日头条用户喜欢的内容多是消耗时间的内容，而对于知识类干货等不是那么感兴趣。

（三）高阅读量文章的特点

1. 与知名人物或公司有关

高阅读量的文章大多与知名人物或公司有关，通过与明星、话题企业关联可提高阅读量，如图 6–20 所示。

2. 表达作者的观点和感情

高阅读量文章内容中往往可以传递作者的观点和感情。情感导师涂磊的头条号如图 6–21 所示。

3. 引发好奇

高阅读量文章的标题往往会利用人们的好奇心引发点击和转发，如图 6–22 所示。

图 6–20　与知名人物有关的文章

图 6–21　表达观点类文章

图 6–22　引发好奇类文章

项目小结

今日头条是国内移动互联网领域成长最快的产品之一，开展头条号营销，重点从企业头条号和个人头条号两个维度进行。

策划和运营头条号是开展头条号营销的关键。在创建账号之后，需要根据账号的定位、创建的目的发文，撰写高质量的标题和内容，逐步提高推送文章的阅读量和转发量，增加头条号的订阅用户数量。

在组建团队共同运营自媒体头条号的实战中，应注重培养独立思考的习惯、良好的沟通表达能力和团队合作意识，做到自觉遵守国家法律与社会道德，做一个高素质的新媒体运营者。

项目实践

一、实践内容

（一）分小组策划、创建头条号

（1）学生根据兴趣、特长等自由结合，组建2～6人项目小组，围绕某一方向策划、创建自媒体头条号。

（2）选出项目负责人。经过小组讨论，确定项目组组长，即项目负责人。

（3）小组经过充分讨论后，确定本小组头条号的方向和领域、目标用户、功能及内容定位、头条号名称及头条号介绍文字等信息，如表6-2所示。

表6-2　　头条号策划书

小组名称	
成员姓名	负责人：　　　　　　　　成员：
方向和领域	
目标用户	
功能及内容定位	
头条号名称	
头条号介绍	

（4）访问今日头条网站（https://www.toutiao.com），按照网站提示，创建本小组的头条号。

（二）在头条号后台进行基本设置

（1）设置头条号名称、头像、简介。

（2）下载头条号二维码，小组成员扫码关注，并尽可能多地邀请其他人关注。

（三）撰写、编辑图文信息并推送

（1）在电脑端或者手机端编写图文素材。

（2）推送排版完毕、检查无误的图文信息。

（3）小组成员对群发的图文进行转发推广，并动员其他人转发。

（四）不断总结经验，长期运营自媒体头条号

每次推送之后，都组织召开小组会议，根据后台统计数据展开分析、讨论，总结经验教训，以实现推送图文阅读量、头条号关注用户数量等各项指标的不断提升。

二、实践目标

（1）熟练掌握头条号的注册方法与流程。

（2）熟练掌握头条号的后台基本设置。

（3）熟练掌握头条号图文撰写和推送操作。

三、实践设施

智能手机、联网计算机。

四、实践成果

项目实践成果可通过头条号推送图文和视频的阅读量、头条号订阅用户增长情况进行验证。

五、注意事项

（1）小组成员之间按照各自特长合理分工，开展紧密协作，形成一个团结有力的团队。

（2）每篇文章的第一作者应署名发表，对文章策划、撰写、排版、图片、视频等有贡献的同学，需要在文章末尾注明。

（3）本项目实践需在本学期持续进行，要求平均每个月每位小组成员发表文章3篇以上。

同步测试

6-1　今日头条营销同步测试习题

项目七　社群营销

学习目标

知识目标：正确认识社群及社群的构成，掌握创建社群的基本步骤、保持社群活跃度的技巧和社群变现的方法。

能力目标：能够创建社群，进行社群运营，并根据社群的现状设计有效方式提高社群的活跃度，同时实现社群变现。

素养目标：能够通过微信群和QQ群感知社群营销，形成创新思维和能力，树立社群营销的意识。

思维导图

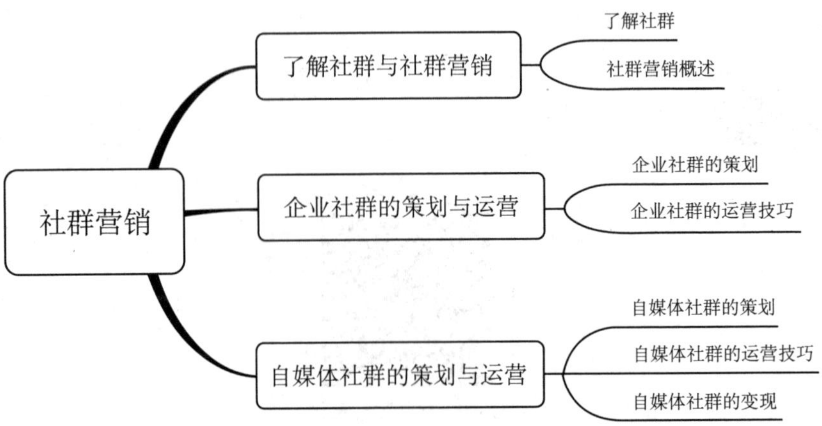

引导案例

社群营销助推“凯叔讲故事”走向成功

“凯叔讲故事”是国内最大的童年故事品牌，全网音频播放量超过6亿次，拥有至少2 000个微信群。那么，它是如何高效管理自己的上千社群的呢？

“凯叔讲故事”初期引流是依靠“凯叔妈妈微课”，每周开课，邀请宝妈进群听课，通过内容锁定用户，并且让她们愿意把身边同是宝妈的朋友和同事拉进群。因此，“凯叔妈妈微课”每开一节课就能爆满2个微信群。

而真正让“凯叔讲故事”成为最大的亲子社群还要得益于团队专业的运营。第一，“凯叔讲故事”社群在建立之初，就是针对有育儿需求的宝妈宝爸设计的。第二，“凯叔讲故事”不是盲目建群以扩大规模，而是有针对性地拉人进群开展活动。第三，2 000多个群如果仅靠内部工作人员管理，必定耗费大量的人力、物力，因此，“凯叔讲故事”运营团队从群内挑选出人气高、爱发言、活跃度高的人成为辅助管理员，就能达到事半功倍的效果。第四，也是最重要的一点，“凯叔讲故事”懂用户，知道他们想要什么，所以才能让用户信任，并获得了商业上的成功。

资料来源：http: //www.sohu.com/a/302273152_100184293.

社群营销的运作机制是将顾客发展成用户，将用户发展成粉丝，将粉丝发展为朋友，将粉丝聚集起来，发挥粉丝效应。只有发挥社群去中心化的特点，让群成员有深入的参与感，才能为社群带来收益。

任务一　了解社群与社群营销

一、了解社群

（一）社群的定义

社群以社交文化为基础，拥有自己特定的表现形式，一个完整且典型的社群通常有稳定的群体结构、一致的群体意识、一致的成员行为规范和持续的互动关系，同时，社群的成员之间能够保持分工协作，具有一致行动的能力。

社群是一种关系连接的产物，是一群人形成的网络空间，成员之间可以在这个空间交流互动，增进感情，共同进步。互联网的便利性，让社群成员的沟通和信息的传达可以不受任何空间和距离的限制，这不仅方便了社群成员之间的沟通，也方便了运营者的管理。

社群随着微信群和 QQ 群的应用逐渐兴起和发展，如罗辑思维、凯叔讲故事、秋叶 PPT 等都建立了自己的社群。但实际上，以前的线下俱乐部、同好会，甚至基于同一地理位置而集结的人群也可以称为社群，对这些社群的特点进行总结，会发现它们具有相同的构成要素。

（二）社群的构成要素

1. 同好

社群成立的第一要素是同好，它是社群成立的前提。同好是指具有共同价值观、共同爱好、共同兴趣的相似人群。同好可以是对某件事产生共同的认知，能够一起行动，也可以是对某项产品或服务有共同的需求。同好分为很多类型，例如：对阅读、科技感兴趣的同好，对美妆、穿搭感兴趣的同好，对亲子、育儿感兴趣的同好等。每一个不同的同好类型，都可能形成一个与之对应的社群。

2. 结构

社群构成的第二要素是结构，它决定了社群的存活。根据同好建立的社群非常多，但是可以真正存活下来并完善运营下去的社群却很少，影响一个社群成功运营的重要因素就是社群的结构。一个成熟的社群，不仅要有发起人、社群成员，还必须细分管理人员、组织人员，制定完整的社群规范，控制社群的秩序和群成员的质量，同时为社群成员提供必要的联系平台，以便加深成员之间的联系。

3. 输出

社群构成的第三要素是输出，它决定了社群的价值。一个能够持续发展的社群，必须能够为群成员创造价值。很多社群在最初虽然可以吸引同好，也进行了完善的管理，但由于无法持续为成员输出价值，结果造成成员流失或社群日渐沉寂的情况。为了让成员可以通过社群得到价值、产生价值，社群内必须有持续的输出，能够引导群内成员互相分享，培养社群内的领袖人物，分享不同层次、不同领域的价值，激励群内的普通成员，壮大社群的整体力量。

4. 运营

社群构成的第四要素是运营，它决定了社群的寿命。运营决定着社群是否可以长期持续地发展下去。一个保持活跃、具有凝聚力的社群，群内的每一位成员都会有很强的归属感，都能够自发地发扬主人翁精神，自主维护社群的发展和成长。要做到这一点，群主就必须对社群进行运营，例如：规范成员加入准则、用群规控制成员的行为、有一定的奖惩措施等，让每一位成员都能够珍惜社群。群主还要经常在群内进行讨论和分享，保证群内有话题、有任务，可以根据实际情况进行分工，保证成员有收获、有感悟。此外，为了增加群内成员之间的联系，还可以组织一些线上或线下活动，通过活动加深成员之间的感情，增强社群的整体凝聚力。

5. 复制

社群构成的第五要素是复制，它决定了社群的规模。由于社群的核心是情感归属和价值认同，如果一个社群规模过大，就要复制成多个平行社群。在“复制”这一层有三个问题需要考虑：第一，是否已经构建好自组织，是否具备充足的人力、物力、财力。不能过于依赖中心人物开展社群活动，但也不能完全缺乏组织。第二，是否已经组建了核心群。社群要有一定量的核心伙伴，他们可以作为社群的种子用户，引导社群往良性的方向发展。第三，是否已经形成了亚文化。社群要形成一种群沟通的亚文化，例如：大家聊天的语气、表情等是否保持风格一致，这些都是社群生命力的核心。

教学互动

1. 互动内容：选择你身边影响力较大的一个社群组织，分析其构成要素。

2. 互动要求：

（1）结合自己的体验，围绕上述问题展开深入思考，并与同学进行讨论。

（2）教师对学生的回答进行点评和总结。

（三）社群经济

社群经济是社群发展到一定程度的产物。在互联网时代，企业与用户之间不再是简单的买卖双方的关系，除了对产品功能本身的要求外，附着在产品功能之上的口碑、文化、个人魅力、情怀等成为用户更注重的价值。这种软性的产品内涵象征成了用户精神层面的需求，企业通过对这些内容的营销可以获得用户的信任，吸引一群有共同兴趣、认知、价值观的用户形成社群，进而引发后续的“群蜂效应”。社群成员通过在一起互动、交流、协作，建立情感上的无缝信任，从而对产品本身产生反哺价值。

社群经济时代，粉丝是产生价值的关键性因素，而促成粉丝消费行为的关键则是基于对品牌的信任和感情基础。因此，企业要重视将用户转化为粉丝，将粉丝转化为实际的消费者。这就要求社群的内容对用户具有吸引力，能够让用户自愿成为社群的成员，并支付会员费用，进而参与社群发布的一系列商业活动，甚至社群成员也会慢慢转变为社群产品的“生产者”。这就是社群经济时代用户到粉丝的转变，也是那些具有大量粉丝的个人或企业更容易开展社群营销的原因。

互联网轶事

小米手机玩转粉丝经济

通过高性价比的产品及“为发烧而生”的概念，小米手机吸引了一大批喜欢“玩机”的粉丝，并形成了一种“发烧友”的粉丝文化，造就了庞大的“米粉”团体。

小米产品本身以及雷军本人造就了首批“米粉”，这些米粉包括一群技术达人和深度手机玩家，小米把这些人聚集起来并让其参与产品设计，参与感使得他们成为小米的首批消费者和宣传者。正是这样一批粉丝，成为小米手机的起点。之后，“高性价比”的口碑和宣传让小米手机迅速在市场占据了一席之地。

资料来源：根据互联网公开信息改编。

二、社群营销概述

社群营销是随着网络社区和社会化媒体发展起来的一种营销模式，其主要基于网络社区和社会化媒体平台发展用户，通过连接、沟通等方式实现用户价值。社群营销是一种基于圈子和人脉的营销模式，通过将有共同兴趣爱好的人聚集起来，打造一个共同兴趣圈并促成最终的转化。

（一）社群营销的概念

社群营销是指企业为满足用户需求，通过微博、微信、社区等各种社群推销产品或服务而形成的一种商业形态。它主要依赖于社群关系，通过社群成员之间的多向互动交流，让信息和数据以平等互换的方式进行营销。社群中的每一个成员都能够成为信息的主动传播者，他们可以进行各种信息的分享与交流，通过互动的方式创建生态环境更加健康的社群，并使社群朝着稳定的方向发展，从而吸引更多具有相同兴趣、价值、主张和爱好的人员，扩大社群规模，最终提高社群营销效果。

社群营销与其他营销方式不同的是，它是一个通过社群成员的信息分享进行自我创造，进而实现社群自我运营的营销方式。社群成员的参与度和创造力是促进社群运转的前提条件，因此社群要想长久地生存下去，就要进行社群成员的更替，替换那些不能为社群产生价值的成员，吸引更多愿意并能够为社群创造价值的成员加入，以保持社群的活力，也使社群的组织结构更加完整，保证社群营销效果的最大化。

（二）社群营销的必要条件

社会要素组织形式的创新再造，让社群经济成为符合未来趋势的新经济模式，同时，众多社群的成功营销案例也为企业和个人提供了更加明确的营销方向。建立社群并不难，但要让社群成功运营，则必须具备以下几个条件：

1. 社群定位

社群由一群有共同兴趣、认知、价值观的成员组成，社群成员在某方面的特点越相似，就越容易建立起互相之间的感情联系。因此在建立社群之前，必须先做好社群定位，明确社群要吸引哪一类的人群。例如：小米手机的社群，吸引的是追求科技与前卫的人群；罗辑思维的社群，吸引的是具有独立思考标签的人群；豆瓣的社群，吸引的是追求文艺和情怀的人群。只有当社群有了精准定位之后，才能推出契合用户兴趣的活动和内容，不断强化社群的兴趣标签，给社群用户带来共鸣。

一般而言，社群定位要基于社群的类型和企业的性质。按照创建和运营主体划分，可以将社群分为企业社群和自媒体社群；按照运营目的划分，可以将社群分为服务型社群和营利型社群。为了更好地进行社群的定位，在建立社群之前，运营者首先要明确建立社群的目的。每一个社群可能有不同的价值，但其目的大多比较类似，如销售产品、维护客户、打造品牌、提升影响等，确定了建立社群的目的，也可以方便对社群进行定位。

2. 吸引精准用户

企业要想进行精准的营销，就必须拥有精准的用户。因此，任何营销推广的前提都是对用户的细致分析，了解目标用户的消费观念、地域分布、工作收入、年龄范围、兴趣爱好和工作环境等。了解用户是与社群定位相辅相成的，了解用户可以更方便地对社群进行定位，而准确的社群定位更有利于吸引精准的用户人群。

例如：作为睡前讲故事“哄睡神器”，“凯叔讲故事”从早期提供讲故事的音频到现在成为拥有各种付费音频栏目的品牌，还开发了凯叔故事机，举办了线下讲故事大赛等，非常精准地吸引了宝妈宝爸，且围绕这个群体，实现了一系列的商业变现，如图 7-1 所示。

图 7-1 “凯叔讲故事”精准吸粉

3. 维护用户活跃度

社群成员之间的在线沟通大多通过微信、QQ 等社交群，也可以通过微信公众号、自建 App 或网站。对于社群运营而言，能否建立更加紧密的成员关系，直接影响社群最终的发展。因此，社群活跃度成为衡量社群价值的一个重要指标。大多数成功的社群运营已经从线上延伸到线下，从线上资源信息的输出共享、社群成员之间的优惠福利，到线下组织社群成员的聚会和活动，其目的都是增强社群的凝聚力，提高用户活跃度。

4. 打造社群口碑

口碑是社群最好的宣传工具，社群口碑与品牌口碑一样，都必须依靠好产品、好内容、好服务支撑，并经过不断的积累和沉淀才能逐渐形成。一个社群要打造口碑和影响力，必须先从基础做起，抓好社群服务，为成员提供价值。然后，逐渐形成口碑，带动会员自发传播并扩大社群，逐渐建立以社群为基础的圈子。只有这样，社群才能真正得到扩大和发展。

延伸学习

社群营销的前提：去中心化并增强参与感

2017 年《DK 幼儿百科全书——那些重要的事》上市，上市当天，该书编辑部策划制作的糖果家族版本配套音频同步上线喜马拉雅。音频一上线，就吸引了很多“小糖果迷”。为了能让读者和听众有更多的参与感，编辑部实施了报名录音的活动，在音频中插入了阿狸的微信号码，通过微信报名即可和小主人公糖果录音。很多小朋友在听完音频之后，缠着爸爸妈妈要报名。就这样，共有 100 多个家长报名参加活动，最终，有 50 名小朋友参与了录音。DK 妈妈群也因这次活动初具雏形。

资料来源：http: //data.chinaxwcb.com/epaper2019/epaper/d7042/d4b/201907/99457.html.

任务二 企业社群的策划与运营

一、企业社群的策划

开展社群营销的前提是要创建一个具有明确运营方向的社群，如何确定社群的运营方向？在哪里创建社群？社群需要哪些人？这些都是社群运营者要考虑的问题。

（一）明确社群运营目标

在社群运营之初必须想清楚建群的动机，只有这样才可以明确后续的社群规则如何设置、用户价值闭环如何成型、商业模式如何搭建。如果一个社群的存在能满足成员的某种价值需求，并在满足需求的过程中给运营者带来一定的回报，就会形成一个良好的循环，甚至可以形成自运行的生态。一般而言，建群的目的有以下几个：

1. 卖货

这里的“货”是泛指，产品、服务、会员、智力成果等都包含在内。例如：在线教育培训机构会在学员群组织答疑、分享干货，本质上也是销售产品和提供客户服务。

2. 扩大人脉

不管是基于兴趣还是为了交友，社交的本质是为了构建自己的人脉圈。群主虽然不是正式组织的负责人，但他作为群的创建者和管理者来维护一个群，就是希望通过扩大群规模以获得更广的人脉关系。通过成功组织群成员开展一些活动，就能逐步形成自己的网络影响力。

3. 兴趣

这类群主是想吸引一批人共同学习和分享，构建一个网络学习的同伴圈。学习是需要同伴效应的，没有这个同伴圈，很多人就难以坚持，因此，他们需要在一起相互打气、相互鼓励。

4. 打造品牌

建立这类社群的目的是和用户建立更紧密的关系，这个关系不是简单的交易关系，而是实现在交易之外的情感联结，使用户建立品牌好感甚至品牌忠诚度。

例如：小米之家早期就是通过建立多个社群，为小米手机打开销路提供了坚实保障。有些品牌，本身在消费者群体中的口碑还没有建立起来，就急于进行社群营销，是不可行的。没有品牌积淀，想要构建社群，就需要线上、线下齐努力。

5. 增强影响力

有的群主希望借助社群的裂变复制，快速地构建个人影响力。因为在网络上缺乏真实接触，新入群的成员往往相信群主的能量，甚至形成对群主的某种崇拜，群主可以通过激励、分享干货、组织一些有新意的挑战活动等，鼓励群成员认同某种群体身份，最终借助群成员的规模和影响力获得商业回报。

（二）选择社群运营平台

当前比较主流并且适合社群运营的平台有微博平台、微信平台、QQ 平台、百度贴吧等，如图 7–2 所示。不同的平台有不同的优势和劣势，在选择社群运营平台时，应该根据自己所创建的社群的属性、目标用户、社群类型等进行选择。本任务就最常见的微博平台、微信平台和 QQ 平台进行讲解。

图 7–2　社群运营平台举例

1. 微博平台

微博平台汇集了大量明星和品牌，因此如果社群的活动众多，用户群辐射全国，那么微博显然是最佳的选择。通过官方账号发布活动、预告等，引导社群进一步互动，甚至可以直接发起大规模活动，这是微博平台的突出优势。

与社群用户进行互动是微博平台的主要社群运营模式。除了基本的转发，微博平台还有话题讨论、分享和有奖转发等功能。社群运营者必须灵活掌握这些功能，从而更好地服务社群。

（1）转发。转发用户微博，尤其是品牌忠实用户的微博，吸引更多网友互动，同时给微博用户曝光的机会，增强他们的参与度。

（2）讨论话题。设定话题，鼓励网民参与讨论，例如：临近长假时，可以发起 # 随手拍美景 # 的话题。

（3）分享。每天发布与品牌相关的内容，例如："×× 品牌你不知道的小秘密""轻松动手，让手机变单反"等，给社群成员带来惊喜。

（4）有奖转发。定期发布有奖转发活动，给予社群成员一定的物质奖励，并借助参与者的"@"功能，吸引新成员加入，扩大社群规模。

2. 微信平台

微信作为个人即时通信工具，与微博相比，其私密性更加突出。例如：微信公众号所发布的内容，只有关注的用户才能直接看到。那么，什么样的社群适合在微信平台开展活动呢？这里总结了三类适合在微信平台开展营销的社群。

（1）圈子类。微博主打"半熟社交"，好友之间不一定在现实中相互认识；微信则不同，微信中的大部分好友都相识，甚至就是身边的好友。因此，圈子类社群最合适选择微信平台，例如：服务于广告人的统计软件社群、服务于教师群体的课程分享社群等。一旦社群成员在朋友圈分享相关内容，那么圈子里的人就会第一时间看到，并且选择阅读、关注或者成为社群新成员。

（2）产品类。相比微博平台，微信平台的产品类社群更加侧重于深度解析。尤其是对产品较为丰富、产品更新较快的品牌来说，深度测评、解析类文章非常适合微信平台。微博侧重分享、交流与互动，微信侧重评测、解析，从而能形成各自清晰的社群模式，创造出主题一致、风格迥异的场景模式。

（3）内容类。独立挖掘选题、独立编辑，挖掘更深层次、主流媒体不易发现的内容，这是自媒体的主要特征。自媒体主打“内容为王”，因此微信平台就成了非常好的内容类社群传播渠道。

除以上三类社群，餐饮类、服务类社群同样适合于微信平台。例如：卡吉诺蛋糕（如图 7–3 所示）、霸蛮湖南常德米粉，都依靠微信平台打造出了让人过目不忘的社群场景。因此，微信平台中的社群带来的不只是产品，更是其背后所承载的感情要素。当社群用户置身于这样的场景之中，被内容打动时，就会愿意主动分享，从而提高社群活跃度，甚至直接变现，为销售带来直接的提升。

图 7–3 卡吉诺蛋糕微信平台日常推送

3. QQ平台

QQ 月活跃用户超过 6 亿，是运营人员不可忽视的重要社群运营平台之一。尽管微博、微信的出现给 QQ 带来了不小的冲击，但 QQ 凭借其所拥有的数以亿计的海量用户基数、丰富的功能、跨平台操作的优势，在通信社交类软件中依然有着重要地位。

QQ 平台的最大优势，在于既可以点对点聊天，如两个好友之间，也可以点对多聊天，如众多的 QQ 群，签到、群论坛、公告、相册、群直播等功能一应俱全，几乎能满足所有场景建设的需要，大大超越微信的场景设置功能，如图 7–4 所示。同时，QQ 作为即时通信软件，比微博更有效率，活跃度高，非常适合话题讨论等。

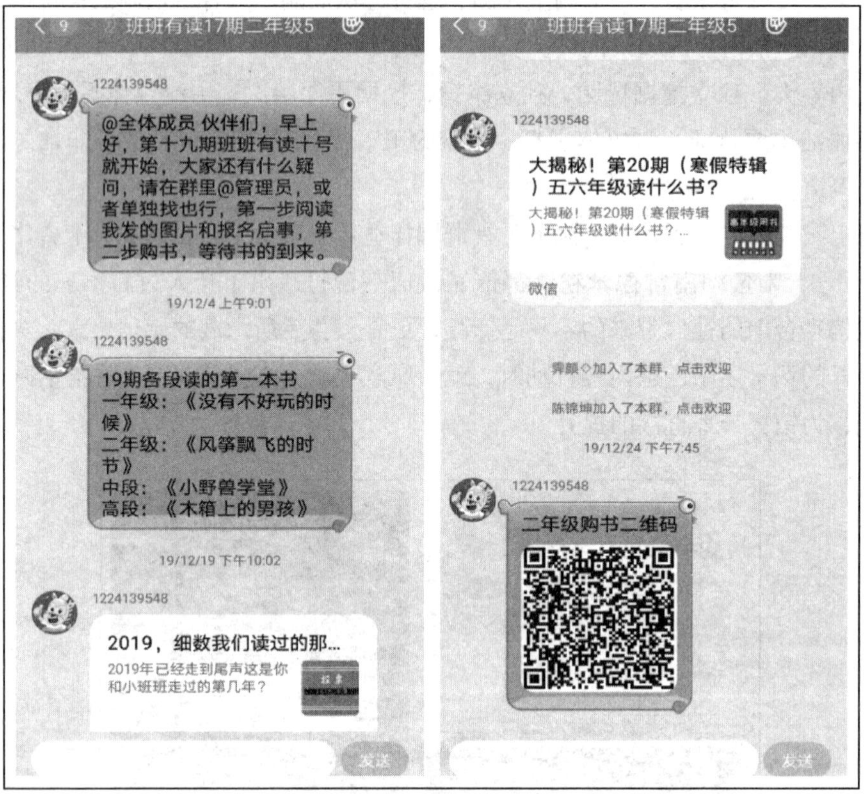

图 7–4　在线读书打卡 QQ 群

QQ 社群主要有以下六种类型：

（1）培训类社群。群视频可以轻松满足视频授课的需求，同时，最新上线的“作业”功能还可以让讲师第一时间针对学员布置功课。

（2）分享类社群。群文件提供的空间可以让成员迅速上传并分享内容。

（3）知识类社群。群论坛、群相册、兴趣部落可以在及时讨论的基础上，进一步长期、深层次讨论。

（4）娱乐消费类社群。群支付、AA 收款等功能可以轻松实现收费、变现的目的。

（5）垂直类社群。可以通过投票轻松确认线上、线下活动主题。

（6）地域类社群。通过群活动的设置，可以迅速开展线下见面交流会。

由此可见，各类社群都可以借助QQ平台实现场景化社群营销的目的。同时，腾讯公司对QQ软件全新的升级与改造，使其社群属性更加彰显。所以无论是哪种类型的社群，运营人员对于QQ平台都应予以重视。尤其是初创的社群，更是应该将QQ平台作为开展社群活动的重要阵地，深度挖掘QQ平台的功能和场景，提高社群运营的效率。

二、企业社群的运营技巧

运营目标和运营平台确定后，社群创建与运营只是完成了一小部分工作，把握企业社群运营的技巧，才能保证社群的长久存在，并为企业创造价值。开展社群运营，要把握以下技巧：

（一）寻找关键意见领袖（KOL）

企业社群创建之初，要从万千潜在用户中筛选出若干个关键意见领袖或从外部引入关键意见领袖，他们能够引导社群舆论，激发社群成员参与话题的热情。

一般而言，第一批KOL只能靠创始人的人脉资源来定向邀请，或从垂直论坛寻找大咖、达人，这些人名气不一定大，但在细分领域有绝对话语权和影响力，还有一定的语言表达力。更关键的是，这些KOL都有一个共同的爱好——喜欢分享。

（二）策划社群活动

社群是一群志同道合的人的聚集与连接，社群活动是保持社群生命力和活跃度最重要的保障。无论哪种社群，只有在高频互动中才能强化成员彼此的联系，增加成员的归属感。社群活动分为线上和线下两种。

1. 线上社群活动

（1）进行互动话题讨论。选取和企业或品牌相关的话题，让大家自由讨论，群管理员在讨论过程中，适时引导并调节气氛，如讨论产品哪种风格的活动海报好看、晒往期活动照片等。

（2）有奖征集或有奖问答。用户往往对商家的奖励或馈赠表现出极大的兴趣，通过征集用户与品牌的故事，或者设置与企业产品相关的有奖问答活动，能激发用户参与的积极性，同时在社群中营造良好的品牌传播氛围。

（3）其他福利。如红包雨、干货分享等，在活动过程中适当地植入广告，也不会引起用户反感。

2. 线下社群活动

社群需要通过一系列的活动对内聚拢成员、强化成员关系，宣扬社群核心价值、吸引新成员加入，同时，向外界宣告社群存在。一次讲座、一次分享、一次见面会……这些都属于线下活动。当前，很多企业的社群活动内容聚焦在新产品体验或邀请会员参观工厂、观摩生产流程等。小米公司每个月都举办多场线下活动，如“米粉”节、同城会等，这些都是社群活动不同的形式。高频次活动对社群的发展有着至关重要的作用。

（三）提升成员身份认同

社群成员必须一起做些事，才能加深和固化彼此的感情。优秀社群的发展基础就在于让对的人在一起做对的事。“对的事”就是共同的目标，或者共同的任务。有了共同的任务、持续的活动，社群才有活力，也才可持续。共同的目标和价值观可以增加成员之间的情感联结，让弱关系升级为强关系。因此，社群目标不仅可以激发人们的潜能，也是吸引新成员加入的关键要素。

社群只有源源不断地带给群成员归属感和优越感，成员才会留下来，例如：樊登读书会通过活动，带给人们参与的体验，成员在一起交流、碰撞，不断地联系，从而凝结成情谊，以此增强成员的身份认同，如图 7–5 所示。

图 7–5　樊登读书会线下活动照片

（四）社群裂变

社群的发展壮大离不开裂变，裂变的前提是社群已经形成一套亚文化体系和运营机制。社群裂变并不是由社群领袖主导的，而是由社群内的核心成员主动发起的。社群场景化极大地增强了社群成员的仪式感和体验感，举行仪式可以强化社群成员的共同价值观，从而增强成员间的凝聚力。无论是语言体系还是外在的衣着、行为，统一、整齐的行动带给社群成员的心灵震撼是产品无法比拟的。这也是社群裂变的基础。

任务三 自媒体社群的策划与运营

一、自媒体社群的策划

（一）社群的目标用户

创建社群就需要寻找目标用户，那么去哪里找呢？社群的目标用户要在每个人社交网络关系的“中关系”里寻找。

每个人的社交网络关系都可以分为强、中、弱三层。强关系是指个人的社交网络同质性较强，人与人的关系亲密，有很强的情感因素维系着的人际关系，如亲戚、朋友、同学、同事等。弱关系则是指个人的社交网络异质性较强，人与人关系不亲密，也没有太多的情感维系，就是“泛泛之交”。中关系就是介于两者之间的关系。

之所以强调到中关系中寻找目标用户，是因为较强关系而言，中关系可开发资源较多，而且都有信任的基础，是最可以沟通、交流、培养的目标用户。一旦跨过信任壁垒，开始第一笔交易，他们将会成为最稳定长久的用户。因此，每个推广人都应该积极开发自己的中关系，中关系可以是强关系的裂变，如亲戚的朋友、朋友的朋友；也可以是弱关系的转化，如通过泡论坛、逛博客、发微博、聊 QQ 等，把陌生人转变为朋友。

（二）社群里需要哪些角色

每个人在现实生活中都有自己的角色，在社群中也不例外，社群中也有角色分配。每个不同性质的社群都会有不同的角色，大致分为以下三大类：

（1）组织者，也就是群主。群主不一定自己能力非常强，就像刘备一样，他可能自己的武功不是很高，却能够整合“关张赵马黄”五虎上将，整合“卧龙、凤雏”两位超级智囊，最终形成三分割据的鼎足之势。从这个意义上讲，刘备就是一个很好的“群主”。一个好的社群要有一个优秀的群主，他了解社群中人们的特点、需求，及其拥有的能力和资源。群主每天会发布一些主题内容，组织社群里的人参与讨论，换句话说就是“人脉好，会引导”。

（2）专家，也就是问题解决者。因为想要做成一件事，必须有高手，社群中的人很多，关键能力者其实只需要几位或者十几位就可以了。但是不要小瞧这些人，社群能够持续发展，专家是不能缺少的。当一个新进社群的用户发问的时候，专家的回答能够让用户安心地留下来，如果用户发现社群无法帮他解决问题，就会立即离开。

（3）积极分子，也就是气氛活跃者。当社群中有一个话题发布后，大多数人都是观望的，这时候谁能够主动参与并引导讨论，谁就是气氛的活跃者。这个角色就像是一个榜样，吸引大家一起参与。在前期大家还不熟悉的情况下，社群中未必有气氛活跃者。这就需要群主先来安排几个活跃者参与，也就是我们俗称的“托儿”，等群内氛围逐渐热烈，就不再需要这么做了。

二、自媒体社群的运营技巧

（一）创建自媒体社群

人们之所以加入社群，是因为它强化了成员的身份认同感；之所以愿意继续留在社群里，是因为成员们有所收获。一般而言，创建自媒体社群应遵循以下五个步骤，如图 7–6 所示。

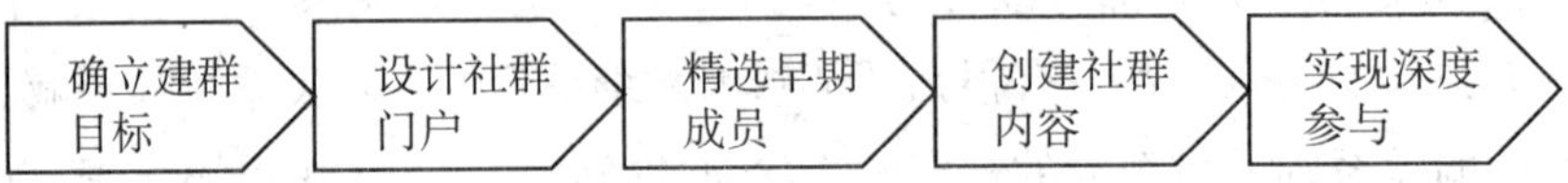

图 7–6　创建自媒体社群五步骤

1. 确立建群目标

明确建群动机与目标，将社群的使命或宣言展现在页面显著的地方，然后坚持这一使命，就能吸引认同该使命的人。同时，还要清楚地告诉用户该社群是做什么的、为什么要做现在的这些事。表达形式可以是文字，也可以是图片和音视频。

2. 设计社群门户

社群门户应该做到外形简洁、别有趣味，并能吸引用户，为其带来极大的参与感。为此，门户设计要展示真实可信的内容，并且让用户一目了然，入群流程要简单、易操作。

3. 精选早期成员

社群的起步总是非常困难的，但想发挥影响力并不一定要有非常多的社群成员。社群的早期成员往往是社群最热心的支持者，因此，社群初期一定要精心挑选 10～15 名首批成员，即核心参与者，他们经常访问社群、参与社群活动，是社群最重要的用户，要让这些人参与社群建设的过程。社群管理者负责监督、管理整个社群，进行宏观的把控。除此之外，还有社群策划者，他可能处于台前也可能处于幕后，负责社群运营目标的设置和社群发展方向的规划。

4. 创建社群内容

社群管理者一方面要发布未来活动或即将推出的产品的预告，发布与本社群成员相关的新闻，另一方面要征集社群成员的意见，提升成员的参与感，并请社群的 KOL 开设专栏，为社群外部的人员提供一个与社群内部成员进行交流的窗口。

5. 实现深度参与

要让社群成员对社群、对其他成员产生感情，要加强社群成员的相互交流、深度参与。

延伸学习

餐饮社群“霸蛮社”的成长之路

“霸蛮社”是一个开在北京的正宗湖南常德米粉店，聚集了大量在京湖南吃客，在社群运营方面堪称餐饮界的翘楚。“霸蛮社”拥有 2 000 多个微信群，早期的社群成员以到店顾客为主，被称为在京湖南人聚集地。

“霸蛮社”的发展经历多次升级，最初是兴趣社群 1.0 版本，社群成员大部分出于兴趣爱好走到一起，并自发组织各种线下活动；随后升级到“用户即员工，员工即用户”的 2.0 版本，这个阶段很多社群成员更加深入地了解品牌，社群内的互动更加活跃和紧密，部分忠实顾客慢慢变成了“霸蛮社”的员工；最后，在升级到“无边界组织”的 3.0 版本时，企业内一些不太重要的部门逐步被社群拆解掉，企业运营成本和效率再次提升。“霸蛮社”的线下活动如图 7–7 所示。

图 7–7　“霸蛮社”的线下活动

资料来源：http://www.sohu.com/a/224978938_423911.

（二）保持社群活跃度的技巧

社群的生命力取决于群成员的活跃度。如何保持社群活跃度？这是社群运营过程中的一个关键问题。保持社群活跃度可以通过社群分享、社群讨论、社群打卡、发红包、线下交流等方式来实现。

1. 社群分享

社群分享一般是一对多，由一个主角主导输出，其他人学习。社群分享是提高社群活跃度的最有效方式。要做一次成功的分享，需要考虑以下十个环节，如表 7–1 所示。

表7–1　　　　社群分享环节

环节	操作要点
1. 提前准备	要求分享者就话题准备素材，并强调分享者应该分享对大家有启发的内容，而不是借着分享做广告；话题分享模式要就话题是否会引发大家讨论进行小范围的评估。
2. 反复通知	确定分享时间后就提前在群里多发布几次消息，如果分享特别重要，应采用群发或一一通知的方式。
3. 强调规则	为了避免影响嘉宾的分享，在每次分享开场前都需要提示规则。如果是QQ群，可以临时禁言，避免规则提示被很快覆盖。
4. 提前暖场	在正式分享前，开启一些轻松的话题，引导大家上线，营造交流的氛围。一般一个群上线的人越多，消息滚动得就越快。
5. 介绍嘉宾	在分享者出场前，需要社群中有一个主持人做引导，介绍分享者的专长或资历，让大家进入正式倾听的状态。
6. 诱导互动	分享者或话题主持人要提前设置互动诱导点，如果发现缺乏互动，需要安排人热场。
7. 随时控场	若是在分享的过程中有人干扰，或者提出与主题无关的内容，这个时候需要主持人私聊提醒，引导这些人先服从分享秩序。
8. 收尾总结	分享结束后，要引导大家就分享做一个总结，并鼓励他们去微博、微信朋友圈分享自己的心得体会。
9. 提供福利	在分享结束后，可以对总结出彩的成员和用心参与的成员赠送各种小福利，以激发大家以后参与分享的积极性。
10. 打造品牌	对分享的内容进行整理后，可以通过微博、微信公众号等新媒体平台发布、传播。

2. 社群讨论

社群讨论主要是找一个话题，让每一个成员都参与进来，通过相互的讨论获得高质量的输出。一般而言，社群讨论可以分以下三个阶段准备：

（1）讨论准备。首先，需要建立内部管理组。小组成员最重要的角色有组织者、配合人、小助手。小助手需要协助组织者和配合人做些琐事，还需及时回应提问、活跃气氛，带动整个社群的讨论。

其次，确定讨论话题。在确定话题时，注意话题不能太大、太沉重，要简单、易讨论，让人可以随时参与。若能结合热点话题，则更有利于活跃气氛。

最后，发布预告。在发布预告时，应告诉社群成员什么时间来参加讨论。一般需要进行 3 次时间预告。前一天的 21:30—23:00、当天的 12:00—13:00、讨论开始前的 1 个小时，这 3 个时间段是比较合适的通知时段。

（2）开展讨论。一个问题讨论的时间是 30～40 分钟，可以根据情况适当延长或缩短。如果没有太多群分享的经验，就需要提前设想在不同分享的过程中应该说什么话，并写下来作为过程稿，也可以发到管理组让成员提建议，这个过程也可以让主持人有更充分的准备。

（3）讨论结束。对参与分享的成员发言进行汇总。汇总完成之后就上传到群共享，同时在群里发布通知，告诉大家分享的内容已经整理上传，以便没有参加讨论的人下载查看。同时，通过总结自己的优势或不足，为下一次的讨论积累经验。

3. 社群打卡

在网络中，“打卡”这个词常用来提醒为了养成一个好习惯而努力，而社群打卡就是社群中的成员为了养成某一个好习惯所采取的某一种行为。

（1）社群打卡的作用。习惯的培养和克服有它自身的规律，打卡是一种有效地养成好习惯的方式。对于社群而言，打卡不但能够通过成员高质量的输出来保持社群质量，还能提高社群的活跃度，其作用有以下三个：第一，在社群中打卡代表一种承诺，是对很多人的一个公开宣示；第二，在社群中打卡代表一种态度，代表某件事的重要程度，代表执行的认真程度，这也决定了这件事情的结果；第三，在社群中打卡有助于养成好习惯。

例如：培训机构微信群要求学员每天上传阅读照片，或在开课前接龙发送一句互相打气的信息，从而在群内形成互相监督、调动参与的氛围。图 7–8 所示即为某培训机构学员微信群打卡记录。

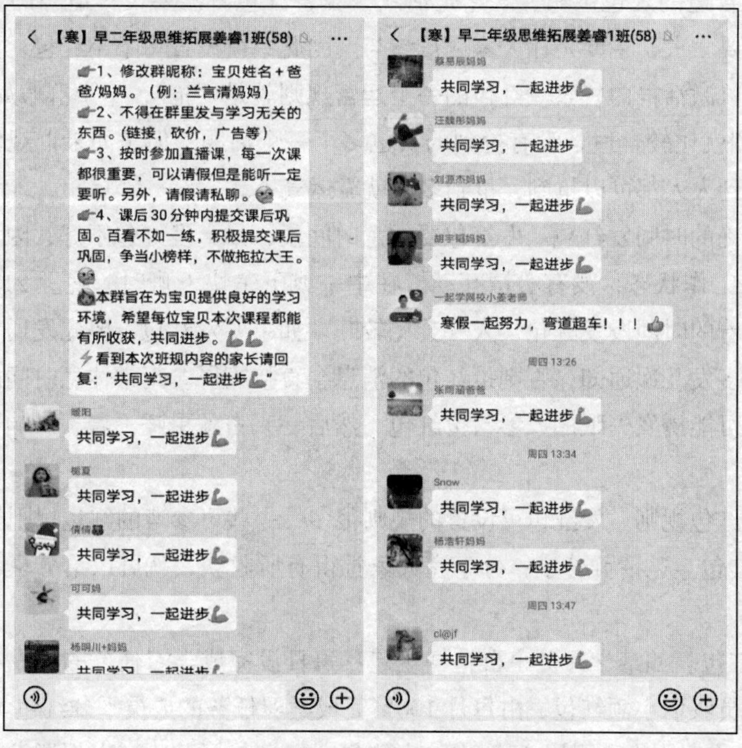

图 7–8　某培训机构学员微信群打卡记录

（2）打卡规则与管理。打卡的格式、时间、可报项目内容、数量和统计标准都需要进行规范。在打卡群，至少要有执勤人每天关注所有人的打卡，对照所报项目核实其完成情况。所有的打卡都需要提供相关证明，例如：运动 1 小时需要提供运动 App 截图证明；阅读则需要提供笔记或分享感悟等。

规则多、环节丰富的打卡群的运营管理难度很大。如果要维持比较高的水准，激励大家持续输出有质量的打卡内容，就需要多名管理人员投入相当多的时间，协作配合，分工明确，当然，最重要的还是用心。

4. 发红包

（1）明确发红包的目的。在中秋节、国庆节、春节等喜庆的日子发红包，大家花点时间乐一乐、抢一抢，都开心。有喜讯、有好事、有“大牛”入群、有重要通知等，也可以发个红包活跃气氛，吸引大家的注意力。

但发红包不能太任性，得有一个理由。有的群主每天早上发一个小红包，美其名曰“活跃气氛”，最后只会出现一些群成员每天早上默默抢完红包就走，而另外一些群成员被每天早上抢到小红包的发言骚扰，愤然离群。发红包过于频繁还会导致红包效应下降。在工作时间发红包会被很多上班族忽略，就算抢了，那种耽误了工作的懊恼感也会导致红包效应下降。

（2）设置合适的红包金额。既然是活跃气氛，红包就需要设置适当的金额，一般情况下，金额不要太大，主要是让大家尽量参与。因此，可设置一个小红包，采取多人随机分配的方式，以激活群内气氛。红包的一个运营规则就是“抢”，一个群假如有 500 个人，让 50 个人抢到就比较合适，没有抢到的人也多了一个话题。但是如果群规模很小，都是朋友，就要做到人人都可以抢到，抢到多少就靠运气了。

（3）在正确的时间发红包。发红包要注意时间段，早上发红包不好，因为抢完红包大家马上要进入工作状态，没有心情互动。在中午或下午快下班时、晚上 21:00 后、节假日等大家都闲着的时间段发红包，人气会比较旺。如果要发红包，要先发通知信息再发红包，而且最好多发几次通知，否则抢红包的消息会直接刷屏。正常休息时间前最好不要发红包，因为很可能诱发失眠的人参与抢红包，然后一兴奋就更睡不着，影响群成员的正常作息。

（4）巧设红包规则。发红包可设置的规则很多，一些可参考的红包规则如下：

1）分享红包。邀请群分享，分享完大家觉得有所收获，就可以给分享者打赏小额红包表示感谢。

2）任务红包。如某学习分享群这样规定：每日没完成学习任务的人发小额红包，群主定期向群成员收取小额红包，由每月 100%完成学习任务的成员平分红包。

3）含义红包。如何让别人记住你的小红包呢？在节假日所有人都群发祝福时，可以发红包祝福，如 6.66 元、8.88 元，甚至哪怕只有 1.68 元，也会让人印象深刻。

5. 线下交流

人与人之间建立信任最有效的方式不是网上聊天，而是见面。在大部分人的观念里，线下的见面聊天要比线上实在，与其在线上聊十次，不如见面聊一次。经营较好的社群都已经不再满足线上运营，都在慢慢从线上走到线下，只有在线下面对面的过程中，人和人之间多维的联系才会建立起来。

例如："秋叶 PPT" 在深圳、上海的社群成员就经常自发地组织一些线下的聚会、游玩等。"凯叔讲故事" 社群不定期会举办很多线下亲子互动活动，一方面增强社群成员黏性，另一方面增强社群成员的归属感和认同感。图 7–9 为 "凯叔讲故事" 线下亲子活动。

图 7–9 "凯叔讲故事" 线下亲子活动

三、自媒体社群的变现

通过前面的学习，我们已经清楚了创建社群的方法。按照步骤操作，就可以创建自己的社群并且在恰当的时机进行规模复制。但是社群创建成功之后，如何从社群中获得商业回报呢？自媒体社群变现的方式一般有以下五种：

（一）产品式

这种模式的前提是要有产品，社群成员也是因为产品而聚集在一起，"社群未建，产品先行" 典型的案例就是秋叶 PPT 及类似培训课程，即先有课程学员，再有学员社群。

（二）会员式

正如前面所讲，会员既是门槛，也是变现渠道，是大多数运作得好的社群的最常见的变现方式。这也是大多数兴趣型、理念型社群的主要变现方式。

会员式中最常见的是年费制，也就是一年缴纳一定的费用，就可以享受一定的社群权益，这是非常易于理解和操作的付费模式。这种模式的本质是服务标准化，让服务成为标准化产品，然后把服务做好，把产品持续推广出去。除此之外，还有一些会员付费模式的运营规则，如奖励返还和会员等级。

（三）咨询式

在实践中，很多带有广告的软文效果并不是很好，这是因为很多人看到软文后还是对产品有怀疑和困惑，或者处于犹豫、徘徊的心理状态。

如果在软文最后不是放广告链接，而是放一个群二维码，看到文章的人就可以扫码进群进行咨询。这样做，一方面用户可以在群中获得很多答疑，解决心中的疑惑；另一方面，用户可以看到已购顾客的反馈，增强信任感。

（四）电商带货式

如今是移动互联网时代，移动互联网最大的特征就是碎片化，因为会不断地出现一些碎片领域，所以社群电商模式也随之兴起。

因为社群本身不要求耗费很大的人力、物力、财力，一个普通人依靠自身能力就可以驾驭，一个人可能驾驭不了几百人的团队，但是可以驾驭一个几百人的社群，通过做一个好的群主，让这个群里的人相信社群的专业度，然后去购买相关的产品或者服务，就可以带来收入。

这种模式最关键的就是要引入或者生产高复购率的优质产品，如果产品口碑不好，对社群运营来说就是做无用功。

（五）流量式

社群流量大了之后，还可以收广告费，社群是某一类人群的集合，因此对于很多商家来说，社群就是精准用户聚集体。

如果有 50 万元推广经费，是投在报纸、电视、电梯、网站上有效，还是投在与产品相关的社群里划算？答案是显而易见的，而且后者价格也许更低。

自媒体社群变现的方式不局限于以上几种，在实际操作中，还可以通过其他方式创造更多的营销机会。

课堂思政

用农民最熟悉的方式脱贫

河北易县坡仓乡地处太行山深处，四面环山，多年来村民生活比较贫困。依托社会关系网络，农户的土特产品借助微信朋友圈、业主群、微博等载体快速传播，社群营销很快收到了效果。每天都有满载鸡蛋、猪肉、粉条等农产品的冷藏车驶往北京的小区，为从微信群里下订单的消费者送货。

城市里不少人对传统方式生产的农副产品感兴趣，坡仓乡政府还投入资金对乡村环境进行改造，吸引城市消费者下乡和农民一起劳动，亲手耕种、采摘、喂养等，体验农耕文化，在这个过程中产生很多新的消费，从而进一步带动了乡村经济、乡村文化的发展。

资料来源：http://www.xinhuanet.com/mrdx/2019-04/30/c_138024071.htm.

项目小结

社群营销是一种贴近消费者的营销模式。社群营销将人放在第一位，企业所获得的用户具有精准性与忠实性。随着社群的不断发展，社群营销的新方法也层出不穷。

社群构成的五个要素是：同好、结构、输出、运营和复制。社群经济基于社群而存在，社群营销是指企业为满足用户需求，通过微博、微信、社区等各种社群推销自身产品或服务而形成的一种商业形态。

开展社群营销需要进行精准的定位，吸引目标用户成为社群成员，开展活动维护用户活跃度，最终打造社群口碑并实现商业变现。社群营销可以借助社群中人与人关系的裂变实现快速的品牌传播和扩散，从而获得更多的利润和价值。

项目实践

一、实践内容

（1）利用所学的社群营销知识，制定社群营销方案并具体实施。

（2）以小组为单位，策划并创建一个 50 人以上的社群（可以是摄影爱好群，也可以是英语四六级考试交流群等），并拟订群规则。

（3）选择三种维持社群活跃度的技巧并实施。

（4）统计群活跃度、设定进一步提高的目标与计划，最终将结果在班级内进行展示和汇报。

二、实践目标

（1）了解社群创建的方法与流程。

（2）熟悉保持社群活跃度的技巧。

（3）掌握社群运营的方法和技巧。

三、实践设施

智能手机、联网计算机。

四、实践成果

项目实践成果可通过社群成员人数、社群活跃度进行验证。

五、注意事项

（1）小组成员之间按照各自特长合理分工，开展紧密协作，形成一个团结有力的团队。

（2）社群应定位准确，群成员与社群目标相符；社群线下活动方案应要点齐全，语言表达逻辑性强，表述清晰、准确、方案真实可行；社群要有真实的营销效果或商业变现。

（3）本项目实践需在本学期持续进行，要求平均每个月举行 1 次社群线下活动。

同步测试

7–1　社群营销
同步测试习题

项目八 新媒体广告策划

学习目标

知识目标：了解广告及新媒体广告的概念与特点，掌握广告策划的基本流程，熟悉广告创意的经典理论，掌握新媒体广告策划与创意的技巧，熟悉新媒体软广告的策划与创意技巧。

能力目标：具有结合营销目标开展广告策划的能力，能够根据不同新媒体平台特点开展广告创意，能够按照新媒体传播规律进行软广告创作与传播。

素养目标：养成独立思考的习惯，能够与团队成员分工协作，遵守国家法律和职业道德，践行社会主义核心价值观。

思维导图

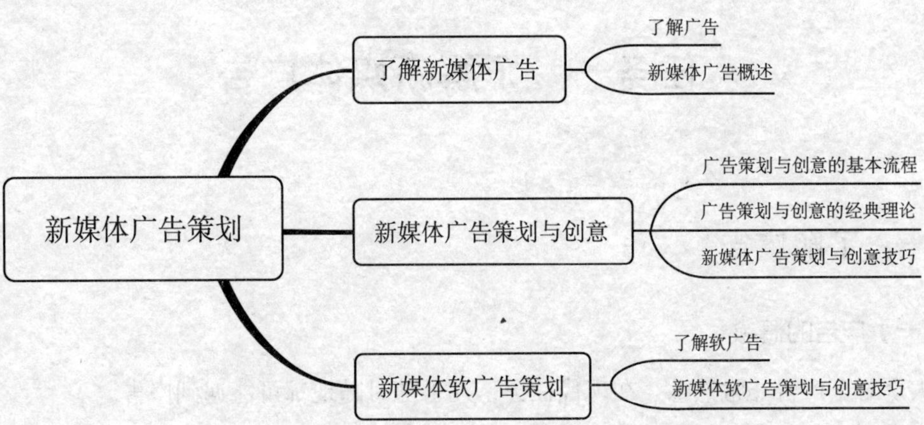

引导案例

网友投票选出2019年朋友圈十佳广告

2020 年 1 月，微信官方发起的“2019 年度用户最喜爱的朋友圈广告评选”活动落下帷幕，超过 100 万微信用户参与了投票评选活动，最终选出的十佳广告品牌是：梅赛德斯 - 奔驰、梵克雅宝、雅诗兰黛、水井坊、伊利、别克、戴森、麦当劳、可口可乐和欧莱雅。前十名广告总计获得票数超过 212.8 万，微信官方把这次投票活动变成了微信用户的狂欢，并提出了一个响亮口号——“广告，也可以是生活的一部分”。

2019 年，微信月活跃用户数达到了 11.65 亿，吸引了越来越多的企业选择在微信朋友圈投放广告。微信朋友圈像一个超级社区，朋友圈广告非常自然地展现在精准目标消费者面前，微信用户不但可以对广告进行评论，还可以看到其微信好友对该广告进行的评论和互动，再加上朋友圈广告创新的“手势滑动”互动广告形式，激发了消费者的探索欲望，这使得朋友圈广告广为微信用户接受。

8-1　2019 年度朋友圈广告评选结果

资料来源：根据互联网公开信息改编。

微信朋友圈广告的成功，反映出新媒体广告行业的日益繁荣。随着互联网覆盖率的进一步提升，以及新媒体的迅速发展，再加上层出不穷的新创意、新形式，新媒体广告已迎来了快速发展的新时期。

任务一　了解新媒体广告

一、了解广告

（一）广告的概念

大众对于广告非常熟悉，在现代社会，几乎随时随地都可能遇到广告。

广告到底是什么？倪宁编著的《广告学教程》对广告的定义如下：广告是广告主为了推销其商品、劳务或观念，在付费的基础上，通过传播媒体向特定的对象进行的信息传播活动。

广告具有悠久的历史，随着近现代报纸、杂志、广播、电视等大众传播媒体的蓬勃发展，广告也取得了巨大的社会影响力。从本质上来说，广告属于市场营销四要素（4P）中的促销。

广告的分类有很多，包括商业广告、公益广告、政治广告等。本书中关于广告的分析与讨论，主要是关于商业广告。

广告是一种传播行为，在传播学中通常会从五个方面分析传播行为，分别是传播者、传播信息、传播媒介、传播对象和传播效果。在商业广告中，传播者是企业和广告公司，传播内容是广告信息，传播媒介是所选择的广告媒体，传播对象主要是目标消费者，传播效果是广告受众接收到广告之后的反应。

对于社会大众来说，广告一方面因其无孔不入而令人讨厌，另一方面却又可以帮助消费者进行消费选择，而且广告的传播往往伴随着文化的传播，能够给社会带来积极的影响。

（二）广告活动的流程

企业开展广告活动，包括广告调研、广告策划、广告创意与制作、广告发布与广告效果监测五大环节，如图 8–1 所示。

图 8–1　广告活动的流程

1. 广告调研

企业开展广告活动，首先需要进行产品、顾客、市场竞争、广告媒介等多方面的调查研究，其常用手段包括资料搜集、问卷调查、消费者访谈、实地调研等。只有经过详细的广告调研，才能够在调研数据和结论的基础上，为后续的广告策划与实施提供依据。可以说，前期调研在相当程度上决定着广告活动的成败。

2. 广告策划

广告策划是在广告调研的基础上，根据广告主的营销目标和计划，对企业广告活动进行的战略和策略上的整体筹划。广告策划有广义和狭义之分，狭义的广告策划是指企业为一个或几个较为单一的广告活动进行策划；广义的广告策划是指企业为围绕同一个广告目标开展的规模较大、持续时间较长的系列广告活动进行的整体策划。广告策划的重要任务包括确定广告目标受众、制定广告主题、选定广告发布媒体等。

3. 广告创意与制作

广告创意是在广告策划的基础上，根据目标受众的需求和特点，以及所确定的广告主题与发布媒体，在广告表现方面进行的创造性工作。好的广告创意能够充分吸引目标消费者的注意力，并且能够实现品牌知名度提升和产品促销目的。广告创意产生之后，要确定最终的广告文案和广告设计，并完成广告作品的制作。

4. 广告发布

广告设计制作完成之后，就需要按照计划进行广告投放发布工作，这也是广告实现向目标受众传播的重要环节。

5. 广告效果监测

上述广告活动的环节完成之后，广告策划与实施人员需要对广告发布效果进行监测，通过广告效果监测及时发现广告策划和实施中存在的问题，并及时进行弥补和改正，以保证广告活动最终顺利实现广告目标。从这里能够看出，广告活动的各个环节是一个循环往复的动态过程。传统广告的监测较为困难，往往是在广告发布一段时间之后，开展市场调研或者统计销售增长数据，以此获得广告效果的评价；新媒体广告则可以依靠便捷可靠的网络化信息系统，精确地掌握实时数据，从而实现很好的广告效果监测功能。

二、新媒体广告概述

（一）了解新媒体广告

随着互联网的日益普及，基于互联网的新媒体广告也获得了迅速发展。相比于传统媒体广告，新媒体广告具备传播范围广、互动性强、广告对象精准、广告效果可精确测量等突出优点。

其中尤为重要的是新媒体广告的互动功能。当网民被一则网络广告吸引之后，就会通过点击该广告进入一个新的网页，进而深入了解到更多的广告内容，甚至是直接在线订购相关产品或服务，这种广告效果是传统媒体广告很难实现的。

近年来，随着移动互联网的日益成熟和普及，基于智能移动终端上的各种新媒体 App 也拥有了庞大的用户群体，这些新媒体 App 的广告价值也日益受到企业的重视。

（二）新媒体广告的特点

与传统广告相比，新媒体广告具有广告形式新颖、广告位尺寸较小等特点。

1. 广告形式新颖

由于新媒体广告是基于 App 展现，因此出现了信息流广告、开屏广告等多种形式新颖的广告形式。

（1）信息流广告。在新媒体 App 中出现了一种特殊的广告形式——信息流广告，这一形式广告的广告位不再固定，而是按一定规则动态呈现在网民浏览的信息流之中，这与传统网站采取固定位置的广告位方式有所不同。信息流广告的典型代表有今日头条、腾讯新闻、抖音、快手等新媒体 App 中的广告，如图 8–2 所示。

图 8–2　新媒体 App 中的信息流广告

为了让广告更加精准地投放到目标受众面前，新媒体平台会根据复杂的算法规则，对每一个用户的特征和需求进行研判，然后为其推送、展示相关企业产品的广告，这种模式有效地满足了企业和消费者共同的需求。

（2）开屏广告等其他广告形式。新媒体广告的形式除了上述提到的信息流广告之外，也有一些固定的广告位，如打开 App 时 3～5 秒时间内所展示的开屏广告（如图 8–3 所示），以及在微信公众号图文中的广告（如图 8–4 所示）等。

其中，开屏广告可以在进行广告信息的传播时独占整个手机屏幕，画面冲击力较强，而且可以综合运用视频、图片、文字、声音等多种媒体形式，容易取得理想的广告传播效果。

2. 广告位尺寸较小

新媒体 App 的用户界面通常较小，限制了其上所展示的广告尺寸，进而对广告的创意产生制约。这就要求广告在策划和创意的时候，一方面要利用狭小的广告位置充分吸引眼球，并使受众产生点击的欲望，另一方面要利用广告链接的第二个页面进一步发挥广告创意。

图 8–3　腾讯新闻 App 开屏广告

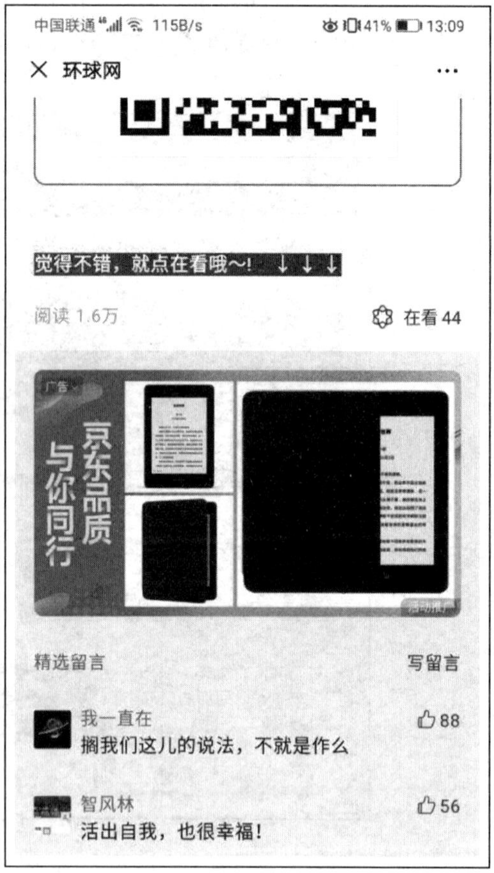

图 8–4　微信公众号图文中的广告

教学互动

1. 互动内容：在日常生活中，令你印象最为深刻广告是哪一个？为什么印象会这么深刻？

2. 互动要求：

（1）结合自己日常上网、看电视、听广播、读报刊时，或者在其他生活场景中遇到广告的经历，分析自己印象最深刻的广告，并与同学进行讨论。

（2）教师对学生的回答进行点评和总结。

任务二　新媒体广告策划与创意

一、广告策划与创意的基本流程

广告活动依附于企业的营销计划而进行，服务于企业的整体营销目标，通常由专业的广告公司或营销传播策划机构负责实施。

策划一个广告，通常包括确定广告目标、明确广告对象、提炼广告主题、选择广告媒体和广告创意制作五大环节，如图 8-5 所示。

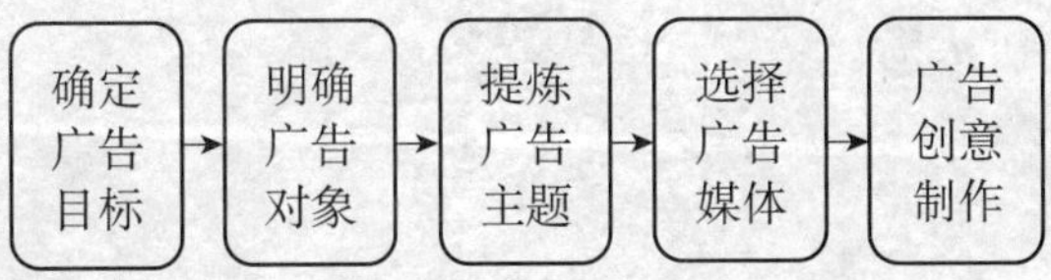

图 8-5　广告策划创意的基本流程

（一）确定广告目标

进行广告策划，首先需要明确广告活动的目标，即最终想要实现什么目的。广告目标通常包括提高品牌知名度、保持品牌知名度和提高销量等方面，不同的目标和企业产品所处的市场营销阶段有关。当一个新品牌或新产品投放市场时，需要通过广告迅速提升品牌在消费者中的知名度；当一个老品牌在市场中占据较为稳定的市场份额后，需要通过广告加深消费者对品牌的认知和记忆；当企业需要与竞争对手争夺市场和消费者时，需要通过广告来传达产品的核心优势，以迅速提高销量。

（二）明确广告对象

广告是一种“向特定的对象”进行的信息传播活动，其中的特定对象通常是指企业产品或服务的目标消费者。例如：某幼儿英语培训机构的目标消费者是该城市范围内学龄前幼儿，并且其家庭收入处于中等或较高水平。因为此类消费决策通常由幼儿的母亲进行，所以应以该城市内中、高等收入家庭中的幼儿母亲为主要广告对象。

（三）提炼广告主题

广告主题是广告传达的中心思想，也被称为广告诉求，即在广告中向广告对象“说些什么”，是综合目标消费者的需求与心理、企业品牌形象、产品特点、竞争对手的产品特点与广告诉求等方面综合形成的，确定广告主题的依据是能够充分吸引和打动目标消费者。

（四）选择广告媒体

虽然媒体投放通常是广告活动的后期环节，但是媒体投放的根本原则是选择最能够到达目标消费者的合适媒体，所以一旦广告对象被锁定，广告媒体就基本上被确定。就新媒体广告而言，广告对象在哪一个新媒体平台使用频率越高、时长越长，这个平台通常就是最合适的广告媒体。每一个广告媒体都会有对应的广告形式要求和指定的尺寸，并对文字、图片、视频等有相关要求，广告创意也需要符合媒体的特点。

（五）广告创意制作

根据所确定的广告主题，以及所选择广告媒体的要求，广告策划人员开始进行广告创意与制作，包括文案的创作、画面或视频情节的创意、互动环节的设计等，甚至包括是否邀请明星代言。广告创意水平的高低，直接影响广告的效果，好的广告能够一鸣惊人，而质量低下的广告就会石沉大海。

延伸学习

头脑风暴会议

进行广告策划和创意，通常需要广告策划团队的集体智慧，而头脑风暴会议就是一个非常有效的群体决策方法，可以创造出优秀的广告创意。头脑风暴会议一般是10～15人参加，召开时间控制在20～60分钟，设置1名主持人，1～2名记录员，主持人只负责主持会议，不对发言做评论，记录员负责把每一条与会人员的想法记录下来。在召开会议之前，主持人需将会议主题提前通报给与会人员，让与会人员有一定准备；会议追求的目标是围绕主题产生尽可能多的想法，成员之间一律平等，提倡自由思考，畅所欲言；禁止与会人员之间的批评，鼓励在他人想法基础上创新，会议中不允许私下交谈；会议结束后的一两天内，主持人应向与会人员了解会后的新想法和新思路，以此补充会议记录，然后将大家的想法整理成若干方案，最后择优确定出最佳方案。

二、广告策划与创意的经典理论

在广告的发展历史上，曾经出现过很多有关广告策划与创意的理论，其中影响深远的理论有独特销售主张（USP）理论、品牌形象（BI）理论、定位（Positioning）理论和AIDMA法则等。虽然目前已经进入互联网时代，但这些理论在广告实践中依然具有很高的应用价值。

（一）独特销售主张（USP）理论

独特销售主张理论由罗瑟·里夫斯在 20 世纪 50 年代提出，该理论要求在广告中向消费者说一个“独特的销售主张”（Unique Selling Proposition），简称 USP 理论。

USP 理论有三个要点：一是广告需要明确向消费者告知购买或使用本产品后将得到的明确利益；二是这个利益一定是竞争品牌所不具备的，或不曾提出的；三是这个利益必须具有足够力量打动目标消费者购买。USP 理论的提出，主要是基于不同品牌产品之间存在功能、性能或质量上的明显差异。

USP 理论的代表性成功案例有 M&M’s 巧克力豆、白加黑感冒药和舒肤佳香皂等。M&M’s 巧克力豆的广告语是：“只溶在口，不溶在手！”这则广告强调了该巧克力豆因为外边包裹了一层糖衣，所以不像普通巧克力那样会融化在手上，从而彰显了其与众不同的特点，如图 8-6 所示。白加黑感冒药把药丸分为白天服用和晚上服用两种，晚上服用的药丸添加有辅助睡眠的“扑尔敏”成分，并且用白色和黑色区分开来，其广告语“白天服白片，不瞌睡；晚上服黑片，睡得香”使产品取得了巨大的市场成功。舒肤佳香皂则在广告中突出强调了“除菌”功能，使其在短短几年之内就成为国内香皂市场的销量冠军。

图 8-6　M&M’s 巧克力豆广告

（二）品牌形象（BI）理论

品牌形象理论由广告大师大卫·奥格威在 20 世纪 60 年代中期提出，奥格威认为，当产品进入同质化的阶段之后，需要通过建立一个鲜明的品牌形象（Brand Image）来展开与对手的竞争，而消费者购买的不仅是产品本身，还包括品牌带来的心理上的满足。品牌形象理论简称 BI 理论。

BI 理论认为，品牌形象可以通过广告建立起来，每一则广告都是对品牌的长期投资，品牌形象比产品的功能更重要。

BI 理论的代表性成功案例包括哈撒韦衬衫、万宝路香烟、绝对伏特加等一系列经典广告作品。在哈撒韦衬衫广告中，一个戴着眼罩的男子身穿哈撒韦衬衫，神采奕奕，为哈撒韦衬衫树立了良好的品牌形象，使该衬衫企业销路大增，如图 8–7 所示。在万宝路香烟广告中，一个英俊潇洒的牛仔手拿卷烟，充满了男性深沉、睿智的气概，帮助万宝路香烟取得了市场上的成功，如图 8–8 所示。绝对伏特加酒的广告则充分展示了其具有高识别度的酒瓶形状，从而给消费者留下了深刻印象，当消费者到商店或超市中购物时，总能够一眼注意到并认出这是绝对伏特加酒，如图 8–9 所示。

图 8–7　哈撒韦衬衫广告

图 8–8　万宝路香烟广告

图 8–9　绝对伏特加酒广告

（三）定位（Positioning）理论

定位理论由美国著名营销专家艾·里斯与杰克·特劳特在 20 世纪 70 年代提出。这个理论认为，定位不是对产品做的事情，而是主要对目标消费者的心智做的事情，目的是让目标消费者在心目中对某个品牌和产品有深刻的认知，让产品在消费者头脑中占据一个真正有价值的地位。

定位理论在国内有不少成功应用的案例，如保健品“脑白金”“初元”和凉茶饮料“王老吉”等。其中，脑白金的广告语是：“今年过节不收礼，收礼还收脑白金！”这则广告成功地让消费者把脑白金产品认定为送给老年人的保健礼品，从而取得了市场上的巨大成功，如图 8-10 所示。初元的广告语是：“看病人，送初元！”这则广告则成功地把初元定位于为病人康复补充营养的保健品，也取得了市场上的成功。王老吉最初的广告语是：“怕上火，喝王老吉！”这则广告把本来属于广东地区流行的凉茶饮料，在全国消费者心目中打造成了一个可以“去火”的饮品，从而获得了品牌营销上的成功。

图 8-10　脑白金广告

（四）AIDMA 法则及其演变

AIDMA 法则不是关于广告创意的理论，而是揭示了广告影响消费者的心理和行为的过程，后来随着时代的变迁，陆续演变出 AISAS 与 AIDAS 两个法则。理解这三个法则，有助于广告策划人员优化广告活动的效果。

1. AIDMA法则

AIDMA 法则分析了一则广告对消费者施加影响的心理过程，由美国广告人 E.S. 刘易斯在 1898 年提出。这个理论认为，消费者先是注意到广告和产品（Attention），接下来对广告和产品产生了兴趣（Interest），然后产生了购买的欲望（Desire），并对该品牌产品产生了深刻记忆（Memory），最后采取了购买行动（Action），简称为 AIDMA。

2. AISAS法则

2005 年，日本电通集团提出了基于网络购买的消费者行为的 AISAS 理论。其诞生的背景在于，虽然 AIDMA 法则很好地诠释了在传统实体经济环境下的消费者购买行为，但在网络时代，消费者的心理和行为发生了改变。

AISAS 的前两个阶段与 AIDMA 相同，但在第三个阶段变为 Search（搜索），即消费者对一个广告产品产生兴趣时，会主动上网搜索该品牌和产品的信息，然后通过在线购物完成产品的购买（Action），并在购买完成之后，在网上把产品选购或使用感受进行分享（Share）。AISAS 法则是在 AIDMA 法则的基础上，根据互联网早期用户行为特点总结提炼出的消费者行为模式。

3. AIDAS法则

刘易斯曾经在 AIDMA 法则基础上又提出了一个 AIDAS 法则，包括 Attention（注意）、Interest（兴趣）、Desire（欲望）、Action（行动）和 Satisfaction（满意）5 个阶段，从新的角度解释了消费者受到广告影响的全过程。但是，本书所讲述的 AIDAS 法则与之不同，最后一个“S”指的是当前基于网络购买的消费者经常使用的“分享”行为。

随着网络广告的繁荣和网络零售的日益成熟，消费者在看到网络广告的时候，其消费行为又发生了改变，无论是传统的 AIDMA 法则还是 AISAS 法则，都不再适用。网络广告的受众被一则广告吸引之后，如果对广告内容或产品产生了兴趣和购买欲望，接下来所做的操作一定是“点击”（Action），然后就可以在广告链接的新页面中实现产品的在线购买等操作，最后再进行消费感受的分享（Share）。所以，当前网络广告环境下消费者的心理和行为模式，更适合用 AIDAS 法则来诠释。

在进行广告创意的时候，创作人员要根据实际情况，时刻牢记广告在消费者身上施加影响的过程，以保证广告创意的大方向不出偏差。

课堂思政

8-2　中华人民共和国广告法

让新媒体广告远离低俗与虚假

为了在激烈的市场竞争中成功吸引消费者的眼球，很多企业和广告公司“剑走偏锋”，在广告中采用一些虚假、低俗甚至违法的广告文案或画面。由于互联网发展迅速，因此相关政府部门监管有时候会出现滞后，这就导致了互联网成为虚假、低俗、违法广告的高发区，很多网络广告发布不实信息误导消费者，在广告画面中充斥低俗的文字或穿着性感暴露的女性形象，违法使用包含“最”字的广告语，等等。这些广告不仅扰乱了正常的竞争秩序，也为社会文化带来了严重的负面影响，终将受到网民的唾弃和政府监管部门的严厉惩处。

三、新媒体广告策划与创意技巧

一则好的新媒体广告，需要充分利用其所在 App 的特点，按照 AIDAS 法则开展广告策划和创意。

（一）文案和图案要适合狭小空间展现

新媒体 App 通常基于智能手机或平板电脑，相比于传统的电视广告、报纸广告和普通网站广告而言，其本身展示信息的空间就比较小。在狭小空间内传播广告信息，就要求广告文案中字数要尽可能少，同时字号尽可能大，另外在图案素材的选择上尽量用细节特写照片，这样才能够有效地传达信息并吸引网民的注意力。

有些企业在投放新媒体广告时往往会陷入一个误区，即广告文案字数过多导致字号太小，这会让广告受众看不清楚或不能引起注意。某白酒品牌在腾讯新闻 App 投放广告的图片中，除主广告语之外的文案字号太小，导致广告正文部分传播效果不好，如图 8-11 所示。

图 8-11　广告正文因字号太小而看不清

（二）让广告外观模仿正常资讯内容

网民使用新媒体 App 的主要动机是从中获取自己所需要的信息，所以对广告通常存在排斥心理，不会有意去阅读广告内容。在信息流广告中，要想获得更好的传播效果，可以让广告内容模仿该新媒体 App 正常资讯内容的标题和风格。

在腾讯新闻 App 中，曹操出行和京东商城的广告内容，无论是“左标题 + 右图”的形式，还是“标题 + 三张图”的形式，都与腾讯新闻 App 中正常新闻资讯的内容高度相似，用户在浏览新闻资讯的时候，不经意间就接收到了广告信息，如图 8–12 所示。

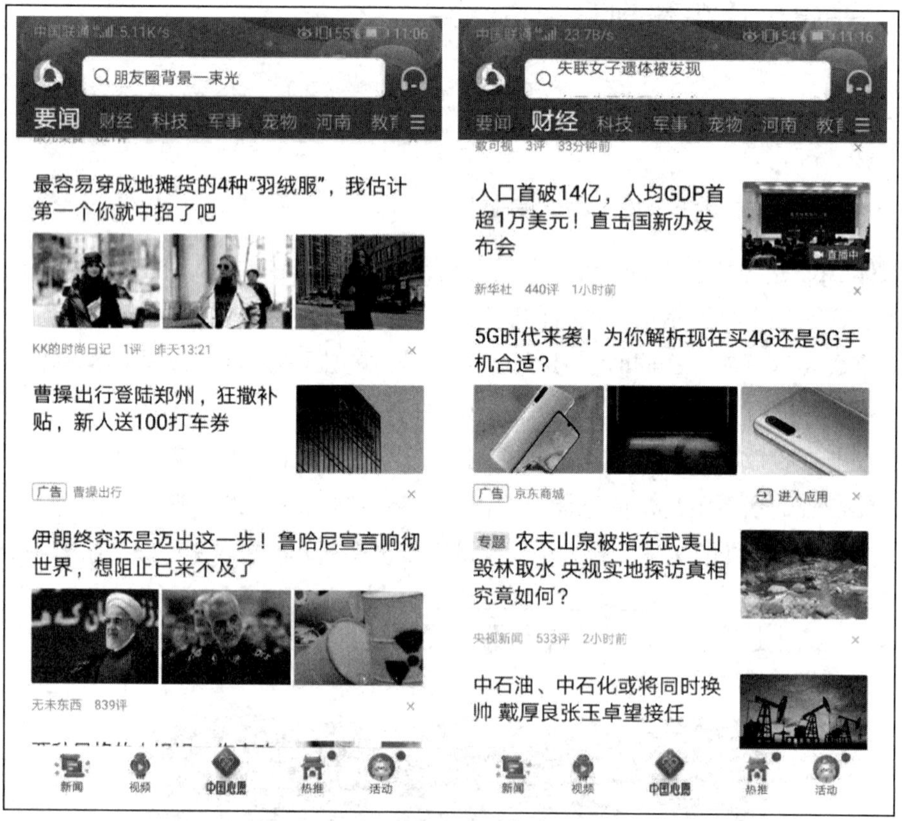

图 8–12　腾讯新闻 App 中的广告外观与新闻资讯非常相似

（三）充分利用新媒体广告的互动性特点

智能手机的一大操作特点是触摸屏操作，因此新媒体 App 上的广告可以通过触摸点击，引发互动内容或者打开一个新的页面。这个特点意味着在展示的广告中，不一定必须传达广告的核心内容，而只需要成功吸引用户注意力，能够让用户产生点击的欲望就足够了。更多的广告文案和图片、视频等内容，可以在点击广告后打开的新页面中进行全方位展示。

在腾讯新闻 App 中投放的恒大地产广告中，用户在向上划动屏幕、浏览新闻标题列表时，这则广告视频会开始播放，如果点击广告区域，就会进入一个新的广告页面，可以详细地了解广告的图文详情，如图 8–13 所示。

8-3　恒大地产广告

图 8-13　腾讯新闻 App 中的恒大地产广告

在某线下团购会广告中，点击广告打开的则是一个报名页面，提交个人信息可以在线报名，如图 8-14 所示。

图 8-14　腾讯新闻 App 中的某线下团购会广告

在京东广告中，点击广告则可以跳转进入京东 App 年货节专题促销活动页面，如图 8-15 所示。

8-4 京东年货节广告

图 8-15 腾讯新闻 App 中的京东广告

教学互动

1. 互动内容：结合上述所学的理论与技巧，如果你要给洛阳龙门石窟做一个广告，关于广告主题，你有什么好的想法吗？

2. 互动要求：

（1）首先由教师对龙门石窟的背景资料进行介绍，学生在思考过程中可与同学进行讨论。

（2）教师对学生的回答进行点评和总结。

任务三 新媒体软广告策划

一、了解软广告

（一）软广告的概念

软广告是相对于通常所见的“硬广告”而言的，通常也被称为广告软文，它以新闻、文章、电视节目等形式出现，实际上是发帖人以广告营销为目的的传达一种观念，或者推销一个产品。

软广告表面上与普通资讯内容一样，但是能够产生有利于品牌宣传和促进销售的效果，其产生的背景是大众对媒体中广告的厌烦和抵触。软广告的出现是"软性的"，大众以获取正常信息为目的阅读一篇图文、浏览一个微博或者观看一个视频，在此过程中接触到其中隐藏的广告内容。

（二）软广告的产生背景

互联网时代的信息呈现爆炸式增长，人们面对海量信息应接不暇，这就导致企业的营销信息很难到达目标人群眼前。企业间激烈的市场竞争，又让各个企业必须在众多媒体中投放更多的广告，费尽力气去抓住消费者的眼球。而消费者身处严重过度的信息覆盖之中，整日因接收信息而痛苦不堪，对于伴随媒体信息而来的广告更容易产生一种"视而不见"的接收效果，即对于那些不能在受众心目中产生较强刺激的广告，"接收"而不"接受"，从而使企业的广告难以达到既定效果。在这样的背景之下，企业一方面需要提高广告策划的水平，用更好地创意来吸引消费者，另一方面需要突破受众对硬广告的抵触这一难题，在新媒体平台实施软广告策略。

（三）新媒体软广告的形式

在新媒体中开展软广告营销有多种手段。在软广告的形式上，可以有图文资讯、图片、视频、调查问卷等多种选择。在发布主体的选择上，可以是企业在新媒体平台上注册的官方账号，也可以通过新媒体平台上别的媒体或自媒体账号，还可以通过官方账号或普通个人号进行社交互动并发布品牌营销信息。

二、新媒体软广告策划与创意技巧

（一）创作极具吸引力的标题

好的标题是诱使网民点击阅读的根本，企业在策划基于微信公众号、今日头条号等图文形式的软广告时，应在标题上反复推敲，创作出对目标人群极具吸引力的标题。关于如何创作标题，在本书项目二中已进行过相关分析，可以参考。例如：自媒体公众号"六神磊磊读金庸"中推送的一篇图文信息（如图 8-16 所示），由于其账号订阅用户主要是金庸小说的爱好者，因此"金庸江湖的轻功高手到底跑多快"的标题就很有吸引力，让人忍不住点击进去一睹为快。

图 8-16　极具吸引力的软文标题

当读者阅读时，发现这篇文章内容最后跳转到介绍 PUMA 品牌的一款新鞋上来，该产品与文章主题有一定的逻辑关系，从武侠小说到运动鞋的转换过渡非常自然，并且与该自媒体作者幽默风趣的个人风格保持一致，以轻松自如的手段化解了利用文章推销产品的尴尬，如图 8–17 所示。

图 8–17　软文中嵌入的产品信息

（二）把品牌营销信息“无声”融入正文之中

前文已经提到，消费者对广告是相当排斥的，如果他们在点开一篇文章之前就已经知道这是一篇软文，那么就肯定会放弃阅读。当他们被标题吸引后点击文章阅读时，若读到一半发现这是一篇广告软文，也通常会选择停止阅读该文章。如果发生这种情况，显然是很难实现企业推送软广告的目的，这就要求在撰写软广告时，把品牌信息、产品信息等营销内容，巧妙而“无声”地融入正文之中，让消费者毫无觉察。而且，如果消费者不仅没有察觉到软文中的广告内容，同时觉得该文章很不错而进行转发时，将会使软广告的营销效果实现最大化。

在短视频和直播等平台中，主播身上的穿戴、镜头画面中出现的物品，或者主播不经意间使用的某些品牌产品，都会给观众留下一定的印象，从而可以实现相关品牌的宣传和销售促进。很多时候，这其实就是经过认真策划和实施的软广告。

教学互动

1. 互动内容：假如你是一个拥有 100 万关注者的抖音网红，想通过抖音短视频的形式给你喜欢的某个餐厅做一个软广告，请讲一下你的拍摄思路。

2. 互动要求：

（1）注意不能直接推荐该餐厅，需要在不经意间让该餐厅的名字、位置、优点等信息传达给观众。

（2）教师对学生的回答进行点评和总结。

项目小结

广告是企业开展营销的重要工具。随着移动互联网的普及与繁荣，新媒体广告越来越受到企业的重视。新媒体广告继承了传统网络广告传播范围广、互动手段强、广告对象精准、广告效果可精确测量等优点，同时发展出了信息流广告和开屏广告等新的广告形态。

企业开展广告活动，包括广告调研、广告策划、广告创意与制作、广告发布与广告效果监测五大环节。其中的核心是广告策划、广告创意与制作，在进行一个广告的策划与创意时，一般要遵循“确定广告目标→明确广告对象→提炼广告主题→选择广告媒体→广告创意制作”的过程，并善于根据实际情况，借鉴、运用USP理论、BI理论、定位理论等广告创意的经典理论。

在创作新媒体广告的时候，应充分考虑新媒体App中提供广告位空间狭小的特点，尽量简化文案和图片素材，在创意和互动环节打破常规，提高对用户的吸引力，在信息流中投放的广告应尽量符合平台正常内容的格式和风格，以提高用户浏览广告的可能性。此外，应当重视利用自媒体开展软广告宣传的工作，可以用潜移默化的方式，提高品牌知名度。

总之，通过本项目的学习，大家应当充分认识广告在新媒体营销中的作用与地位，并掌握策划新媒体广告的相关原则与技巧。

项目实践

一、实践内容

（一）为本小组的微信公众号策划广告创意

围绕下述问题，展开小组讨论：

（1）本公众号的主要目标人群是哪些人？

（2）本公众号能够给目标人群带来什么利益和价值？其中最核心的是什么？

（3）确定广告目标，即通过该广告希望达成什么目的。

（4）进行广告主题的讨论，并确定一个合适的广告主题。

（5）进行广告发布形式的讨论，并最终确定广告发布的形式。

（6）进行广告文案的讨论，并最终评选出一个最佳的广告文案。

（7）进行广告创意的讨论，把广告目标与创意融合起来并最终评选出一个最佳的创意。

（二）开展广告制作

根据讨论形成的广告文案，以及适合广告发布的文字、图片或视频创意，制作广告作品。最少制作 3 个以上的作品，由小组讨论决策最终选择哪一个。

（三）进行广告发布和效果评估

按照既定方案，对广告作品进行发布，并实时跟踪广告发布效果。如果对广告效果不够满意，可以重新开展讨论并修改广告方案。

二、实践目标

（1）熟悉广告策划与创意的方法与流程。

（2）能够应用所学理论初步开展广告创意实践。

（3）通过项目实践培养团队沟通与合作能力。

三、实践设施

智能手机。

四、实践成果

项目实践成果可通过公众号订阅用户增长情况进行验证。

五、注意事项

（1）成员发言前应做好充分准备，提前对要讨论的问题有所思考。

（2）小组成员之间互相尊重和理解，对逻辑思维和语言表达能力不够好的同学应多包容和鼓励，多从其他人的发言中汲取有价值的内容，并形成自己的思路。

（3）小组讨论既要有民主，又要有统一，最后通过投票选出最佳方案。

同步测试

8–5　新媒体
广告策划
同步测试习题

项目九　新媒体营销常用工具

学习目标

知识目标：了解思维导图、图文信息编辑工具、图片处理工具、视频剪辑工具、H5制作工具的用途，熟悉相应领域的常用工具，掌握该领域一至两个工具的使用。

能力目标：能够根据企业实际需求，利用相关软件及工具制作新媒体营销作品，达到宣传和推广效果。

素养目标：养成独立思考的习惯，学会与团队成员分工协作，具备良好的沟通和表达能力，能够在营销传播过程中遵守国家法律与社会道德，践行社会主义核心价值观。

思维导图

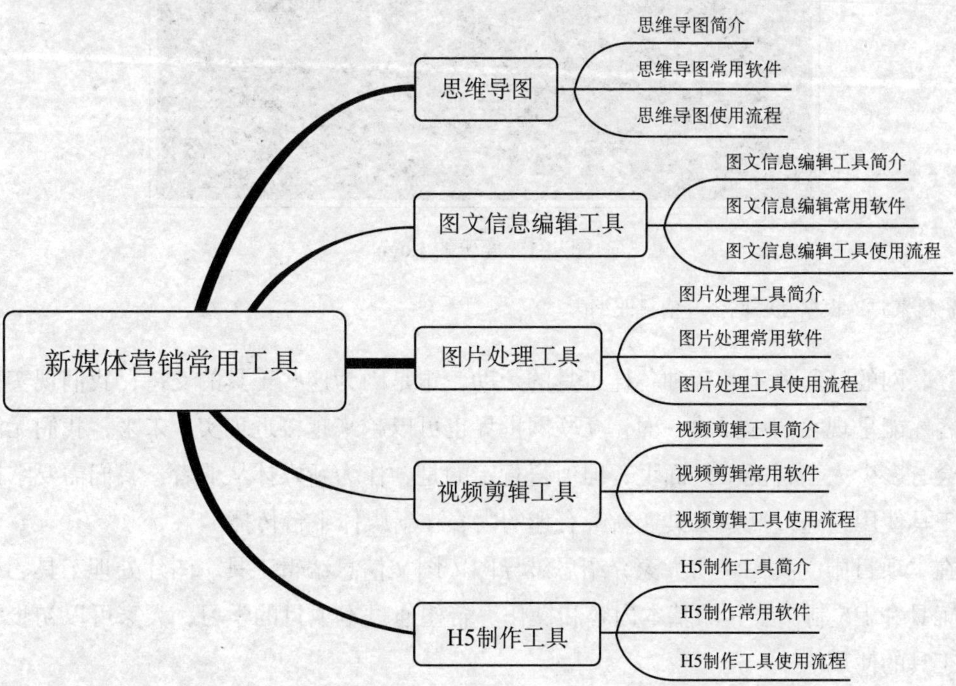

引导案例

效率惊人的AI设计师——鹿班

在科技发达的今天，5G、人工智能、云计算、大数据、虚拟现实等新兴科技已经深入日常生活中，给人们的工作、学习带来了前所未有的改变。这些高科技的出现，也大大丰富了营销工具的种类。

在设计圈里，有一个非常著名的设计师，即阿里巴巴集团名叫“鹿班”的 AI 设计师，如图 9–1 所示。“鹿班”能在很短的时间内完成大量 banner 图、海报图和会场图的设计。用户只需任意输入想达成的风格、尺寸，“鹿班”就能代替人工完成素材分析、抠图、配色等设计项目，实时生成多套符合要求的设计解决方案。它的速度惊人：平均 1 秒钟就能完成 8 000 张海报设计，一天可以制作完成 4 000 万张海报。2018 年“双 11”期间，“鹿班”为 20 万个企业、商家设计了近 600 万张图片，我们打开天猫看到的各种海报和活动商品图片，几乎都出自其手。2019 年“双 11”期间，“鹿班”面向集团电商场景输送了 10 亿张图片。

图 9–1　鹿班的 Logo

资料来源：根据互联网公开信息改编。

互联网的精彩离不开各种各样工具的帮助，正是因为这些工具的支持，我们现实世界的内容才能呈现它们虚拟的一面，互联网世界也可以越来越接近现实。未来，我们无法想象还会有多少人工智能工具面世，但值得肯定的是，作为新媒体从业者，我们需要掌握基本的工具使用，通过这些工具让新鲜有趣的内容在新媒体平台传播。

在本项目中，我们将向大家介绍思维导图、图文信息编辑工具、图片处理工具、视频剪辑工具和 H5 制作工具的基本内容和操作。希望通过本项目的学习，大家可以初步掌握这些工具的使用。

任务一　思维导图

一、思维导图简介

（一）认识思维导图

思维导图的英文是 Mind Map，又叫心智导图，它是表达发散性思维的有效图形思维工具。思维导图简单又有效，是一种实用性的思维工具。

思维导图运用图文并重的技巧，把各级主题的关系用相互隶属与相关的层级图表现出来，将主题关键词与图像、颜色等建立连接。它充分运用左右脑的机能，利用记忆、阅读、思维的规律，协助人们在科学与艺术、逻辑与想象之间平衡发展，从而开启人类大脑的无限潜能。因此，思维导图具有人类思维的强大功能。

（二）思维导图的绘制

思维导图是一种将思维形象化的方法，如图 9-2 所示。放射性思考是人类大脑的自然思考方式，每一种进入大脑的资料，不论是感觉、记忆或是想法——包括文字、数字、符号、香气、食物、线条、颜色、意象、节奏、音符等，都可以成为一个思考中心，并由此中心向外发散出成千上万的关节点，每一个关节点代表与中心主题的一个联结，而每一个联结又可以成为另一个中心主题，再向外发散出成千上万的关节点，呈现放射性立体结构，而这些关节的联结可以视为你自己的记忆，就如同大脑中的神经元一样互相连接，也就是你的个人数据库。

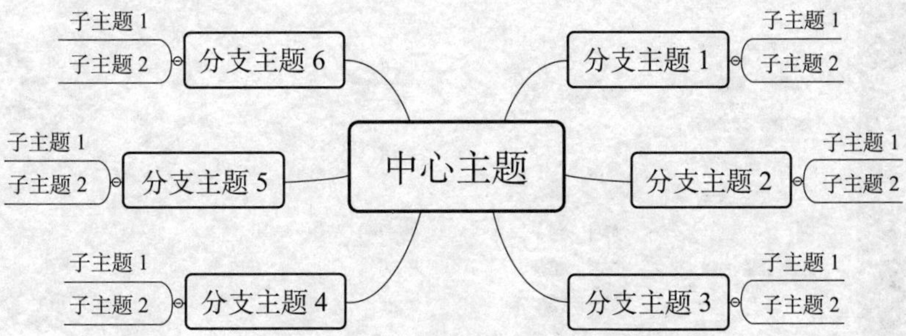

图 9-2　思维导图示意

互联网轶事

思维导图的起源

1969 年，英国的托尼·博赞发明了思维导图。中学时期，博赞在智力、阅读及记忆力等方面测试成绩不是很理想，这种状况引发了他的思考，他希望能找到一种有效的方法来提高自己的成绩。经过分析，他发现自己记笔记方法非常低效。进入大学后，博赞开始认真思考如何提高记忆和改进记笔记方法。经过研究，他发现了图像和信息之间的联系，以及提取信息的线索是帮助回忆的关键。同时，他总结发现，很多伟人，如达·芬奇等，记笔记的共同特点都是使用图像、图片、箭头及其他连接方式。由此，博赞发明了思维导图。1974 年，托尼·博赞在《使用你的大脑》中首次与世人分享了思维导图的成果。

资料来源：根据互联网公开信息改编。

二、思维导图常用软件

（一）MindMaster

MindMaster 是深圳市亿图软件有限公司推出的一款跨平台思维导图软件，如图 9–3 所示。软件提供了丰富的智能布局、多样的展示模式、精美的设计元素和预置的主题样

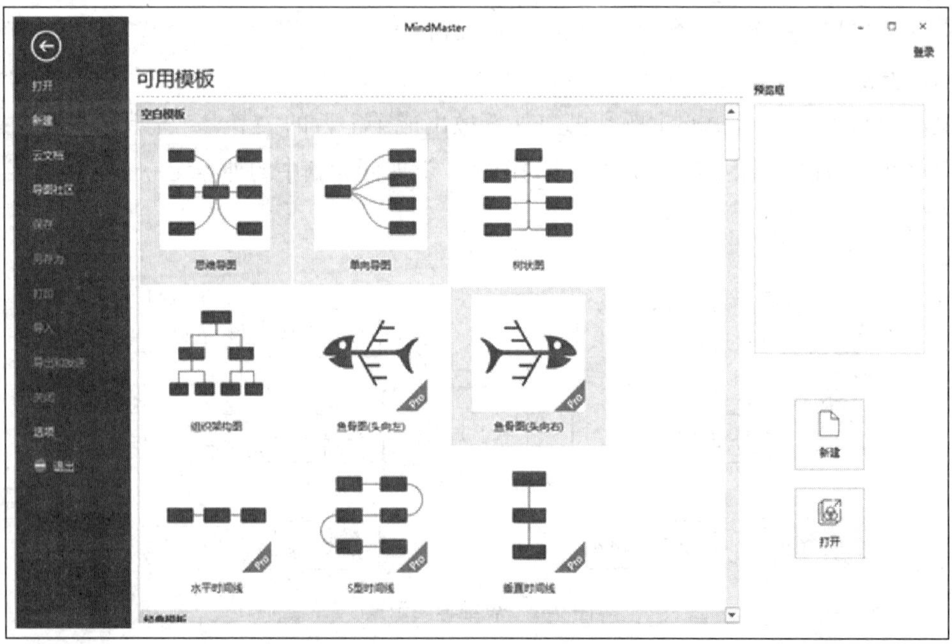

图 9–3　MindMaster 工作界面

式，为用户打造了一款真正的效率工具。其在整理工作思路、简化工作流程、会议记录、任务管理、时间管理等方面都非常实用。

作为一款由国内团队自主研发的软件，MindMaster 拥有比较好的中文支持，在操作方面也更符合国人的使用习惯。

（二）XMind

XMind 是一款精巧、易用的思维导图软件，通过 XMind 可以随时开展头脑风暴，帮助人们快速理清思路，如图 9–4 所示。XMind 绘制的鱼骨图、二维图、树形图、逻辑图、组织结构图等以结构化的方式来展示具体的内容。在用 XMind 绘制图形的时候，用户可以时刻保持头脑清晰，随时把握计划或任务的全局，它可以帮助人们在学习和工作中提高效率。XMind 软件可扩展、性能稳定、支持多语言、功能丰富且美观。

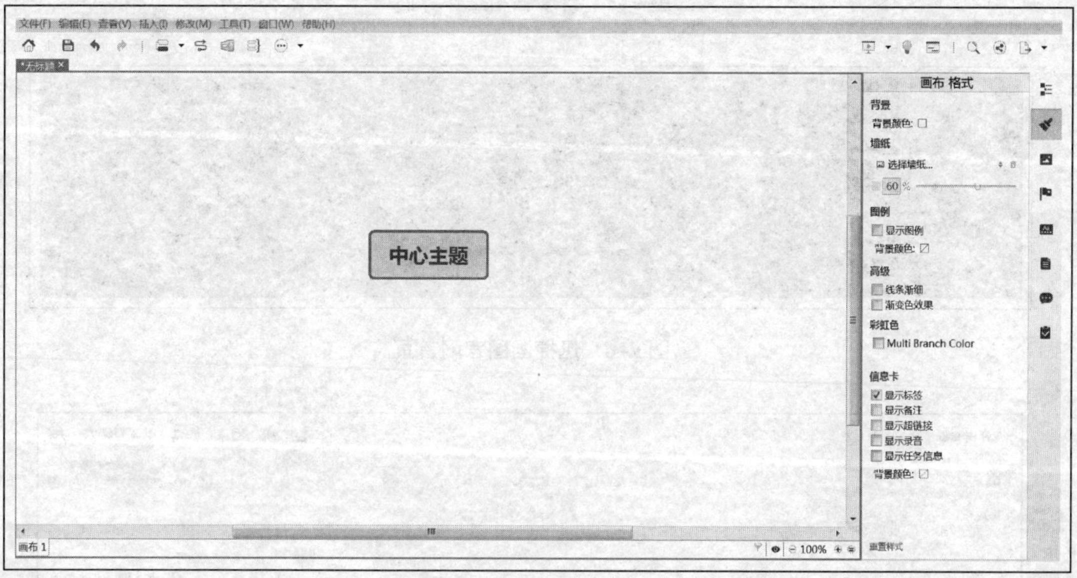

图 9–4 XMind 工作界面

（三）百度脑图

百度脑图是一款在线思维导图编辑器，需使用浏览器打开使用。除基本功能以外，百度脑图还支持 XMind、FreeMind 文件的导入和导出，也能导出 PNG、SVG 图像文件，如图 9–5 所示。同时，百度脑图具备分享功能，编辑之后，可在线分享给其他人浏览。

（四）迅捷画图

迅捷画图在线版网站是整合模板与绘制为一体的网站，使用者可以自己动手绘制思维导图，也可以套用模板进行编辑，制作完成之后，可以选择需要的格式导出到指定路径并进行查看，其官网首页如图 9–6 所示，画图工作界面如图 9–7 所示。

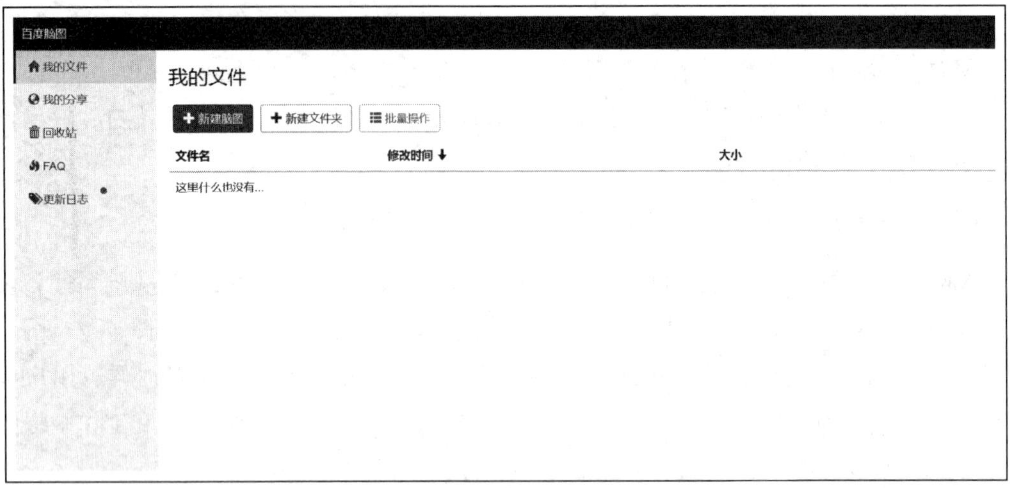

图 9–5　百度脑图工作界面

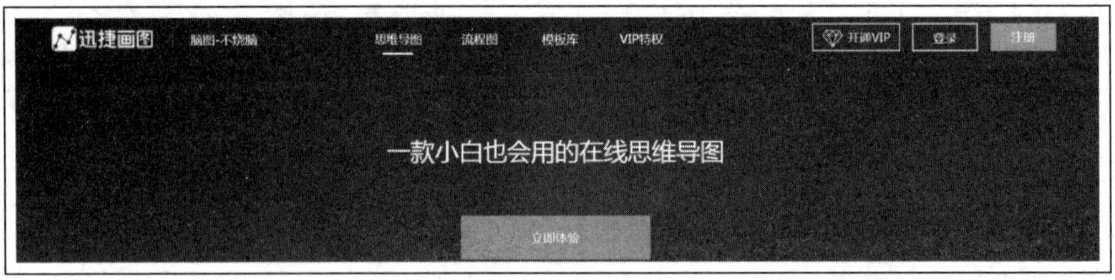

图 9–6　迅捷画图官网首页

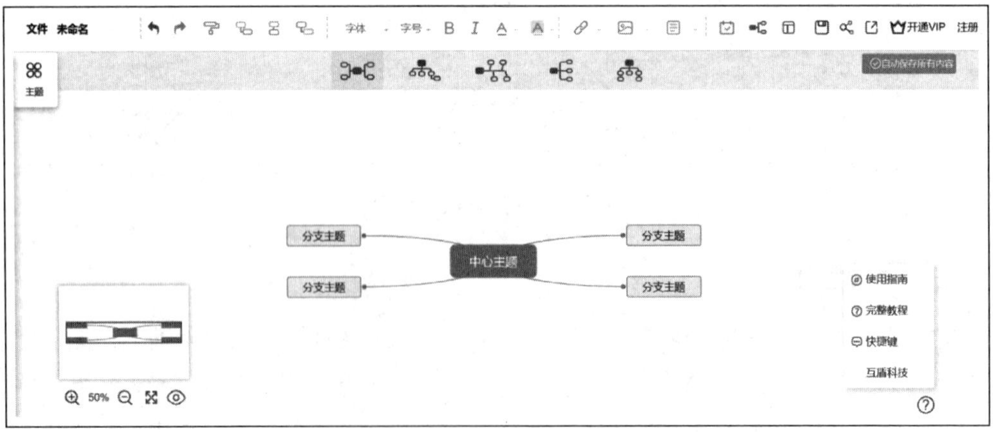

图 9–7　迅捷画图工作界面

三、思维导图使用流程

下面以 XMind 为例，介绍思维导图的使用流程。

（一）登录官网

搜索进入 XMind 官方网站，并点击“免费下载”，如图 9–8 所示。

图 9–8　XMind 官网首页

（二）下载安装

进入软件下载页面，下载并安装 XMind，如图 9–9 所示。

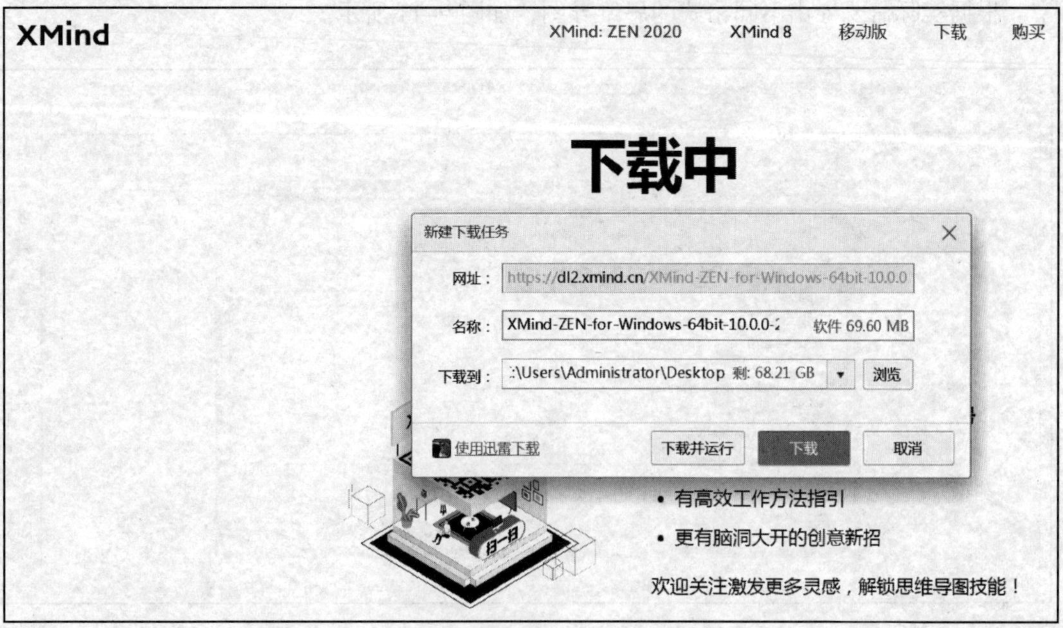

图 9–9　XMind 软件下载页面

(三)编辑思维导图

打开软件进行实际内容编辑，如图 9–10 所示。

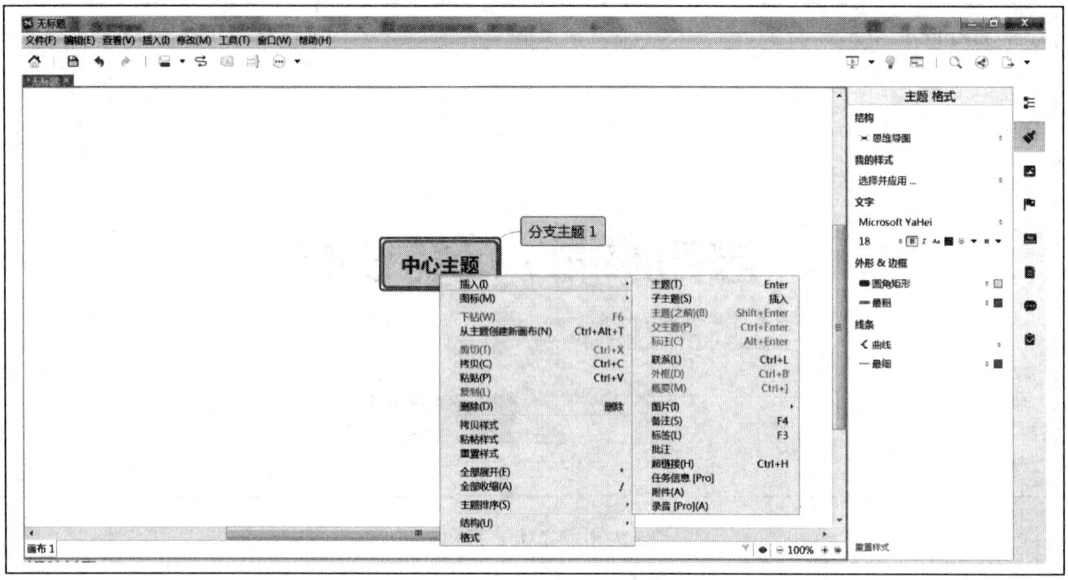

图 9–10　使用 XMind 编辑思维导图

(四)思维导图的导出

根据实际需要导出不同格式的思维导图，如图 9–11 所示。

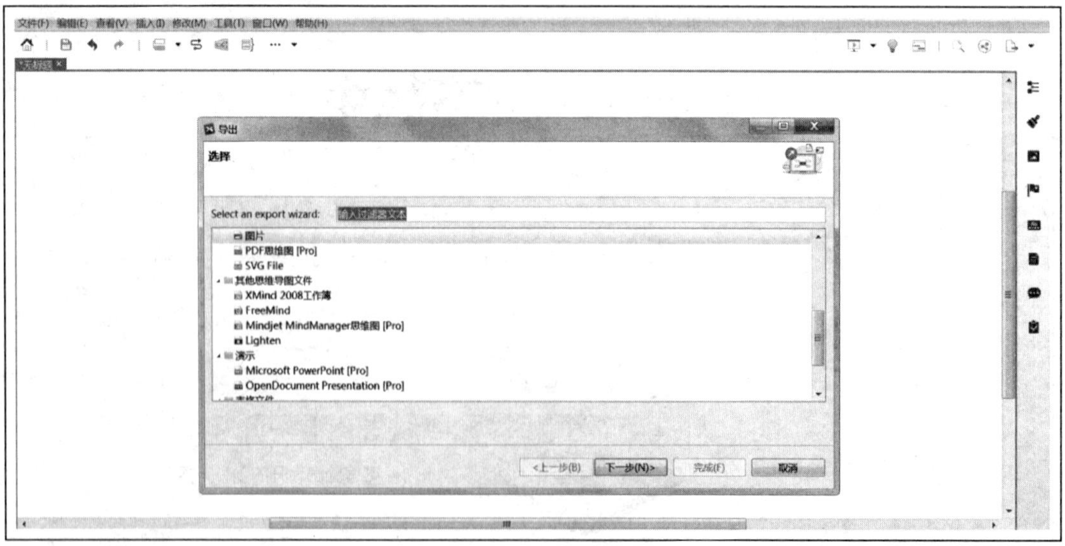

图 9–11　思维导图导出界面

任务二　图文信息编辑工具

一、图文信息编辑工具简介

一篇花费大量心思的文章，当然需要以最好的方式展现给读者，但微信公众号后台自带的功能比较简单，只能做一些初级的排版，达不到理想的效果，因此，需要借助一些常用的图文信息编辑工具，让其帮助微信公众号运营者编排图文信息，提升文章的美感，同时，也能提高编辑的工作效率，编排好的文章如图 9–12 所示。

二、图文信息编辑常用软件

（一）秀米

在线编辑工具秀米具有独特的布局功能，可以独立预览链接，绑定 QQ、微信就可以直接登录。秀米的特色如下：

第一，通过系统审核后即可生成永久查看链接，可以不通过微信公众号直接生成链接并成为永久文章，如图 9–13 所示。

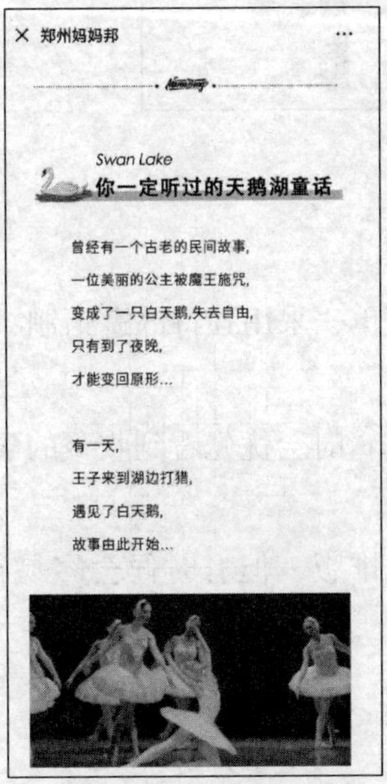

图 9–12　微信编辑器排版后的文章

图 9–13　秀米预览界面

第二，自由的布局功能。秀米可以随意调整布局，不需要开启 HTML 模式，对看不懂代码的编辑非常有帮助，如图 9–14 所示。

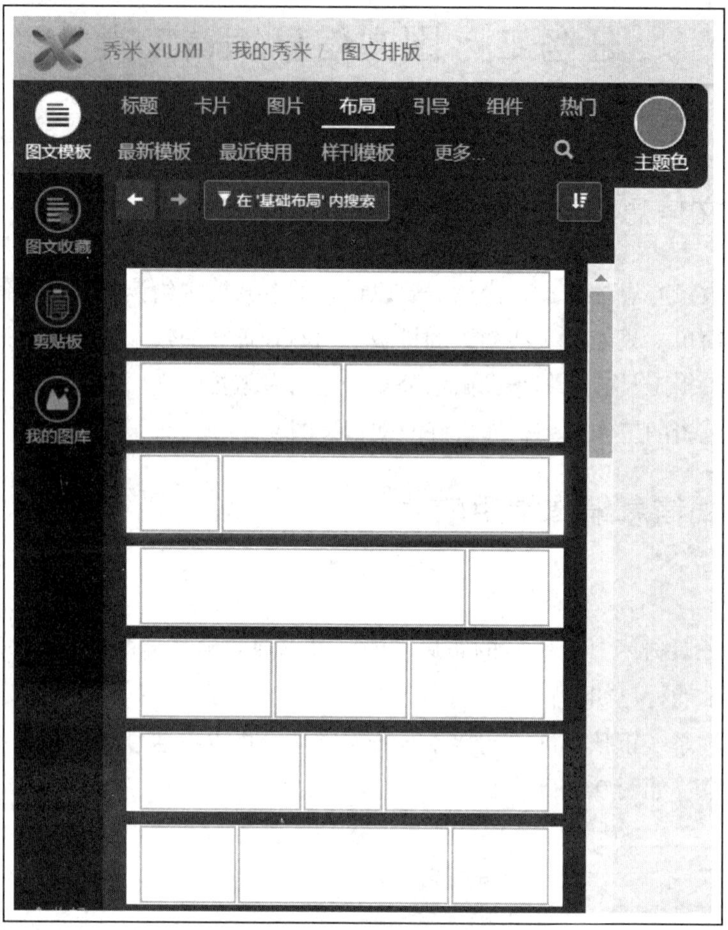

图 9–14　秀米布局界面

（二）135 编辑器

135 编辑器素材多，可云端保存草稿，样式多，操作简单，采用独特的邀请制，支持文章导入。135 编辑器的特色如下：

第一，样式多。样式中心的素材可以收藏并使用，在编辑时会优先看到收藏的素材样式，如图 9–15 所示。

第二，一键排版。可以用自己喜欢的风格，实现一键排版，但有时候会容易错版，要逐一调整，如图 9–16 所示。

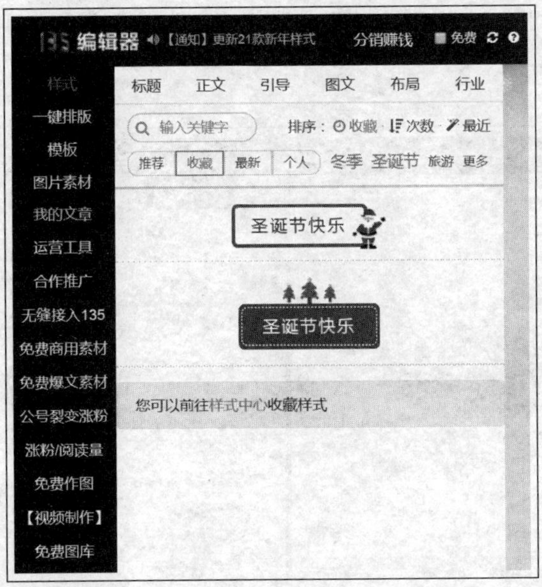

图 9-15　135 编辑器“收藏样式”界面

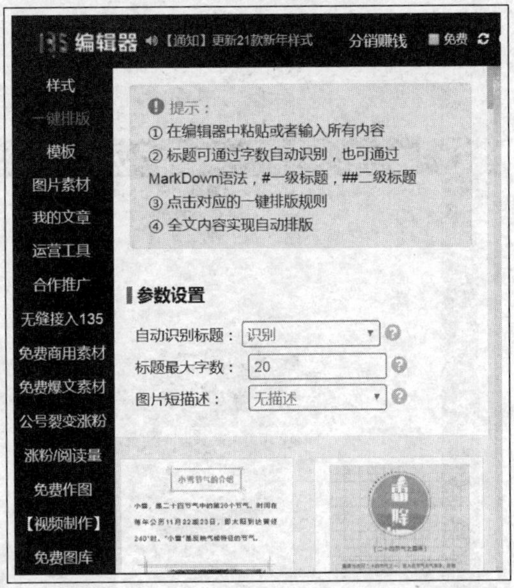

图 9–16　135 编辑器“一键排版”界面

（三）易点编辑器

易点编辑器是专为微信编辑量身定做的一款微信公众号内容排版编辑工具，其以简洁的界面、精美的素材、强大的功能持续为广大微信公众号运营者提供服务。易点编辑器的特色如下：

第一，易点编辑器有文章设置板块，编辑在排版的同时能预览文章封面，可以根据文章主题及时调整封面设置，如图 9–17 所示。

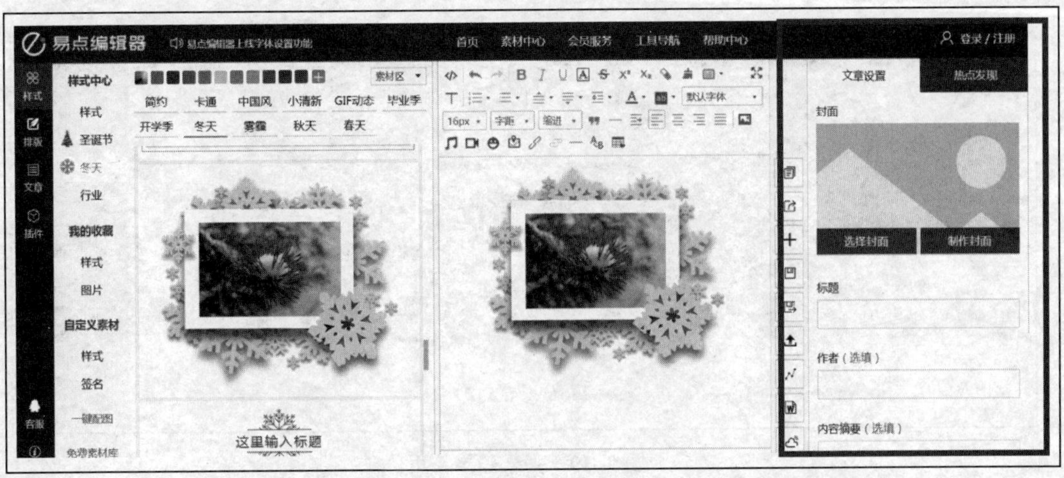

图 9–17　易点编辑器界面——文章设置板块

第二，热点发现功能。这一功能可以帮助微信公众号运营者了解当下的热点新闻，更方便地为运营者提供编写思路，如图 9–18 所示。

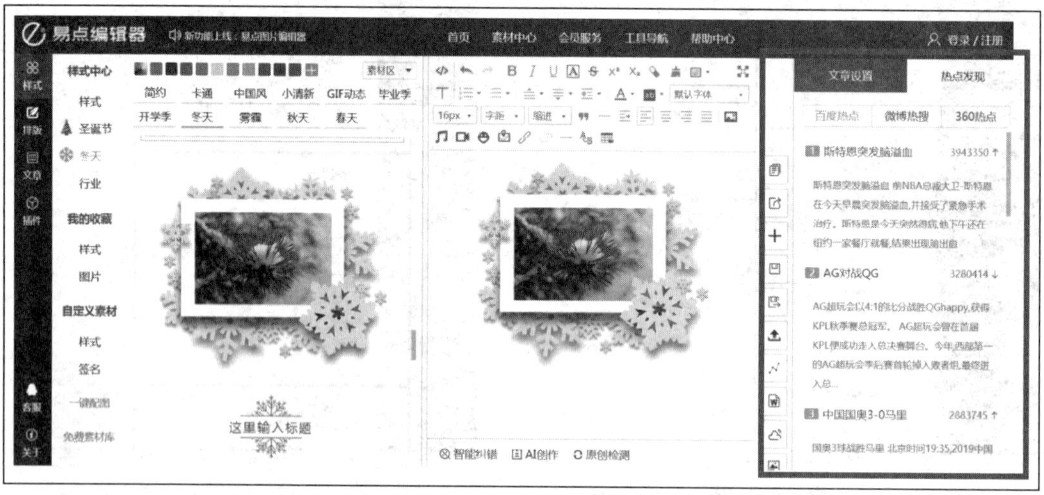

图 9–18　易点编辑器界面——热点发现功能

三、图文信息编辑工具使用流程

下面以秀米为例，介绍图文信息编辑工具的使用流程。

（一）登录官网注册

搜索并进入秀米官方网站，注册并登录，如图 9–19 所示。

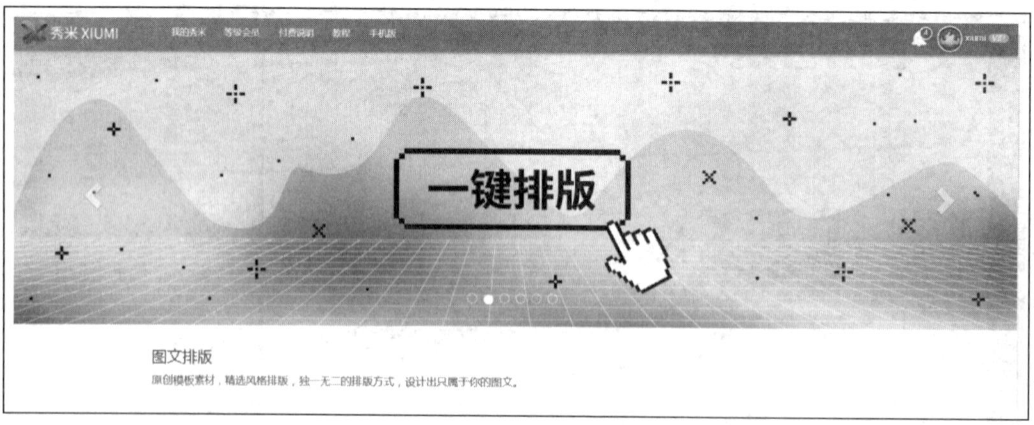

图 9–19　秀米登录首页

（二）内容编辑

选择“我的秀米→添加新的图文”进行文章编辑，如图 9–20 所示。

图 9–20　秀米编辑界面

（三）预览排版文章

点击“预览”，并使用手机微信扫描二维码，查看编辑效果，如图 9–21 所示。

图 9–21　秀米预览界面

（四）同步与复制粘贴功能

使用“同步到公众号”或者“复制粘贴”功能，即可将图文移至微信公众号平台进行发布，如图 9–22 和图 9–23 所示。

图 9–22 “同步到公众号”或者“复制粘贴”功能

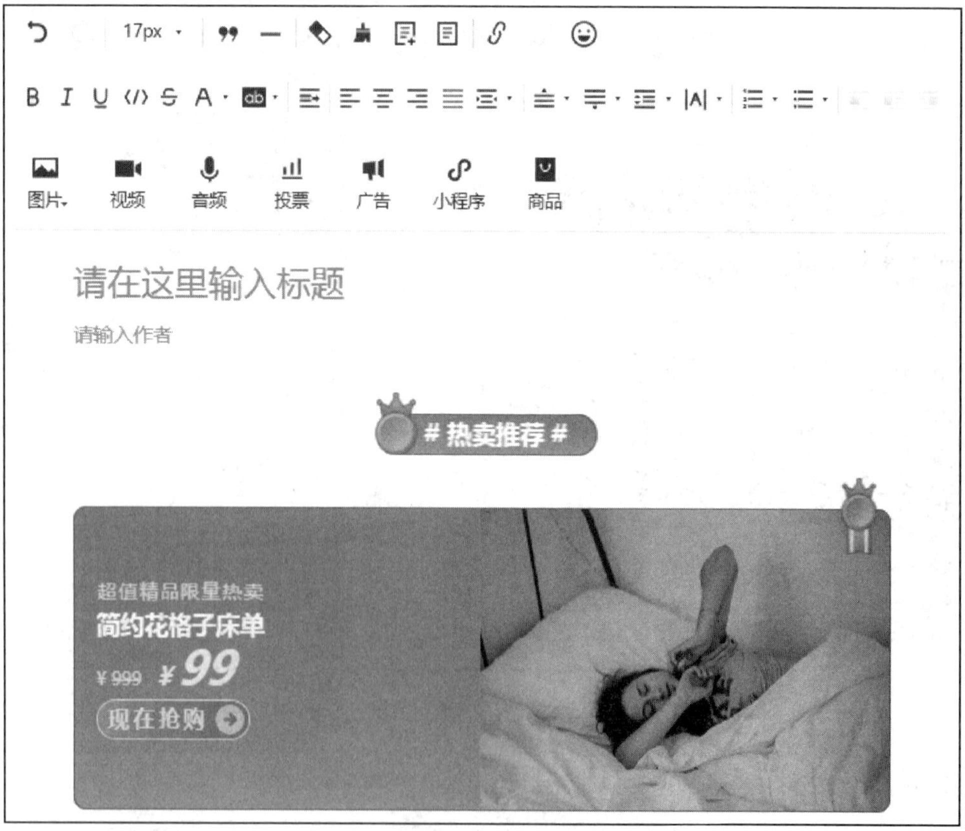

图 9–23 将图文粘贴到微信公众号后台

任务三　图片处理工具

一、图片处理工具简介

图片处理工具是对数字图片进行修复、合成、美化等各种处理的软件的总称。专业级的图片处理工具有 Adobe 公司出品的 Photoshop 等。文案编辑往往图片处理能力相对较弱，需要借助一些简单的工具，辅助完成相应图片的处理。

延伸学习

Photoshop是如何诞生的

Photoshop 是由约翰·诺尔和托马斯·诺尔两兄弟于 1987 年发明的。当时，托马斯·诺尔在读博士期间，研发了一套名叫 Display 的程序，用来显示和修改数字图像，这就是 Photoshop 的原型。约翰有一次找弟弟请教如何提高图像编辑的效率，正好就试用了弟弟托马斯研发的 Display。约翰很快被这款简单易用的软件吸引了。不过，当时这款软件只是用于自娱自乐，并不是一个完整的产品。出于对商业的敏感，约翰决定帮助弟弟一起完善这款软件，经过多次修改，Display 的功能和体验越来越完善。

1988 年，约翰决定实现这款软件的商业价值。一次展会上，有个参展观众建议将软件改名为 Photoshop，兄弟俩接受了他的建议。后来，诺尔兄弟遇见了当时 Adobe 公司的艺术总监。至此，Photoshop 正式成为 Adobe 公司的产品。

资料来源：https://www.zhihu.com/question/284113204/answer/435420623.

二、图片处理常用软件

（一）美图秀秀

美图秀秀是由美图公司研发、推出的一款免费图片处理的软件，有网页版、电脑版及手机版，致力于为全球用户提供专业智能的拍照、修图服务。

美图秀秀的图片具有特效、美容、拼图、场景、边框、饰品等功能，可以在 1 分钟内做出影楼级图片，还能一键分享到新浪微博、人人网、QQ 空间等。

（1）美图秀秀网页版。美图秀秀支持在线编辑图片，如图 9–24 所示。

图 9–24　美图秀秀网页版

（2）美图秀秀电脑版。美图秀秀也有独立的安装程序，可以将其下载到电脑上，安装后使用，如图 9–25 所示。

（3）美图秀秀手机版。美图秀秀还有独立的手机 App 安装程序，方便用户利用智能手机处理图片，如图 9–26 所示。

图 9–25　美图秀秀电脑版

图 9–26　美图秀秀手机版

（二）创客贴

创客贴是一款简单易用的线上图片设计工具，平台上提供了丰富的图片、模板等素材，通过简单的操作，就可以轻松设计出精美的海报、PPT、邀请函和名片等各类图片。

创客贴的使用者可以随时随地开启设计，呈现自我的创意和想法，其官网首页如图 9–27 所示。

图 9–27 创客贴官网首页

（三）稿定设计

稿定设计是一个多场景商业视觉在线设计平台。它打破了工具和技术限制，根据不同场景的不同尺寸，创建了海量优质模板素材，可满足中小型企业、自媒体、学生、电商运营者、个体经营者的图片设计需求。同时，稿定设计以“场景 + 工具”的模式推出了抠图“神器”——稿定抠图，这是一款在线 AI 人工智能抠图工具，专为不会使用 Photoshop，但又迫切需要抠图的人提供操作简单、功能强大的在线抠图服务。稿定设计多端布局，致力于服务更多用户，让使用者随时随地完成设计，其官网首页如图 9–28 所示。

图 9–28 稿定设计官网首页

（四）GIF 工具之家

GIF 工具之家是一款 GIF 在线制作软件，可以实现动图压缩、视频转动图、动图合成等功能，操作简单方便，非常容易上手，其动图制作界面如图 9–29 所示。

图 9–29　GIF 工具之家动图制作界面

（五）Photoshop

Adobe Photoshop，简称“PS”，是由 Adobe 公司开发的专业图像处理软件。Photoshop 主要处理以像素构成的数字图像，其众多的图像编辑与绘图工具，可以帮助使用者有效地进行图片处理和合成工作。Photoshop 的工作界面如图 9–30 所示。

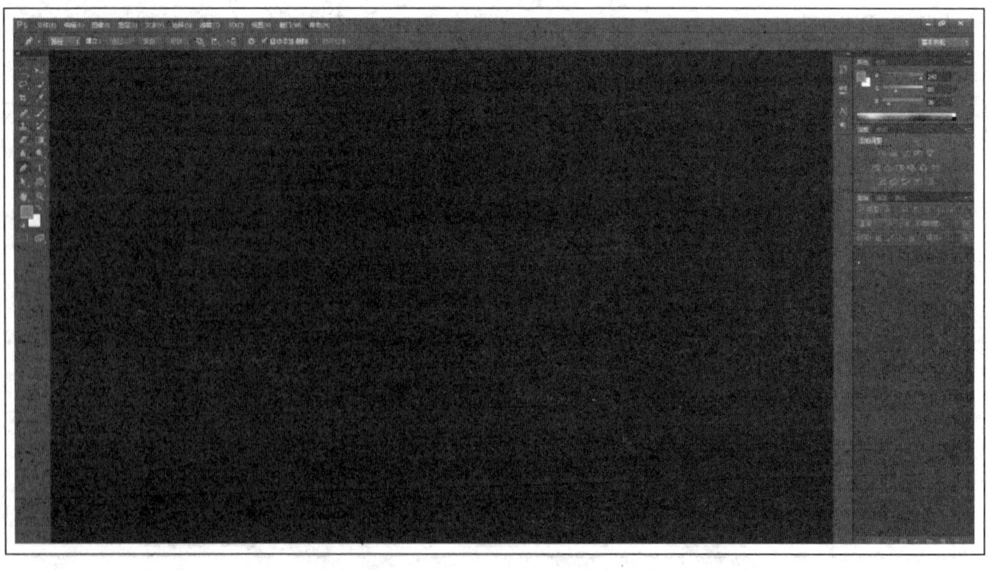

图 9–30　Photoshop 工作界面

三、图片处理工具使用流程

下面以美图秀秀电脑版为例，介绍图片处理工具的使用流程。

（一）登录官网下载

搜索美图秀秀官网，下载并安装软件，如图 9–31 所示。

图 9–31　下载美图秀秀

（二）制作微信公众号文章封面图

1. 微信公众号文章封面图的尺寸

微信公众号文章封面图有两种比例，一个是 2.35 : 1，另一个是 1 : 1，此处以 2.35 : 1 的比例进行制作，如图 9–32 所示。

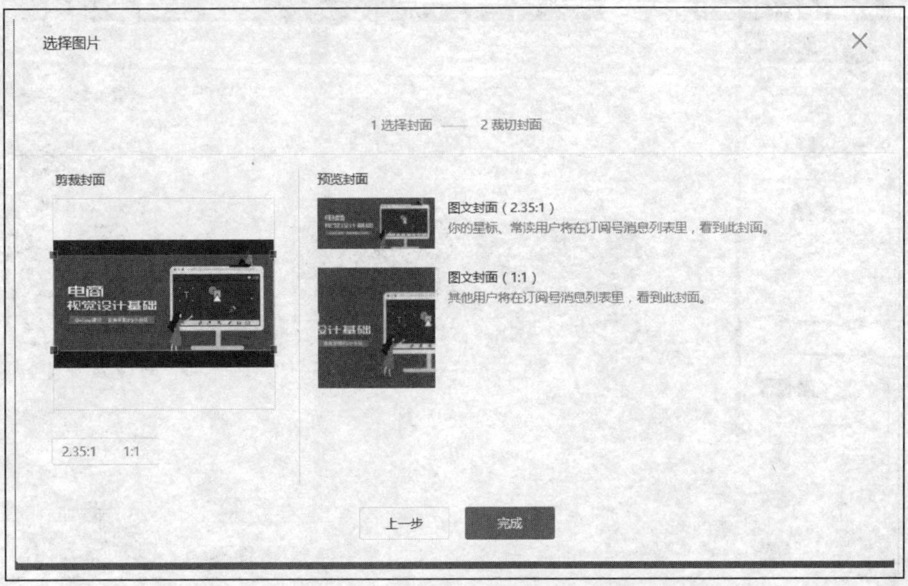

图 9–32　微信公众号封面图比例

2. 新建画布

打开美图秀秀，新建画布并设置相应数值，如图 9–33 所示。

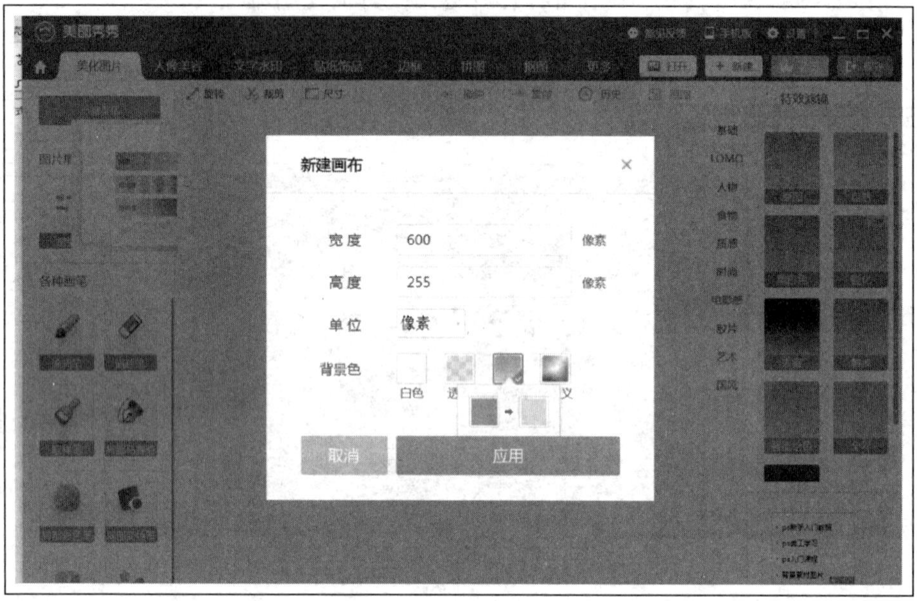

图 9–33　微信公众号封面图尺寸设置

3. 完善图片

输入标题，加入装饰并完善图片设计，如图 9–34 所示。

图 9–34　完善图片

4. 保存

将设计好的图片保存到电脑上，如图 9–35 所示。

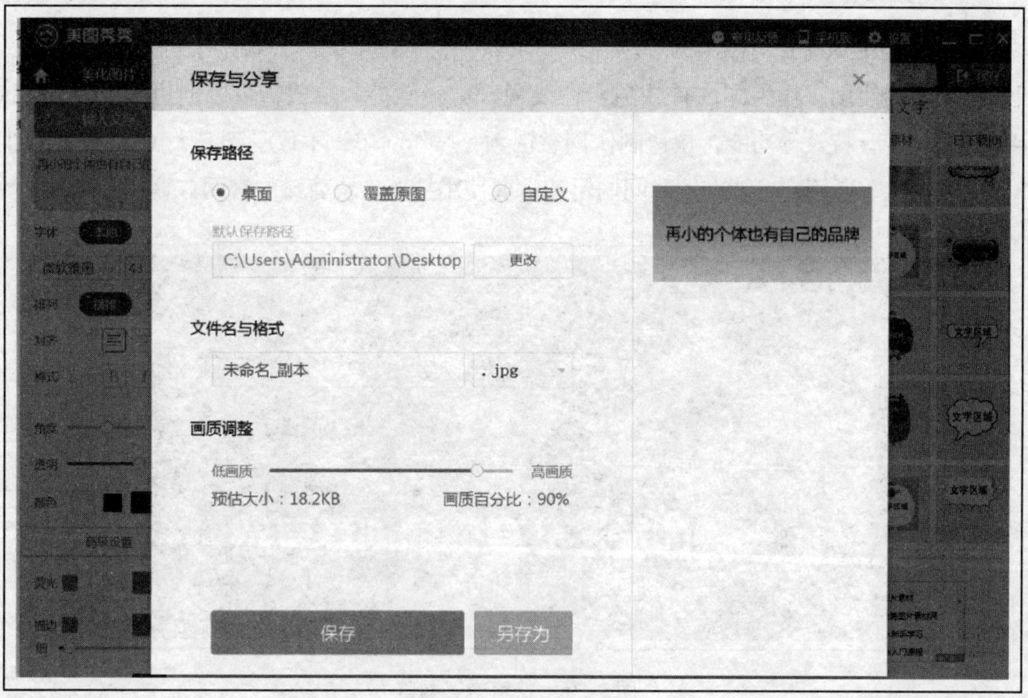

图 9–35　保存图片

任务四　视频剪辑工具

一、视频剪辑工具简介

视频剪辑工具是对视频源进行非线性编辑的软件，属于多媒体制作软件范畴。视频剪辑工具通过对加入的图片、背景音乐、特效、场景等素材与视频进行重新混合，对视频源进行切割、合并，生成具有不同表现力的新视频。

二、视频剪辑常用软件

（一）快剪辑

快剪辑是由360公司推出的一款免费剪辑软件，可在电脑客户端、手机安卓客户端、手机iOS客户端使用。作为国内首款免费在线视频剪辑软件，快剪辑可以通过编辑画面特效、字母特效、声音特效等功能，快速制作创意视频，操作简单，不仅受到广大Vlogger和专业自媒体的欢迎，普通用户也能在短时间内迅速掌握使用技巧。快剪辑的官网首页如图9–36所示。

图9–36　快剪辑官网首页

（二）VUE Vlog

VUE Vlog的页面简洁大方，是新手入门很好用的视频剪辑工具，有原创Vlog交流平台。VUE Vlog可分段拍摄和编辑，有大片质感的滤镜，自然美颜的效果，它的画面可以设置成电影级别的超宽画幅，或很有特色的圆形画幅，还可以倒放、调速、自定义Logo等。VUE Vlog只有手机版，没有电脑版，其官网页面如图9–37所示。

图9–37　VUE Vlog官方页面

（三）剪映

剪映是抖音官方推出的一款视频剪辑工具，它带有全面的剪辑功能，支持变速，还有多样的滤镜效果，以及丰富的曲库资源。剪映只支持手机版，如图 9–38 所示。

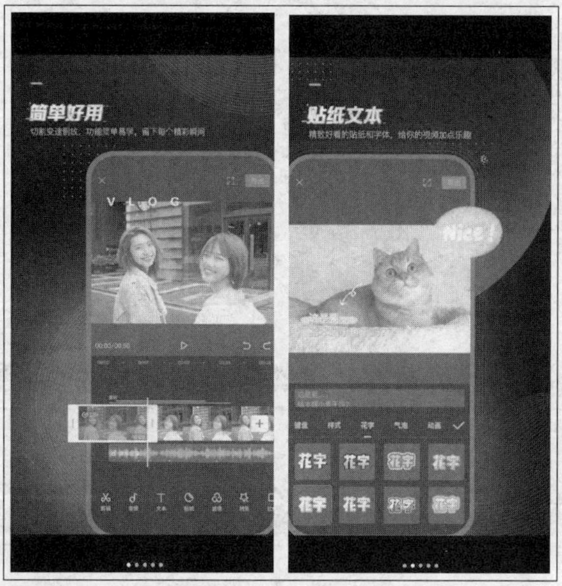

图 9–38　剪映手机版页面

三、视频剪辑工具使用流程

下面以快剪辑电脑版为例，介绍视频剪辑工具的使用流程。

（一）下载和安装

搜索并进行软件的下载和安装，如图 9–39 所示。

图 9–39　下载快剪辑

（二）添加视频素材

打开软件，添加视频素材并进行剪辑，如图 9–40 所示。

图 9–40　添加视频素材

（三）添加相关效果

根据制作要求添加音乐、音效、字幕、转场等效果，如图 9–41 所示。

图 9–41　添加效果

（四）导出视频

导出制作好的视频，如图 9–42 所示。

图 9–42　导出视频

教学互动

1. 互动内容：分别利用剪映和 VUE Vlog 制作一则校园风景视频，比较这两款 App 的使用有何不同，分析它们有哪些功能可以优化和升级。

2. 互动要求：

（1）结合自己的使用体验，围绕上述问题进行现场操作并展开思考，可与同学进行讨论之后回答。

（2）教师对学生的回答进行点评和总结。

任务五　H5制作工具

一、H5制作工具简介

H5 泛指在移动端社交媒体（以微信为主）中传播的，带有交互体验、动态效果以及音效的页面。H5 之所以能引发如此广泛的传播效应，是因为它不再只是一种标记语言，而是为下一代互联网提供了全新的框架和平台，包括提供免插件的音视频、图像动画、本体存储，以及更多酷炫且重要的功能。

H5 最显著的优势在于跨平台性。此外，H5 的本地存储特性也给使用者带来了很多便利。相较本地 App，基于 H5 开发的轻应用拥有更短的启动时间、更快的联网速度，而且无须下载占用存储空间，特别适合手机等移动端。H5 让开发者无须依赖第三方浏览器插件即可创建高级图形、版式、动画以及过渡效果，这也使得用户可以用较少的流量就欣赏到炫酷的视觉听觉效果。

互联网轶事

看看你穿军装的样子

2019 年 10 月 1 日，正值中华人民共和国成立 70 周年，由人民日报客户端联合腾讯集团、腾讯微视共同推出的在线换装互动 H5——“穿上军装”正式上线，网友可以通过这个 H5 制作自己专属的军装照。这项活动引发了网友的积极参与，并且在朋友圈刮起了一阵“军装照”风。军装照生成步骤很简单，首先在“穿上军装”H5 中观看一支慷慨激昂的视频，回顾过往阅兵经典画面，一睹解放军雄壮威武的军姿。然后，选择自己想要生成的照片的年代和性别。最后上传一张本人的单人正面照，点击下方“生成军装照”，即可生成个人专属军装照，如图 9-43 所示。

图 9-43 “穿上军装”H5 页面

资料来源：https://tech.china.com/article/20191003/kejiyuan0129379608.html.

二、H5制作常用软件

（一）MAKA

MAKA是简单、强大的免费H5页面、微场景、微信海报制作平台。其主要用户群体是设计师，操作体验较优。MAKA拥有海量H5、海报模板，无须会用PS，即可轻松搞定电子邀请函、创意海报、电子相册、节日贺卡等的制作，其官网首页如图9-44所示。

图9-44　MAKA官网首页

（二）易企秀

易企秀是免费H5页面制作工具，面向普通用户，且模板数量较多。易企秀提供海量H5场景模板，如会议邀请函、电子贺卡、动态音乐相册、电子微杂志、节日贺卡等，其官网首页如图9-45所示。

图9-45　易企秀官网首页

（三）兔展

兔展专注H5技术实现，是H5页面、微场景、微页、微杂志、微信邀请函等的专业制作平台。兔展定位于普通用户，操作体验佳，其 PSD 导入功能非常实用。兔展可以让制作者像制作 PPT 一样，制作炫酷的 H5 页面，其官网首页如图 9–46 所示。

图 9–46　兔展官网首页

三、H5制作工具使用流程

下面以易企秀为例，介绍 H5 制作工具的使用流程。

（一）注册和登录

打开易企秀官网，点击页面右上方进行注册和登录，如图 9–47 所示。

图 9–47　登录后的易企秀首页

（二）选择模板

点击“免费模板”，选择符合需求的模板，如图 9–48 所示。

图 9–48　选择适合的 H5 模板

（三）修改内容

进入编辑页面进行修改，如图 9–49 所示。

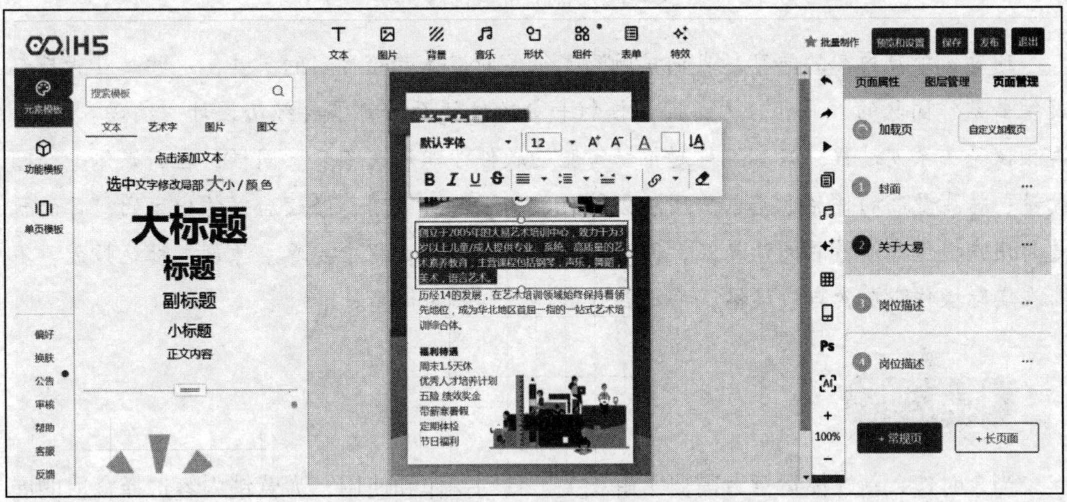

图 9–49　编辑 H5 页面

（四）预览和发布

编排好的 H5 内容可以在电脑上或者手机上进行预览，若内容不再修改就可以进行发布，如图 9–50 所示。

图 9–50　预览和发布

课堂思政

尊重原创，杜绝抄袭

通过本项目内容的学习，我们接触到了很多新媒体营销常用的工具，这些工具背后都凝结着创作团队的心血和努力，因为任何一款软件的面世都需要经历设计、编码、调试、再测试等一系列过程，只有经得起市场考验的软件才能经久不衰。同样，在新媒体平台阅读量、转载量高的作品也是创作团队经过无数的调研、策划、修改后制作出来的，目的就是为用户提供高质量的阅读精品，因此，我们在学习的过程中要尊重原创、杜绝抄袭，不断在实际操作中探索自我风格，早日创作出属于自己的精品。

项目小结

当今时代，新媒体运营者需要了解相关工具的操作和使用，为营销内容选择合适的展现形式。本项目根据新媒体营销所涉及的工具进行了梳理和总结，详细介绍了思维导图、图文信息编辑工具、图片处理工具、视频剪辑工具和 H5 制作工具这五大类工具。每类工具又分别按照基本介绍、常用软件和典型软件使用流程三部分详细展开论述，为新媒体运营者提供了很好的技术指导。我们还倡导新媒体运营者学习经典、尊重原创、杜绝抄袭、探索自我风格，做到自觉遵守国家法律与社会道德，做一个高素质的新媒体运营者。

项目实践

一、实践内容

请你扮演测评师的角色，对本项目介绍的1～2款软件进行体验测评，并给出你的测评报告。

表9-1　　**测评报告**

测评小组名称	
测评员姓名	
思维导图工具	
图文信息编辑工具	
图片处理工具	
视频剪辑工具	
H5制作工具	

二、实践目标

（1）熟悉各个新媒体营销工具常用软件。

（2）掌握1～2个软件的使用。

三、实践设施

联网计算机。

四、实践成果

项目实践成果可以通过小组交流、分享各自测评心得的形式进行展现。

五、注意事项

（1）小组成员之间按照各自特长合理分工，开展紧密协作，形成一个团结有力的团队。

（2）小组成员之间互相尊重，互相学习，尊重原创，并在实践过程中探索自我风格。

（3）本项目实践需在本学期持续进行，要求每个小组成员掌握1～2个软件的使用。

同步测试

9-1　新媒体营销
常用工具
同步测试习题

参考文献

［1］代豪．今日头条全攻略［M］．北京：人民邮电出版社，2019.

［2］关健明．爆款文案［M］．北京：北京联合出版公司，2017.

［3］李昕．全能运营：新媒体营销和运营实战手册［M］．北京：清华大学出版社，2018.

［4］林海．新媒体营销［M］．北京：高等教育出版社，2019.

［5］罗丹，马明泽．信息流广告实战［M］．北京：电子工业出版社，2019.

［6］倪宁．广告学教程［M］．3 版．北京：中国人民大学出版社，2009.

［7］秦阳，秋叶．社群营销与运营［M］．北京：人民邮电出版社，2017.

［8］秋叶，刘勇．新媒体营销概论［M］．北京：人民邮电出版社，2017.

［9］孙爱凤．直播技巧：实力圈粉就这么简单［M］．北京：机械工业出版社，2019.

［10］唐绪军．中国新媒体发展报告 NO. 10（2019）［M］. 北京：社会科学文献出版社，2019.

［11］淘宝大学达人学院．淘宝直播运营与主播修炼手册［M］．北京：电子工业出版社，2017.

［12］肖凭．新媒体营销实务［M］．北京：人民邮电出版社，2018.

［13］叶龙．从零开始学今日头条运营和推广［M］．北京：清华大学出版社，2018.

［14］张向南，勾俊伟．新媒体运营实战技能［M］．2 版．北京：人民邮电出版社，2019.

［15］郑昊，米鹿．短视频策划、制作与运营［M］．北京：人民邮电出版社，2019.

［16］艾瑞咨询．2018 年中国网络直播营销市场研究报告［R/OL］．（2018-03-16）．http://report. iresearch. cn/report/201803/3180. shtml.

［17］艾瑞咨询．2018年中国泛娱乐直播营销趋势解读［R/OL］．（2018-07-11）．http://report. iresearch. cn/report/201807/3240. shtml.

［18］艾瑞咨询．2019 年中国企业直播服务市场研究报告［R/OL］．（2019-06-04）．http://report. iresearch. cn/report/201906/3376. shtml.

［19］巨量引擎．2019 今日头条内容价值报告（PPT）［R/OL］．（2019-08-01）．http://www. 100ec. cn/detail-6521556. html.

［20］新浪微博数据中心．2018 微博用户发展报告［R/OL］．（2019-03-15）．https://data. weibo. com/report/reportDetail?id=433.

［21］中国互联网络信息中心．第 45 次《中国互联网络发展状况统计报告》［R/OL］．（2020-04-28）．http://www. cnnic. net. cn/hlwfzyj/hlwxzbg/hlwtjbg/202004/t20200428_70974.htm.

图书在版编目（CIP）数据

新媒体营销实务 / 王丽丽主编. -- 北京：中国人民大学出版社，2020.8
21世纪高职高专规划教材. 电子商务系列
ISBN 978-7-300-28337-1

Ⅰ. ①新… Ⅱ. ①王… Ⅲ. ①网络营销－高等职业教育－教材 Ⅳ. ①F713.365.2

中国版本图书馆CIP数据核字（2020）第121646号

21世纪高职高专规划教材 · 电子商务系列
新媒体营销实务
主　编　王丽丽
副主编　罗继磊
Xinmeiti Yingxiao Shiwu

出版发行	中国人民大学出版社		
社　　址	北京中关村大街31号	**邮政编码**	100080
电　　话	010-62511242（总编室）		010-62511770（质管部）
	010-82501766（邮购部）		010-62514148（门市部）
	010-62515195（发行公司）		010-62515275（盗版举报）
网　　址	http://www.crup.com.cn		
经　　销	新华书店		
印　　刷	北京溢漾印刷有限公司		
规　　格	185 mm × 260 mm　16开本	**版　　次**	2020年8月第1版
印　　张	15.25　插页1	**印　　次**	2021年11月第5次印刷
字　　数	314 000	**定　　价**	36.00元

信息反馈表

尊敬的老师:

您好！为了更好地为您的教学、科研服务，我们希望通过这张反馈表来获取您更多的建议和意见，以进一步完善我们的工作。

请您填好下表后以电子邮件、信件或传真的形式反馈给我们，十分感谢！

一、您使用的我社教材情况

您使用的我社教材名称			
您所讲授的课程		学生人数	
您希望获得哪些相关教学资源			
您对本书有哪些建议			

二、您目前使用的教材及计划编写的教材

	书名	作者	出版社
您目前使用的教材			
	书名	预计交稿时间	本校开课学生数量
您计划编写的教材			

三、请留下您的联系方式，以便我们为您赠送样书（限1本）

您的通信地址			
您的姓名		联系电话	
电子邮箱（必填）			

我们的联系方式:

地　址：苏州工业园区仁爱路158号中国人民大学苏州校区修远楼

电　话：0512-68839320　　传　真：0512-68839316

网　址：www.crup.com.cn　　邮　编：215123